新ヨーロッパ経済史 I

―牧夫・イヌ・ヒツジ―

中川 洋一郎 著

学文社

はじめに

ヨーロッパ牧畜文明、その普遍性と特異性
—— 《自然》と《人間》への苛酷な負荷 ——

現代における未曾有の「豊かさ」

　現代の日本に暮らすわれわれが享受している物質的な豊かさは、その量と質からして、過去の人類が経験したことのない希有の水準にある。消費とは、物的・人的資源を自由に処分することだとすれば、われわれは消費という行為によって、大量の物資と人的サービスを我がものとして、処分していることになる。潤沢な食糧供給が現代人の栄養状態を劇的に改善したが、現代社会の溢れんばかりのモノの豊かさを象徴しているのが、耐久消費財である。家庭用電化製品や自動車など、耐久消費財は製作するのに手間がかかるので、本来はきわめて高価な商品である。にもかかわらず、現代社会では、安価で大量に生産できるので、耐久消費財が家庭へ急速に普及してきた。

　もっとも、このように大量の物資が消尽されるようになったのは、たかだかここ半世紀のことである。戦前の日本は先進国の一角を占めていたとはいえ、当時の日本人は、現代と比べるとつましい生活を送っていたし、ましてや数百年前の江戸時代、千数百年前の平安時代など、当時の人々が自由に消費できる物資やサービスは、驚くほど僅少であった。この事情は、ヨーロッパ人にとってもそれほど変わらない。数百年前、千数百年前のヨーロッパ人が他の地域の人々と比べて取り立てて裕福であったわけではなく、その当時は彼らもまたつましい生活を送っていたのである。

　物的側面に限定しても、日本の平均的な家庭が、例えば、数百 kg にものぼる鉄やプラスチックでできた精巧な機械（自動車のこと）を普通に入手して、自由に利用できるような物質的環境は、人類史上、未曾有の出来事である。冷

蔵庫や掃除機など、本来は高価な商品である耐久消費財がほとんどすべての家庭に普及した現状を見るにつけ、戦後世界の経済状況が、歴史の時空において、いかに特異であるかが分かる。われわれは、わずか100年ほど前の人間が想像もできなかったような大量の物資を利用し、惜しげもなく消尽しているのである。

経済史上の二つの画期―農耕・牧畜の開始と工業化―

　今日のような生活水準を実現するに当たって、人類史上、二つの大きな飛躍があり、それぞれ経済史のうえで二大画期となっている。すなわち、第一が、およそ1万年前の農耕・牧畜の開始であり、第二が、200年前の工業化（いわゆる《産業革命》）である。

　ヒトは、今から1万年ほど前にメソポタミアの一角で、ムギの栽培を始め、それから2000年ほどかけてヤギ・ヒツジを飼い慣らしていった。農耕が始まったのはメソポタミアだけではなく、その他の地域でも相前後して、東南アジアで根菜農耕が、アフリカで雑穀農耕が開始された。しかし、メソポタミアの地で始まったムギを栽培し、家畜を飼う牧畜農耕結合様式は、その後、10世紀頃にヨーロッパの地で定着し、ヨーロッパ人が《新大陸》を征服したことで、16世紀以降世界中に拡散し、標準的農耕様式という地位を獲得した。かかる経済様式は、物的な調達という視角から見ると、基本的には、18世紀末まで継続した。

　18世紀末に、ヨーロッパの一角で、急激な工業化が推進された。急激な変化を不用意に「革命」と名付ける悪習があるせいか、この目覚ましい工業化を《産業革命》と呼ぶことが多いが、その後の社会が劇的な変化を経験したことは間違いない。この工業化こそ、次々に革新的な技術を生み出して、大量生産・大量消費を可能にする「起爆剤」となった。21世紀に住まうわれわれが未曾有の物的「豊かさ」を享受できるようになったのも、工業化によってもたらされた社会経済システムのおかげである。

キリスト教歴の普遍化に見る《世界のヨーロッパ化》

　ところで、現在は、21世紀初頭であるが、言うまでもなく、これはキリスト教歴（通常は西暦というが）での年代である。現代世界においては、キリスト教歴が、世界標準として確立している。このことに、キリスト教文明がいかに世界的規模で諸文明を覆い尽くしているかが端的に示されている。キリスト教は今から2000年ほど前にパレスチナの一角でユダヤ教の異端として誕生したが、ユダヤ民族の枠を越えてヨーロッパに普及して世界宗教となった。ヨーロッパ人による世界的規模での物質文明の形成は、世界へのヨーロッパ的キリスト教の伝播の過程にほかならない。

　現代社会では、科学技術を基礎に、大量の資源・エネルギーを消費することで、大量生産を実現して、高水準の物的生活を維持している。キリスト教歴が世界の標準的な暦として確立したように、財貨の大量生産・大量消費によって支えられているわれわれの経済生活もまた、ヨーロッパ型の経済様式の世界への拡散によってもたらされたものにほかならない。基本的に、ヨーロッパ人がこの経済様式を開発し、実践し、世界へと広めてきたのである。

　われわれが享受する経済的恩恵は未曾有の水準にある。確かに、近代以降のヨーロッパ人による科学技術の貢献が大きい。しかし、そうだからと言って、それは、「人類のため」などという、フィランスロピィック（博愛主義的）な性格から開始されたのではなかった。あたかも「人類のために開発した」というような言説は、詐欺まがいと言うべきであろう。少なくとも、当初は、利己的な欲望充足のために、ヨーロッパ人は世界の変革を遂行した。彼らは、自分たちの欲望を充足するために渾身の力を込めて邁進したのである。

　過去500年間（より、正確には、コロンブスのアメリカ《発見》やバスコ・ダ・ガマのインド航路の開拓によって始まる《大航海時代》以降）は、ヨーロッパ人が世界に打って出て、いわば世界を自己の利益のために開拓し、他民族を支配し、自己の欲望実現のために、《自然》と《人間》を収奪してきた歴史にほ

かならない。それまでのヨーロッパ人は、ユーラシア大陸の西端部分に生息する周辺的な民族であり、文明的にも中心的な役割を担っていたのではない。しかし、この時期以降、一転して世界に君臨した。つまり、ヨーロッパは、周辺的地域であったにもかかわらず、中心的地域の高度な文明を租借して、自家薬籠中のものとして、発展した。過去500年間の近代史・現代史は、支配者となったヨーロッパ人が自己の観念に従って世界を作り変えてきた歴史である。

ヨーロッパの世界制覇

　経済史上の急激な変化が、先に見たように農耕・牧畜の開始と工業化にあったことは大方の意見として一致するところであろう。ただし、上記のように、今日の世界を形づくったのがヨーロッパ物質文明であるという立場から見ると、画期とすべきは、別の二つの出来事である。すなわち、今日に至る経済史をヨーロッパ人による世界征服の過程という視角から見ると、第一が、ゲルマン人によるガリア（主として今日のフランス）征服と定着であり、第二が、ヨーロッパ人による南北アメリカの征服と定着である。

　2万年前に氷河期が終わって、その後に氷河が後退して広大な草原地帯がヨーロッパに現れた。そこに生息する夥しい哺乳類を追って生活していた狩猟採集民が、ヨーロッパ人の祖先の一部である。先史時代のヨーロッパは、そもそも狩猟採集民が疎らに暮らす世界であった。このような森林と草原に覆われた地に、先進地域であった南東方面からヒトが移住してきて、後のヨーロッパ人を形成した。

　後からヨーロッパにやって来た人々の中で、代表的なのがケルト人であり、ゲルマン人であった。いずれもインド・ヨーロッパ語族民に属しており、黒海北側のステップ地帯がもともとの出身地（《原故郷》という）であると想定されている。ケルト系が前8世紀ころまでにガリアに定住して、原始的な農耕を開始していた。メソポタミアで開始されたムギ農耕・家畜飼養を含む先進的な農耕文明が南からヨーロッパに伝わり、拡散したのである。前1世紀までに、

南からローマ帝国が進出してきて、ケルト系の人々を征服し、隷属化した。一方、ゲルマン系の人々は、しばし北ヨーロッパ（ゲルマニア）に定住したが、そこは、到底、農耕だけで生活できるような地域ではなかった。狩猟採集、そして、牧畜を生業とし、農耕は付随的に行うだけであった。

　ヨーロッパ人による世界制覇を理解する鍵は、それまでユーラシア大陸の西端で過ごした生活環境とその克服方法にある。紀元前1世紀にローマの支配下に入ってヨーロッパの地が「文明」の恩恵に浴した時、そこに暮らしていた住民の多くは、ケルト系の人々であった。やがて紀元4世紀以降、ゲルマン系の人々がケルトを襲って、征服し、支配して、ヨーロッパ世界が確定した。9世紀以降、いわゆる《中世農業革命》が起きて、ヨーロッパにおいて、ようやくコムギを中心に据えた農耕が可能となった。それまでは、牧畜（ミルク・食肉）が中心であったし、《中世農業革命》以降も、彼らにとって牧畜が生活資料（ミルク・食肉）供給源として不可欠であることに変わりはなかった。

《自然》と《人間》への過大な負荷という重大な瑕疵

　確かにヨーロッパによる世界制覇は後世の世界に未曾有の経済的繁栄をもたらしたが、しかし、牧畜民的な性格を持っていたがゆえに、その一方では、大きな負の影響も伴っていた。自然への過大な負荷と人間への苛酷な負荷という、二つの重大な瑕疵から免れえなかったのである。

　ヨーロッパ物質文明が発展し、拡散していく過程は、まず第一に、ヨーロッパ人による自然の征服であり、自然の収奪であった。古代オリエントに発したムギ作は、その後、家畜飼育と結合することでヨーロッパに広まったが、この牧農結合システムにおいては、森を開墾した後、家畜を放牧すると、森はもはや再生せず、破壊されていく。これは本格的な家畜飼育と結びついた地中海式の農耕においては免れえない宿命であって、この農耕が拡散してゆく過程は森の消滅の歴史であった。

　一方で、この経済体制は、人間による人間の家畜化、すなわち、奴隷制から

自由ではなかった。平等とか、個人の自由とは、白人キリスト教徒間の約束事に過ぎなかった。《新世界》発見以降の、ヨーロッパ人による苛酷な奴隷制度を想起すれば容易に理解できるように、ラテンアメリカ・アジア・アフリカにおける原住民に対する支配は、仮借ない残酷な性格を持っていた。ヨーロッパ人は、自己の欲望充足のためには、苛酷な奴隷制度を活用することに躊躇しなかったのである。

ヨーロッパ人は、近代的な意味での《物欲》を最初に解き放った人々であった。富に対する欲望を解放し、人間のあるべき姿として定型化した（つまり、《資本主義化》ということだが）人々であった。そればかりでない。ゲルマン人のいわゆる《民族大移動》の終了後、ヨーロッパ的秩序が定着する頃から約1000年間にわたって、ある支配民族（ゲルマン人）が他の民族（主としてケルト人）を支配・収奪するという統治形態を、非常に洗練された形式で練り上げてきたのである。すなわち、彼らは、自然の収奪（つまり、科学技術）と他者の収奪（つまり、奴隷制あるいはマネジメント）によって、解き放った物欲を実現する手段も才覚も持ち合わせていた。

牧畜文化がヨーロッパの基底に流れている

牧畜という生業は、その性格からして、本質的に遊動的である。牧畜を主たる生計とする牧畜民は、家畜に食わせる牧草を求めて遊動し、定着しようとしないし、定着を望んでもいない。牧畜民はその日常生活からも征服活動に長けているが、しかし、支配階層として君臨しようとしても、このような遊動的な性格を持っている点で、恒久的な統治体制を築くことが苦手なのである。

従って、定着して、土着化することこそが、持続的な統治体制をつくるうえで決定的に重要であったとはいえ、また、だからこそ、本来牧畜民的な性格を持つゲルマン人にとって、実は非常に矛盾した状況下に置かれていた。それゆえ、9世紀頃から12世紀にかけての中世温暖化期に、数々の技術的な革新を成し遂げて、ヨーロッパの森林を開墾し尽くして、ヨーロッパの地を肥沃な農

耕地帯へと開発したことこそ、遊動的な牧畜民が定着する経済的礎となった。人口の大部分を占めるケルト系の人々と融合して、ゲルマン人たちが、ガリアの地に根ざした経済体制をつくりあげたこと、その結果、恒常的な統治体制を確立したこと、これが世界史のうえで、画期でもあり、転換点でもあった。

全体の理解の鍵は、《三機能イデオロギー》にある。《三機能イデオロギー》とは、耳慣れない言葉であるが、フランスの神話学者ジョルジュ・デュメジルが提唱したインド・ヨーロッパ語族民の神話における神々の構造をもとにした集団の共有観念である。デュメジルは、インド・ヨーロッパ語族民のそれぞれの神話に共通して、神々は、機能の違いによって、三つに、すなわち、《主権→戦闘→生産》に分類されると主張した。しかも、三つの機能は、たんに分類されるだけではなく、この順番に階層化されていることが重要であると、デュメジルは考えた。

本書（第2部）で見るように、原インド・ヨーロッパ語族民は、前4000年頃に黒海カスピ海北方ステップ（ウクライナ草原あるいは南ロシア草原ともいう）で遊牧民として生成した。彼らが形成した初期遊牧組織には、ヒトを含む三種の動物からなる「構造」（牧夫→《仲介者》→家畜群）、つまり、三階級構造という固有の構造があった。これを組織として認めると、その「構造」には、驚くべき整合性・一体性・完結性が見られる。

インド・ヨーロッパ語族民は、本書の理解によると、初期遊牧組織から《三機能イデオロギー》を醸成してイデオロギー化して、そのイデオロギーをありうべき社会組織構造として自覚し、現実へと適用していったのである。

イデオロギーとは、「世界は、かくあるべし」という、集団の共有観念体系である。歴史上出現した部族のすべてが、かかる集団の共有観念体系を持ったわけではない。原インド・ヨーロッパ語族民だけが、たまたま、明示的・自覚的に共有観念体系（イデオロギー）として、《三機能イデオロギー》を懐いた。原インド・ヨーロッパ語族民は、その後、ステップを出て、紆余曲折はあるが、他部族・他民族の征服と支配に向かった。その際にきわめて有効な道具となっ

たのが、機能本位原理であり、その礎となったのが初期遊牧組織における三階級構造から抽出した《三機能イデオロギー》であった。

かつて、フランスのある碩学が「フランスにおいては—ヨーロッパの他の地域でも同じだが—中世農業は作物栽培だけでなく、農耕と牧畜の組み合わせに基礎をおいていた。これは、われわれの西洋における技術的文明と極東の文明とを区別する最も重要な差異の一つである」(マルク・ブロック) と述べていた。すなわち、日本と西ヨーロッパとの間にある相違点は、牧畜文化の有無に起因している。ユダヤ・キリスト教文明の中で育まれたヨーロッパ精神は、牧畜文化を基盤としており、牧畜を欠いた日本とは決定的に異なる文明が育まれていたのである。

ヨーロッパ文明の世界制覇の背景には、牧畜文化が流れている。自然と人間の征服と支配の根底には、牧畜で培った知恵とノウハウがある。極言すると、彼らが牧畜民を出自としていたからこそ、他民族を征服し支配できた。牧畜こそが、ヨーロッパ文明に、世界制覇を展望させ、可能にさせ、実現させたのである。ヨーロッパと東アジアとの文明の差異は牧畜のあるなしだという、先の言葉を知ったのは、私がフランス経済史学に勤しみ始めた20歳代後半、今から40年ほど前のことだった。その時、この言葉の真意はよく理解できなかったが、なぜか妙に心にかかり、それ以来、もどかしい思いが続いてきた。

ようやく現在では、「牧畜こそ、ヨーロッパ物質文明の世界制覇の礎となった」と確信できるようになった。今回、本書において、いかなる意味で牧畜がヨーロッパ物質文明の根源にあるのか、その理由の一端でも読者に開示できたとすれば望外の幸せである。

平成29年9月

著　者

目　次

第1部　先史時代

第1章　肉食化と狩猟採集生活——森から草原へ出て、ヒトになった（およそ400万年前）—— ……2
はじめに―気候寒冷化と「危機の打開」としてのヒトの進化― ……2
Ⅰ．ヒトの出現（霊長類が森から草原へ進出） ……3
Ⅱ．最後の氷期と草原の出現 ……7
Ⅲ．狩猟採集生活における社会と文化 ……10
おわりに―《自然への畏れ》― ……15

第2章　ムギの栽培化——西アジアにおけるイネ科植物の馴化（およそ1万年前）—— ……17
はじめに―世界三大穀物（ムギ・コメ・トウモロコシ）― ……17
Ⅰ．コムギの起源―ムギ類の起源は、アナトリア― ……18
Ⅱ．西アジアにおけるムギ栽培の開始 ……20
Ⅲ．食糧生産の動機と諸結果 ……27
おわりに―植物栽培開始の意義― ……31

第3章　西アジアにおけるヤギ・ヒツジの家畜化（およそ8000年前）——群居性草食動物の家畜化（1）—— ……33
はじめに―牧畜の意義― ……33
Ⅰ．どのような動物が家畜化されたのか―草食性・群居性― ……34
Ⅱ．いつ家畜化されたのか
　　―前6000年頃、農耕開始の2000年後― ……36

Ⅲ．どこで家畜化されたのか―西アジアの丘陵地帯― ………38
　　　Ⅳ．どのように家畜化されたのか
　　　　　―定住的な農耕民との長い付き合いの後― ………40
　　　Ⅴ．牧畜社会の形成―沖積平野での灌漑農耕の開始と内陸草原地
　　　　　帯での遊牧の展開― ………43
　　　おわりに―農耕開始後2000年を経て牧畜開始― ………45

　第4章　経済史上の牧畜の意義
　　　　――群居性草食動物の家畜化　(2)―― ………47
　　　はじめに―群居性草食動物家畜化の意義― ………47
　　　Ⅰ．物的資源の供給 ………48
　　　Ⅱ．サービス資源（動力・交通・運輸・市場）の供給 ………50
　　　Ⅲ．《原基的資本主義》(proto-capitalism) の生成 ………54
　　　Ⅳ．精神・哲学の変革 ………58
　　　おわりに―「枢軸の時代」（ヤスパース）という、
　　　　　　　自然状態から自覚状態への移行期― ………61

第2部　ヨーロッパ文明の地下水脈としての遊牧

　第1章　遊牧《社会》の成立――三階級構造というヨーロッパ文明
　　　　に固有の組織編成原理、その歴史的起源―― ………64
　　　はじめに―農耕⇒家畜化⇒遊牧― ………64
　　　Ⅰ．バンド（小規模親族組織）における規模拡大の制約 ………65
　　　Ⅱ．遊牧の開始
　　　　　―沖積平野における灌漑農耕の開始とほぼ同時期― ………67
　　　Ⅲ．遊牧《社会》の成立 ………74
　　　おわりに―遊牧《社会》が階級の起源となった― ………81

第2章 《ヒツジ》化という、牧夫天性の行動様式——動物の管理から、ヒト・自然・世界の征服・支配へ—— 84
　　はじめに—群居性草食動物の管理をヒトの管理へと応用— 84
　Ⅰ．《ヒツジ》化という、ヒト・自然・世界の支配と活用 85
　Ⅱ．家畜管理の応用としての奴隷の管理 90
　Ⅲ．《ヒツジ》化という、大規模家畜群の管理技術の応用としてのヒト・自然・世界の支配 97
　　おわりに—《ヒツジ》化とは、「外なるもの」を敵に見立てて征服する行動様式— 104

第3章 《仲介者》という、組織編成史上最大の革新——去勢ヒツジか、イヌか。それが問題だ—— 106
　　はじめに—群居性草食動物の管理には、《仲介者》が不可欠— 106
　Ⅰ．遊牧三階層構造における《仲介者》の二つの類型—去勢ヒツジか、イヌか— 107
　Ⅱ．《仲介者》のヒトへの適用 111
　Ⅲ．初期遊牧組織の組織編成原理—異種の動物の組織内への取り込み— 113
　Ⅳ．ヨーロッパ・キリスト教世界における《仲介者》 117
　　おわりに—機能本位原理の生成— 122

第4章 原インド・ヨーロッパ語族民の生成と《三機能イデオロギー》——狩猟採集民が農牧を習得して定住し、そして、遊牧を開始した—— 124
　　はじめに 124
　Ⅰ．農耕・牧畜のヨーロッパへの伝播と狩猟採集民によるその受容 125

Ⅱ．原インド・ヨーロッパ語族民の生成 ……………………127
　　Ⅲ．《三機能イデオロギー》という、世界観 ……………134
　　おわりに―疑似親族原理と機能本位原理― ……………138

第5章　インド・ヨーロッパ語族民のステップからの侵攻
　　　　――《出ステップ》という、遊牧民の三つの《爆発》――
　　　　　………………………………………………………140
　　はじめに―世界の覇者となったインド・ヨーロッパ語族民― ……140
　　Ⅰ．最初の《出ステップ》―原インド・ヨーロッパ語族民の旅立ち
　　　　（前4500年～前2500年頃）― ………………………142
　　Ⅱ．ステップ遊牧民による農耕定住民の襲撃 ……………146
　　Ⅲ．遊牧民の三つの《爆発》 ………………………………150
　　おわりに―ユーラシア・ステップからの遊牧民の出撃― …151

第6章　現代における疑似親族原理と機能本位原理のせめぎ合い
　　　　――日本企業と欧米企業―― ……………………………155
　　はじめに―疑似親族原理は、日本でこそ、生き延びてきた― ……155
　　Ⅰ．日本企業と欧米企業との違い …………………………156
　　Ⅱ．「ヒト←仕事」か、はたまた、「仕事←ヒト」か …………163
　　おわりに―グローバル化と日本型企業システム― …………167

第3部　古　代

第1章　都市国家の形成と崩壊――メソポタミアにおける灌漑
　　　　農耕（前5000年～前1500年）―― ………………………170
　　はじめに―史上初めての都市化とその破綻― ……………170
　　Ⅰ．寒冷化と農耕民の沖積平野進出（前5000年頃） ………171

Ⅱ．メソポタミアにおける都市国家の建設（前3500年頃から）
　　　　..175
　　Ⅲ．人類史上の真の分水嶺——メソポタミアの沖積平野における二
　　　　大原理間のせめぎ合い（前5000年頃〜前2000年頃）と遊牧
　　　　民の勝利—— 178
　　Ⅳ．生態系の破壊による都市国家の崩壊（前1500年頃から） 184
　　Ⅴ．前1500年頃の寒冷化・乾燥化と北方異民族の来襲 189
　　おわりに——メソポタミア文明は、のちの諸文明の崩壊要素が一式
　　　　一揃いで出現していた—— 191

第2章　古典国家の成立——古代ギリシャ・ローマにおける ポリス・植民地・奴隷（前8世紀〜後2世紀）—— 192

　　はじめに 192
　　Ⅰ．地中海の特殊性 192
　　Ⅱ．ギリシャ 193
　　Ⅲ．ローマ 199
　　Ⅳ．古代社会における奴隷 201
　　おわりに——ヨーロッパにおける二元対立的世界観の起源—— 209

第3章　ゲルマン人の来襲と征服——インド・ヨーロッパ語族民 の出現からガリア侵入・定着まで（前4千年紀〜後1千 年紀）—— 212

　　はじめに 212
　　Ⅰ．ゲルマニアへの移動と定着 213
　　Ⅱ．ローマ帝国周辺での生息と帝国内への遠征 218
　　Ⅲ．征服王朝としてのゲルマン諸国 225
　　おわりに 228

参考文献··230

索　引··240

第1部

先史時代

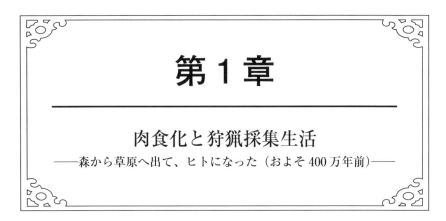

はじめに—気候寒冷化と「危機の打開」としてのヒトの進化—

　われわれ現代人は、いかなるいきさつを経て、現在まで生きて来たのであろうか。人間（以下、先史時代では、ヒト）は、生物学的な分類では、霊長類に属するが、他の霊長類と区別されるような進化を遂げるにあたっては、気候変動、とりわけ気候の寒冷化が大きな影響を与えてきた。寒冷化が進むと乾燥地帯が拡大するので、食糧確保がその分だけ困難となる。その結果、ヒトの生息環境が悪化して、従来からの住環境には住めなくなる。何らかの形でかかる環境悪化に適応できた種だけが、ヒトとして生き残ってこられた。

　地質年代における新生代（6500万年前から現在まで）は、概ね寒冷化傾向にある。今からおよそ5500万年前のピーク時（始新世温暖期）には、現在よりも4℃から6℃も気温が高かった。それ以来、現在まで気温は概ね低下傾向にある。

　ヒト（猿人・アウストラロピテクスの場合）は、今からおよそ400万年前に出現した。地質年代では、新生代第三紀（6500万年前〜180万年前）鮮新世（530万年前〜180万年前）にあたる。始新世温暖期からヒトの出現までおよそ5000万年間、地球の寒冷化が進んでいた。この長期間にわたる寒冷化によって、地

図表1-1-1 人類史のタイムスケジュール

猿人			原人				旧人		新人						
500万年前	400万年前	250万年前	180万年前	100万年前	100-50万年前	50-20万年前	15-4万年前	6万年前	4万年前	1万5千年前	1万年前	8000年前	4000年前	500年前	200年前
最古の人類の出現	アウストラロピテクスの出現	ホモ・ハビリスの出現	ホモ・エレクトスの出現 出アフリカ	ジャワ原人の生息		北京原人の生息	ネアンデルタール人の生息	オーストラリアへの進出	クロマニョン人の出現	アメリカ大陸への進出	農耕の開始	牧畜の開始	都市文明の到来	ヨーロッパ人によるインディアス征服	工業化の開始

ヒトの進出地域　アフリカ→　　　ユーラシア→　　　オーストラリア→アメリカ→

出所）各種資料より、筆者作成。二つの図は時期的に対応している。

球上では、森林が減少し、草原が拡張していた。つまり、人類は、5000万年間にわたる寒冷化（＝森林減少・草原拡張）という環境峻厳化の果てに出現したのである。ヒトの出現自体が、寒冷化への適応であり、環境悪化という「危機」を打開するための進化に他ならなかった。

Ⅰ．ヒトの出現（霊長類が森から草原へ進出）

1．森を出て、サバンナへ

今からおよそ400万年前と想定されている最初のヒト（猿人・アウストラロピテクス）は、アフリカ大地溝帯（東アフリカを南北に走る深く長い谷。総延長7000km）周辺の森林に生きていた霊長類の中から、出現したと、長らく考えられてきた（現在では、異論も出ていて、最初のヒトの出現はもっと遡る可能性が高い）。

ヒトは霊長類に属する。霊長類は、ゴリラ、オランウータン、チンパンジーなどの類人猿を見ても分かるように、森林で生息している。森の中には食餌の対象となる哺乳類は少ないので、霊長類は、昆虫などの小動物の他に、主として木の葉や木の実など植物を摂取している。初期人類も、雑食性とはいえ、森

林で暮らす限り、基本的に草食動物であった。霊長類の特性である両眼視（立体視を可能とする）、拇指対抗（親指とその他の指が向かい合っているので、木の枝などのものをつかむことが容易にできる）など、森林の中で、しかも、木と木の間で生活するという、住環境の特性が与って大きかったのである（片山ほか1996：6-8）。

　およそ500万年前の寒冷化・乾燥化こそ、森林を減少させ、広大なステップ・サバンナの出現をもたらした。それまで生息していた森林が衰退する一方で、広大な草原地帯には、彼らの食餌対象がいたからである。森には哺乳類は少なかったが、草原地帯には、草食性の哺乳類が多数棲息していた。草原地帯は、哺乳類の豊穣地帯である。草食で恒温胎生である哺乳類は、乾燥・寒冷な草原地帯に適した動物である。往々にして草原地帯は寒冷であるが、哺乳類は、恒温であるので親自身が身を守れるし、胎生だから胎児を守れる。哺乳類こそ、寒冷な草原地帯において、大いに繁殖することが可能な種であった。森にエサが欠乏したために、草原地帯に繁殖する動物を食餌とすることこそ、初期人類が、森林から草原へと出てきた理由があったと想定されている。かくしてヒトは、森を出て、サバンナへ進出して、哺乳類も食餌とする肉食（植物性の食餌も取っていたので、正確には、雑食）生活を始めた。森から出て、草原で生活を始めたことは、人類史上の一大画期となった（ボークン1988：38）。

　ヒト化については、二足歩行、肉食化、道具という三つの進化の観点から見ることができる（渡辺1985：40）。草原で哺乳類を食餌としたことは、ヒトにとって大きな意味を持った。類人猿からヒトへの進化、それは、草食性から肉食化（＝雑食化）への発展であり、同時にその狩猟で歩き回り、遠くを見晴らすために二足歩行を行い、さらに、空いた手で道具の使用を進め、ついには、火を活用するまでに至ったからである。

2．肉食化（＝雑食化）

　人間の食性は雑食であり、現在は植物とともに動物の肉や乳を摂取している。

しかし、ヒトは、出現してからすぐに狩猟を始めたのではなく、採集によって得た植物を主要な食糧としていたのである。そのうちに動物の死骸や、肉食獣の獲物の食べ残しなどを食することで肉の味を覚え、肉の獲得へ向けて、努力を重ねたのであろう。

　森の中で果実、葉、草などを食べている分には、手に入れやすく恒常的に入手できるが、しかし、低カロリーであるので、長時間かけて食べていなければならなかった。ところが、動物は数kgから数百kgにもなる巨大な蛋白質の塊である。熱量も体重100kgの有蹄類なら、12万カロリーも含むので、成人の50日から60日分の必要カロリーに相当する。狩猟ではうまくゆくと、これだけの食物が一挙に手に入る（黒田ほか1987：206-207）。類人猿が草食獣であるのに対して、現代型サピエンスは肉食を覚えて、肉食嗜好に傾いた。肉食を開始したからこそ、脳に十分なエネルギーを供給し、その発達を支えることができたのである。肉食を覚えたおかげで人類は生き延びた。

3．二足歩行

　森林での樹上生活を離れて、哺乳類を求めて草原での地上生活を行うヒトには、それまでのナックルウォーク（四足歩行）ではなく、俊敏性の点でも、遠くを見晴らす点でも、直立する二足歩行が適していた（リーキー1996：101）。この二足歩行こそ、他の霊長類と異なるヒトの顕著な身体特徴とされている。それは、森林生活に適応した霊長類が草原での生活を始めたことによって、人類が誕生したことを意味する。二足歩行こそ、ヒトをヒトたらしめた特性である。手で道具を使えるようになったからである。直立二足歩行が人類の基準であるとすると、二足で恒常的に歩き始めたのが、450万年前から500万年前なので、ヒトが出現してから今日まで、およそ400万年から500万年とされる。

4．道具の製作・火の使用

　確かに類人猿でも道具を使用するが、しかし、ヒト以外の動物とヒトとの決

定的な相違は、ヒトが道具の製作能力を持つことと、道具へ大きく依存していることである（渡辺 1985：330）。直立二足歩行を行うようになって、手を自由に使えるようになったことが、道具を製作し、使用する能力を発達させた。ヒトの身体能力は、トラやヒョウなど、他の肉食獣と比べて大きく劣っている。初期的な身体能力だけでは、小動物を捕獲できるのが関の山だから、ヒトによる狩猟はほとんど成功しない。しかし、大脳の発達により、道具を開発し、改良して、類の中で継承することで後継世代に伝達してきた。ヒトが肉食を継続するには道具が不可欠であったし、その道具のおかげで肉を食えたために大脳が発展して、新規の道具を開発できた。もちろん、その新しい道具のおかげで、さらに獲物獲得が進んだ。このようにヒトにとって画期的な意義を有する道具が開発されたのは、今から200万年から250万年前と推定されている。

かくて、ヒトは道具の製作を開始し、その後に火を使用することを覚えたが、この火の使用こそ、他の動物には全く見られない能力である。火の効用は、多様であり、絶大であった。火の使用を覚えたことこそ、環境の支配から自由を得る方向への第一歩であった（オークリー 1971：96）。焚き火で身体を温める保温効果、他の動物を撃退する防御武器、道具の加工などのほか、調理に用いることで、食餌対象を一挙に拡大できた。堅い木の実や肉なども、火で焼いたり、炙ったり、煮たりして、食物として摂取できるようになった。狩猟の際にも、野や森を焼き払い、動物を追い払い、追い詰めることで、比類のない効果を発揮した（井尻 1979：202-204）。

ヒトによって火が放たれた森や野には、翌年の春には新しい息吹が芽生え、生態系の再生へと動き始めたことであろう。その有様を観察していたヒトは、後世の焼畑農業の暗示を得たはずである。たとえ大森林といえども、古代人は、まず巨木などの樹皮をはがして枯死させて、そのうえで火を放つなどの創意工夫でもって、克服可能であったと想定されている（コールズ 1985：169）。

すなわち、旧石器時代から、すでにヒトは火を使うことで自然環境を改変していたのであり、ヒトが寒冷で厳しい環境の中へと生存圏を拡大していったこ

第1章 肉食化と狩猟採集生活 7

とは、自然環境の破壊でもあった。今日では何も工夫のない原始的と考えられる狩猟採集生活も、ヒトが知恵を働かせて、生き延びるための適応の試みとその成功の結果である（その背後には、数え切れないほどの失敗の事例があったであろう）。危機とは、環境の激変、とりわけ、寒冷化による食糧の枯渇であったが、その危機の克服が、ヒトの進化であった。しかし、ヒトの環境適応そのものが、すでに自然環境の破壊を伴っていたのである。

Ⅱ．最後の氷期と草原の出現

1．2万年前、最後の氷期の終結

特に250万年前から寒冷化が加速化し、「人類の世紀」と呼ばれる新生代第四紀（180万年前から現在まで）になると、一段と寒冷化が進み、大きく四つあるいは、六つの氷期（数え方による）が地球を襲った。氷期になると地球全体の気温は低下したが、とりわけ極地に近い高緯度地方は氷河に覆われて、気温が甚だしく低下した。氷河上や周辺では、気温がマイナス15℃以下になり、いくら火を活用できても、寒すぎるので、一般にヒトが住むことは困難である。かくて氷河が前進すると、ヒトは南へ追いやられた。しかし、逆に、温暖化が進んで、氷河が後退すると、その跡地に広大な草原地帯が広がった。この広範な草原こそ、肉食化したヒトの餌食となる哺乳類が多数棲息する宝庫となった。

氷期が進捗あるいは後退する過程で、ヒトとしてのいくつかの種が淘汰されてきた。最古のヒトである猿人はビーバー氷期（200万年前）を境に消えていった。180万年前に出現した原人（ホモ・エレクトス）は、火の使用を開始して、ドナウ氷期（100万年前）・ギュンツ氷期（80万年前）などの寒冷期を生き抜いたが（井尻1979：201-204）、結局、ミンデル氷期（40万年前）を超えることはできなかった。25万年前のミンデル・リス間氷期に生まれた旧人（ネアンデルタール人）は、ヴュルム氷期（最終氷期）にあたる3.5万年前に消えた。それ以降は、新人（クロマニヨン人）の時代となっている。つまり、氷河期は絶

滅（種のクリアランス）の時代であり、温暖化が進む間氷期はクリアランスされた種が再び分化して、進化する時代となった（山口2006：50）。

2．ヒトの地球上での拡散

　最後の氷河期であるヴュルム氷河期が終わろうとしていた2万年ほど前、地球は、史上で最も寒冷化した時期を迎えていた。まさに、ヒト（現生人類）は、その最後の氷河期のクライマックスに地球上で拡散した。この時点で、地球上では、ユーラシア大陸中央部は砂漠化していたが、それ以外の各地で広大な草原（ステップ）が広がっていた。アフリカの熱帯雨林地帯も草原化し、ユーラシア大陸の西部も、草原で覆われていた。この広大な草原地帯には、マンモスゾウを始め、ウシ、シカ、クマ、ヒツジ、ヤギ、ウサギ、ネズミなど、多数の多彩な草食性の哺乳類が生息していた。この草食動物を追い求めて、現生人類たる新人が地球上に拡散していったのである。

3．狩猟採集生活

　今も残る狩猟採集民として知られているのは、わずかに北米大陸北端のイヌイット、カナダのチペワイアン・インディアン、ロシア東北部のギリヤーク、オーストラリアのアボリジニー、そして、アフリカのザイールのバカ（ピグミー）やカラハリ砂漠のサン（ブッシュマン）などである。これらの人々の生活地域は、農耕や牧畜などを行いえない厳しい自然環境のもとにある。しかし、狩猟採集民は、もともとは地球上の各地でその気候帯（熱帯雨林,乾燥地帯《サバンナ・ステップ》、中緯度ブナ林、極地）の動植物分布に適応した生態を取って適応していたのであり、より恵まれた自然環境下にある温帯地方でこそ、多くのヒトが狩猟採集民として生存していた。乾燥地帯で開始された農耕・牧畜が伝播すると、温暖で動植物が豊富な温帯地方では、狩猟採集民は農耕牧畜民へと変遷していった。今日、狩猟採集民は、熱帯雨林か、あるいは、極北の地でしか生息していない。現代の狩猟民はイヌイットのようにほとんど植物が

生育できないような高緯度地域に比較的少数が残存するだけになっている。彼らは、蛋白質を動物から獲得している。また、アフリカの狩猟採集民は、主として森林で繁茂する果実類を採集し、小動物を狩猟するが、狩猟による食糧は副次的であり、栄養価のおよそ7割を採集から得ている。いずれにしろ、現代に残る狩猟採集民は、その生息地域に相応しい狩猟採集生活をしている（松井 1989：64, 215）。

　植物性食物を採集し、動物を狩るという生活様式は、地球上に最初の人類が誕生して以来およそ400万年にわたって人類の歴史を支えてきた。特に、世界に三つ（東南アジア・アフリカ・中南米）ある熱帯降雨林のうち、東南アジア（バナナ、ヤムイモ、タロイモ、サトウキビ、パンの木）と中南米（マニオック）には、すぐに人間の食物となる植物性食物が豊富にあるが、しかし、アフリカの熱帯降雨林には、食べられる植物がほとんどなかった。狩猟採集民は、自然へほぼ完璧に依存し、火による森林・草原への働きかけはあるが、彼らの環境への負荷は農耕民に比べると非常に小さい。

　採集とは、植物や昆虫などの小動物を食糧資源として集めてくる生計活動の一形態である。狩猟採集と一般に呼称されるが、狩猟に比べて、採集という活動は、食糧獲得という面で、技術的に容易であり、危険が少なく、安定的で、環境を熟知している場合は恒常的でもある。一般に獲得される食糧の6割から8割が採集によって得られるという。サンの生活において、採集活動は主として女性が受け持つが、彼女たちは食糧となる植物を採集するうえで驚くべき知識を有している。例えば、彼女たちは200種の植物を識別し、そのうち100種を食用にしているという（リーキー1985：105）。博学的な知識によって、採集民は、一年のうちのさまざまな時期に、さまざまな植物の多様な部位を食用として、安定的な食糧源を確保している。

　狩猟とは、食糧用に、あるいは皮などを利用するために、野生の鳥獣をさまざまな方法を用いて捕獲し、屠ることである。採集とともに重要な食糧獲得手段である。ヒト以外の捕食動物（ヒョウやトラなど、いわゆる肉食獣）は走力

もあるうえに、歯や爪など鋭利な身体能力を活用して狩猟を行うが、ヒトは、身体能力のみでは狩猟は困難なので、罠や弓矢、槍、棍棒などの道具を使用するのが普通である。個人で行う狩猟もあるが、集団での連携作業を活用する場合も多い。狩猟は、相手が動物だけに危険を伴うことも多いうえに、必ずしも安定的に獲物が得られるとは限らない。

Ⅲ. 狩猟採集生活における社会と文化

かつて食糧資源が豊かな温帯地域に広範に生息していた狩猟採集民の社会と文化は、サーリンズ（1984）、リーキー（1985）、スミス（1986）などによって明らかにされてきたが、日本人研究者によっても、現代の狩猟採集民の実態調査が精力的に実施されて、大きな成果を挙げている。

1．バンド社会（Bands 小規模親族集団）

狩猟採集民の組織は、人間社会の中で、最も単純な社会的統合であった。こうした遊動的社会集団をバンドと呼んでいる。生活単位は夫婦とその子供からなる核家族であり、一般的に 30 人程度の規模であった。農耕を開始する前、ヒトはこの規模の集団をつくって生活をしていた。資源が豊富なときは一時的に 100 人ほどの集団になるが、冬季など資源が少ないときにはまた家族単位で離散していた。

バンドは、必ずしも恒常的に移動していたのではなく、バカの例などでも提示されているように、基本的な居住地があり、そこを拠点に食糧獲得のために小さな遠征を行うこともあった。遠征先では、いくつものキャンプを順に巡っていく。衣食住のための物質文化もきわめて単純であり、また生産、保存貯蔵、運搬などの技術も未発達な集団で、ほぼ採集・狩猟に生計を依存し、動植物資源を追って季節的に移動する。採集の行われる範囲は通常居住地から数 km の半径の土地であり、この範囲内の植物性食物が少なくなり遠方まで出向かなければならなくなったら、少量しかない家財道具（平均で 12kg という）を背負

って別の居住地に移動する。所在が不確かで当てにできない獲物を求めて、移動することは少ない。つまり、狩猟におもに依存する少数の例外的な場合を除き、一般に採集狩猟社会の生活は採集を軸に成立している。採集狩猟社会の人口密度は希薄であり、食糧資源に最も恵まれた環境に住む部族でも1 km^{2}当たり1人に満たず、大部分の社会は0.5〜0.1人またはそれ以下にとどまっている。

バンド内では、男女や年齢による社会的分業がある。採集活動は、筋力や脚力をそれほど必要とせず、道具も単純なもので技術的にも容易であることから、おもに女性がこれを担い、狩猟をおもに行う男性と機能的に分業していることが多い。狩猟は個人的能力の果たす役割が大きいので、年齢や世代による役割分担も必要になる。ただ、男女ともに担う役割や共有する空間や時間も多くあり、いわゆる男女の性別による差別はほとんどないと考えられる。

バンド内は、経済的に平等であり、首長のような固定した地位を持つ指導者もいない。人類は、今から1万年ほど前に、定住して、農耕・牧畜を開始するまで、過去数百万年間、この形態で暮らしてきた。旧石器時代以来、採集や狩猟を生業とするかぎり、一つの組織で大きな人口を抱えることはできなかったので、政治的・経済的な集団組織は家族を超えて存在できなかったのである。

安全という側面からも、多人数がまとまって居住することの利点は大きい。狩猟採集経済はもともと獲物を追って移動する生業であるが、縄文時代早期から日本列島の人々は定住のための試行錯誤を続けた。居住の継続性は季節的かつ一時的なベースキャンプから、年間を通して継続する集落、数年間あるいは世代ごとに居住する集落、そして幾世代を通して続く村のような段階がある。食糧獲得のための資源利用技術や生活技術、集落建設のための森林開拓技術などを発達させながら、定住や集落形成を安定させていった。

縄文時代（およそ1万5000年前から3000年前）の日本における人口分布は遺跡の密度から推定できる。縄文人はすでに初歩的な農耕は知っていたが、狩猟採集民としては、世界的に見て非常に人口密度が高かった。縄文時代中期の遺跡密度は中部と関東の遺跡密度が最も高くおよそ1遺跡／km^2、それ以北の

北日本・東日本では1遺跡／10km²、それ以西の西日本ではおよそ1遺跡／100km²である。日本の高い人口密度の分布は、狩猟採集経済に有利な落葉広葉樹林帯の分布と一致している。これらの人口密度は当時の日本が狩猟採集経済としてすでに限界近くに達していたを意味している。なかでも、遺跡が非常に多いのは長野県であり、縄文中期4500年前の気候の冷涼化による人口集中化現象の結果と考えられている。一般に、当時の集落は人口が30人から40人と推定されている。世界的に、狩猟採集民と初歩的な農耕民の人口密度は0～4人／km²とされているので、関東地方における1遺跡／km²（すなわち、1km²当たり人口30から40人）は、異常に高い人口密度を表している。縄文時代の日本が狩猟採集民にとって非常に豊穣な地域であったことが分かる。

2．狩猟採集生活における分配の「平等」

　現代の実態研究から判明しているサンのバンド内分配システムにおいては、個人間の格差をつくらない工夫・メカニズムが見られる。バンド内では「個人」は存在しない。共同体が所有し、ひとりだけ突出することは許されない。その典型的な事例が、狩猟によって仕留めた獲物の分配の仕方である。狩猟活動は基本的に男性のみで行われ、キリンやイボイノシシなど大型有蹄類対象の毒を塗った弓矢猟は成功率が低く、インパラやエランドなど中型のレイヨウ類や小型のウサギなどを対象として猟犬を用いた槍やはね罠猟は成功率が高いという。もっとも平均すると、獲得量は1日1人当たり200g程度にしかならない。それだけに肉は希少価値を持っていて、狩猟採集民の間では「肉こそが真の食べ物である」と言われているように、カロリー源として不可欠ではないにもかかわらず、肉への強い嗜好が認められる。注目すべきは、獲物の所有権は射止めた人にあるのではなく、道具提供者を含むグループ全員にあり、獲物は皆平等に分配されることである。

　実態調査によって、非常に興味深い事例が報告されている。ある男が狩りで獲物を捕った際に、彼は周囲の人々から賞賛されず、その獲物に手を付けるこ

とを拒まれた。われわれから見ると奇妙な慣習であるが、富の個人への集中を防ぐ（ある意味で賢明な）メカニズムである。狩猟に携わる個人の能力・経験に違いはあるし、集団で狩りを実施して、獲物を得るために、メンバーを指揮する指導者が自ずと生まれてくる。しかし、バンド社会では、かかるリーダーは制度的な身分ではなく、その役割は世襲もされず、制度化もされない。狩猟においては個人間で貢献度も役割も異なるだろうが、獲物の分配においては平等処遇が原則とされている。つまり、バンド社会は、個人の間に不平等が生じないように、平等に分配して、貧富の差や社会階級が生じないように配慮されているのである（梅原・安田 1995：242）。

　この事例では、特定の個人が抜きん出ることをタブー視するという、「結果としての平等社会」が真に実現している。狩猟採集民においては、蓄財を反社会的と見なす一方で、平等な分配に価値を置いている。ここでの人間どうしを繋ぐ関係は、「互酬性」とか、「贈与」という表現で表される関係である。ヒトは、互いに依存しており、自立しては生活できなかった。他者へ依拠し、自然へと依拠して生存していた。他者との関係でも、自然との関係でも、「互酬性」と「贈与」が原則であり、この原則を逸脱すると、その集団は共倒れになったに違いない。業績主義が組織の柱と成っている現代社会ではおよそ想像することも難しい集団の掟である。

3．自然への畏敬の念とアニミズム

　狩猟採集民たちは、自分たちを取り巻く環境について、きわめて詳細かつ具体的な知識を有している。狩猟の際に男たちは動物の足跡から、その動物の種類、年齢、いつそこを通ったのか、走っていたかうろついていたか、怪我していたか健康かなどを判断していた。実態調査によると、採集の際に女たちは、子供を抱えて一日平均16kmの道のりを歩くが、多様な食物のありか、それを食べられる時期、森の中で迷わない方法など知っていた。自然に十全に依存し、全面的に恵みを受けるという、この生活の中から、自分たちを取り巻く環境に

対する観念を抱くとしたら、それは自然に対する恐れや畏敬の念に他ならないであろう。

さらにそこから進んで、万物に、何らかの霊的存在を認めて、それを崇拝するという心のあり方がアニミズムと呼ばれる原始的な信仰である。自分たち人間の力ではどうしても解決できないような環境の中に置かれて、自分たちの生存を可能にさせてくれる自然界の万物に対する尊崇の念であろうし、人間の存在の小ささについての謙虚な考え方である。そうであるからこそ、狩猟採集民たちは、自然界の万物と自分たち非力な人間との間に決定的な差異を認めず、人間に心があるように、万物にも霊魂が宿るという考え方をしていたと想像できる。欲望に駆られて人間が動植物を取りすぎてしまうと、結局は食糧の対象そのものを絶えさせてしまう可能性があるので、そのような採りすぎを防ぎ、自分たちの生存を安定させるという知恵に他ならない。

4．狩猟採集民における意外な「豊かさ」

肉食化が、霊長類の中からヒトが出現することを促したのではないかと考えられている。肉食化によって脳が大いに発達して、ヒトになった。数度にわたって地球を襲った氷期もまた、その後退に伴う広大な草原地帯の形成が、ヒトにとっては草食動物の宝庫を提供した。ユーラシア西部、今はヨーロッパの地を覆っていた氷河が後退した広範な草原地帯に、寒さをものともせず進出した人々は、そのまま現代ヨーロッパ人の祖先の一部となった。野生の獣たちの肉を求めて極北の地へ歩み入り、狩人となった彼らの積極性は、今日のヨーロッパ人による世界支配を実現した攻撃性の源泉となっているのかもしれない。

サーリンズ（1984）らが紹介している生態人類学研究によって、「狩猟採集民は、食糧を求めていつも奮闘していて、飢えの恐怖にいつも晒されている」という固定観念は見事に打ち破られた。狩猟採集民が食糧獲得に費やす時間は、一日4、5時間に過ぎず、しかも連続的に働いていない。一日採集活動をすれば、三日分の食糧が手に入る。ちょっと働いて必要な食糧が手に入ると、そこ

でもう休むので、彼らには暇な時間が多い。そのうえ、ほぼ周囲の環境から食糧を恒常的に獲得できるので、将来のために蓄える必要もない。従って、飢え死にするかもしれないという不安にさいなまされることもないという（サーリンズ1984：28）。彼らは豊富な余暇の時間を談笑や歌と踊りなどによって過ごし、これらを通じてバンド内のコミュニケーションが絶えず保たれる。狩猟採集生活は、今日われわれが想像する以上に、労働時間も短くて、食糧獲得という面では「豊か」であった。

いずれにしろ、社会にはそれぞれに相応しい考え方、慣習、掟があり、狩猟採集民たちにとって、自分たちの欲望は十分に充足されていたのである。彼らの考え方は、今日の現代社会の常識、すなわち、富や財産、労働についての信念からは大きく隔たっている。しかし、豊かかどうかは、モノ・サービスをどの程度まで消費できるかという側面だけでなく、欲望がどの程度まで充足されているかにもよっている。欲望が肥大化して、かなりの水準まで欲望は満たされているにもかかわらず、満たされない欲望を託つことで不満が残るので「自分は豊かではない」と考えがちなのが、現代社会である。そうであるならば、欲望がどの程度まで充足されているかという観点からは、狩猟採集民は、十分に「豊か」であった。

ヒトが出現してから今日までおよそ400万年間。そのうち狩猟採集生活を送っていたのが大部分で、農耕や牧畜を始めたのは、わずかに1万年ほど前に過ぎない。今日までのヒトの歴史を一日に例えれば、農耕開始は、一日が終わる零時のわずか3、4分前、つまり、午後11時56分か57分の時刻である。人類史のおよそ99.75％を占めた狩猟採集生活、われわれの「人となり」を形づくるにおいて決定的であったその生態を研究することに、意義がないはずがない。

おわりに—《自然への畏れ》—

カナダの生物学者デヴィッド・スズキ（日系三世）は、「日本人よ、自然への畏れを取り戻せ」と訴えて（スズキ2010）、現代日本人が抱いている考え（自

然に依拠しないでも生きていけるという妄想）を相対化するように、呼びかけている。確かに、スズキの指摘を待つまでもなく、資源の無尽蔵を前提としているかのごとき、現代経済の消費システムを見ると、人間は《自然への畏れ》を取り戻さないと破滅へと向かうのではないか。《自然への畏れ》を抱かないという現代日本人の思想の相対性・異常性・非永続性を明らかにして、傲慢さの根源をひっくり返す営為が必要であろう。

　もっとも、先進工業国の中で、神道に象徴されるように、アニミズムを起源とする宗教観を今なお保持して、自然に対する畏れの観を抱いているのも日本人である。日本人には、自然を収奪の対象と見るのではなく、人間を自然の一部として見るという考え方が伝統的であった。そうであるならば、本来は、自然と自然への畏れを現代に復活させるのも、日本人の使命なのである。今日の現代社会経済を支えている技術体系・仕組みを相対化するという志向にこそ、日本人の役割、日本が果たすべき思想的役割があると考える。

　しかし、《自然への畏れ》を取り戻さなければならないとは、狩猟採集生活へと回帰することそのままではないとしても、今の経済生活の根底的な変更を意味する。それは、たとえ科学・技術を総活用しても、現在の生活水準を劇的に低下させることなしには、不可能であろう。これは途方もなく困難な試みであるように見える。なぜなら、現在世界の主流となったヨーロッパ起源の考え方を抱く人たちこそ、強制力を背景に、資源として自然を考え、それを収奪して、欲望を充足させることに力を注いできたからである。本来ならば、《自然への畏れ》を取り戻さないといけないのは、日本人であろうが、ヨーロッパ人であろうが、ヨーロッパ起源の考え方に染まっている人々なのである。

第 2 章

ムギの栽培化
―― 西アジアにおけるイネ科植物の馴化（およそ 1 万年前）――

はじめに―世界三大穀物（ムギ・コメ・トウモロコシ）―

　世界の三大穀物とされているのが、ムギ・コメ・トウモロコシであり、人間の主要な食糧源となっている。穀物は、重要なカロリー源で、例えば、イモ類に比べて少ない容量で同じカロリーを含んでいる。そのうえに、イモ類に少ない澱粉質以外の蛋白質や多少の油質までも含んでいるので、人間の食べ物として完成食品に近い存在と言えよう。

　穀物は、漢字名称にも表現されているように、その種子が堅い殻に包まれている（穀は、「からの中に禾（イネ）が入っている」という原意）。その殻のおかげで、長期の保存が利くし、運搬も利便であり、加工も容易であるという、食糧としてかけがえのない利点を持っている。一定期間、農耕に従事した後に、収穫した穀物を貯蔵しておけば、別の仕事に携わることも可能になるし、収穫した穀物を遠隔地に運んで他の人々を養うことによって、社会的な分業を発展させることもできる。

　農耕を成功させて穀物を安定的な食糧源として得たとき、ヒトは大きな飛躍を経験した。いかにして良質の穀物を豊富に、しかも、安定的に獲得するか。経済史は、その工夫と努力の過程とも言える。「工夫と努力」には農耕という

生業を始め、人類の知恵が詰まっているが、歴史的に見ると、それは同時に、他者を襲って、食糧などを暴力的に奪うことも含まれてきた。

　好適な栽培条件という点で、コメとムギには際だった対比がある。コメの栽培には、高温多湿という気候条件、とりわけ大量の水が不可欠である。その結果、栽培地域はモンスーンアジアに集中している。モンスーンがもたらす大量の降雨のおかげで、水田を維持できて連作が可能になっている。アジアの地理的条件を巧みに利用した人類の英知というべきであろう。アジアにおける食生活は、コメを基本にして水産物（魚介類など）を組み合わせるという「植物文明」型である。

　しかし、ムギ類は、もともと乾燥地に適しており、栽培条件がコメに比べて緩く、幅が広い。連作不可という重大な欠点を、家畜飼育と結合した農法で克服して、「動物文明」型が確立されたおかげで、世界的に広範に広まっている。コメに比べて、穀物の標準的な地位を得ている。

Ⅰ．コムギの起源—ムギ類の起源は、アナトリア—

1．ムギの故郷としての西アジア

　ムギ類には、コムギ・オオムギ・ライムギ・カラスムギが含まれるが、いずれもイネ科に属する一年生植物で西南アジアを起源とする作物である。コムギ・オオムギは、ともに紀元前8000年頃に《肥沃な三日月地帯》（メソポタミア周辺の丘陵地帯）で栽培化され、世界各地に広がった。また、ライムギ・カラスムギ（エンバク）は、コムギ・オオムギ畑の雑草として随伴し、その後、二次的に栽培化された。近年の考古学的研究では、チグリス・ユーフラテス川の源流域であるトルコのアナトリア高原がムギ類の原産地であり、その栽培も1万年前まで遡ることができる。

　コムギはもともと乾燥地帯に自生していた。今日でも最も代表的な乾燥農場作物のひとつである（佐藤1992：106）。冷涼乾燥という気候条件を好むので、コムギ生産の75%は、年間雨量380〜640mm程度の雨量が少ない地域に分布

図表1-2-1　パンコムギ（普通系コムギ）の祖先野生種の分布

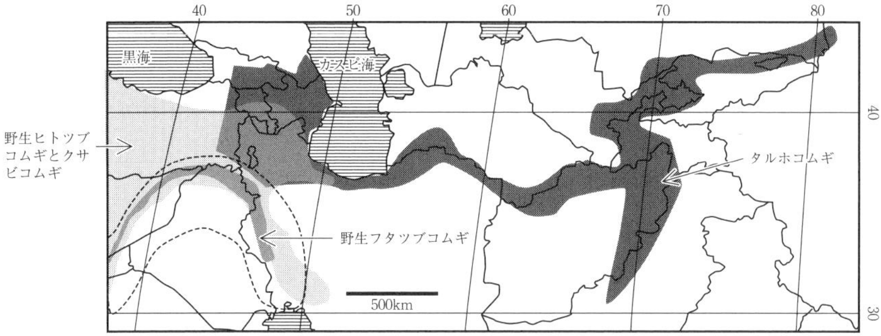

注）破線は《肥沃な三日月地帯》を示す。
出所）NBRP (2017)

している。少ない降雨量の高緯度地域というコムギ栽培の適地は、世界中に広範に存在している。その結果、コメがアジアのモンスーン地帯という限定的な地域に集中して栽培されているのに対して、コムギ栽培は世界に広く分布している。広大な農地を利用できるなど、栽培のための自然条件・土壌条件が緩いので、生産コストもそれだけ低く抑えることができる。コメがひとつの種に入るのに、コムギには17もの種が存在するので、多様な存在条件、多様な性質を持つからである。しかも、コムギ粉に水を加えて捏ねるとグルテンが形成されるが、その水加減によって粘性と弾力性が異なってくるので、コムギは多様な用途を持っている。コムギはコメと比べて用途が広いので、《穀物の王》と呼ばれるのも無理からぬことである（増井 2008：153）。

全世界の生産量（2014/15年）が、コメは4億7800万トン、コムギは7億2500万トンと、コムギはコメの約1.5倍であるが、コムギの輸出量は1.6億トンで、コメの4300万トンの3.7倍もある。コムギは、それだけ穀物として普遍的な存在と言えよう。

2．コムギは連作を嫌う

　しかし、コムギには、《穀物の王》としての得難い利点が多々ある一方で、耕作するうえで、大きな欠点があった。コムギは連作を嫌うのである。従って、連作不可を克服する過程が農業史であり、ムギとムギ作文明拡散の過程でもある。連作不可を克服する方法は、まず休閑農法である。紀元前のゲルマニア（今の中北部ヨーロッパ）のように、広大な地域にごく少数の人口を抱えていた場合には、転々と畑を取り替えることが可能となっていた。同じ場所で栽培せずに、焼畑方式のように年々歳々、耕作する畑を替えていき、いずれ戻るにしても数年後のことにする。ただし、休耕すれば、その分だけ生産性が低下する。従って、ヨーロッパにおける農業は休耕との戦いでもあった。中世ヨーロッパでは輪作農法が展開されて、三圃制に典型的に見られるように、特定の耕地を定期的に休閑することで地力を回復させてきた。その際に家畜飼養と本格的に結合して確立されたのが、ヨーロッパ農業であった。「家畜なければ厩肥なし。厩肥なければ農業なし」と形容されたほど、家畜が果たした役割は大きい。輪作（ムギと飼料作物など）を実施することで、家畜を増加させられるし、家畜の糞尿による地力回復が可能となった。家畜との組み合わせで、ムギ作は発展し、さらに、家畜も増加した。それが肉食文化の支えとなった。近代では、カブと組み合わせることで、高度な農業をつくってきた（増井 2008：154）。

Ⅱ．西アジアにおけるムギ栽培の開始

　今からおよそ1万年前（前8000年）、西アジアで世界に先駆けてムギの栽培化が始まった。それはどのような経過をたどったのか。気候の変動から、ムギ栽培の開始を見ていこう。

1．ヤンガードリアス期における《肥沃な三日月地帯》での農耕開始

　およそ2万年前から1万8000年前頃、長かったヴュルム氷期（最終氷期）が終息した頃が、気温の最も低かった時期である。ヴュルム氷期の終了とともに

に温暖化が開始し、およそ5000年間、暖かい気候が続いた。気温は、1万3000年前から1万2000年前のピークにかけて緩やかに上昇した。更新世末期の温暖化現象である。気温が緩やかに上昇し始めると、氷期に中緯度地方にまで広がっていた氷河・氷床が後退し始めた。気候が温暖湿潤化してきたので、地中海東海岸地帯で森林が出現した。

(1) ナトゥーフ文化（定住的な狩猟採集民―1万2000年前から1万年前）

　この温暖な気候の下で繁茂した森林の中で、狩猟採集民は、遊動的生活を送りつつ、徐々に定住の度合いを強めていった。すでに本書20頁で見たように、レヴァント地方からアナトリアを経由して、ザグロス地方（イラク）にかけての丘陵地帯には、野生のムギ類が自生していた。この地域の森林に生息していた狩猟採集民は、やがて隣接する草原に生えている野生のムギ類に目を付けて、採集して、食糧にしていた。このような定住的な狩猟採集民が野生のムギやマメを食用にしていた生活をナトゥーフ文化という。遊動する生活を送っていた狩猟採集民が、徐々に定住傾向を強めて行く過程で、数千年をかけて、採集から栽培へと少しずつ移行していったのである。ナトゥーフ人の定住地跡は、図表1-2-2《肥沃な三日月地帯》に網掛け部分で示されている。

　1万年ほど前の先土器新石器時代A頃まで、穀物の採集・摂取がメソポタミアの北側の丘陵地で見られるようになったが、梅原・安田（1995：35-36）は、西アジア・レヴァント地域での農耕文化誕生までの経緯を次のように説明している。最終氷河期が終息して温暖湿潤化が進んで、パレスチナに森林が出現した。その森の中に、狩猟採集生活を送りながら、定住する人々が現れた。その後、定住集落という生活様式を持った人々がレヴァント北部の草原地帯へ進出して、その草原で食糧資源としての野生のムギやマメに注目して、採集し始めた。生産性と貯蔵性に優れたこれらの植物は、数千年の間に選択的に利用される中で、栽培のための試行錯誤が繰り返された。森の中に暮らしていた狩猟採集民がムギやマメなどの草本類を入手できる草原地帯に進出できたことが鍵で

図表1-2-2 《肥沃な三日月地帯》

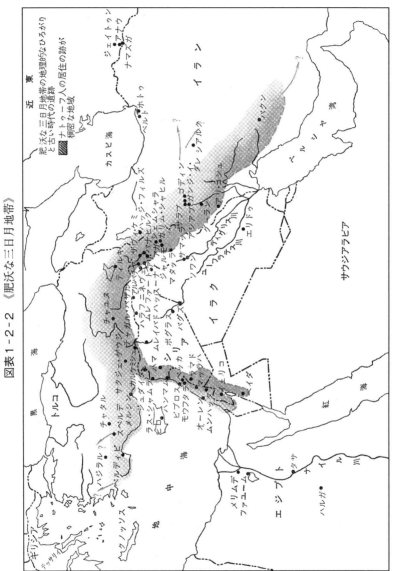

出所）ブレイドウッド (1979：145)

図表 1-2-3 新石器時代の編年

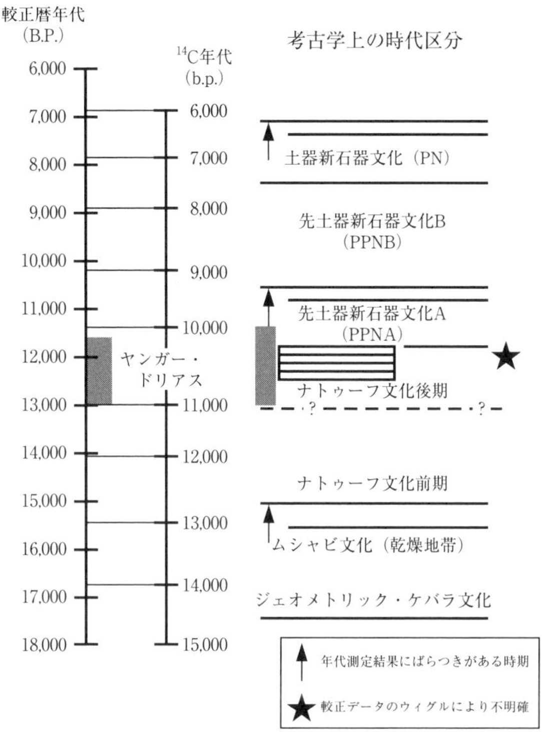

較正暦年代（B.P.）／¹⁴C年代（b.p.）／考古学上の時代区分

- 土器新石器文化（PN）
- 先土器新石器文化B（PPNB）
- 先土器新石器文化A（PPNA）
- ナトゥーフ文化後期
- ヤンガー・ドリアス
- ナトゥーフ文化前期
- ムシャビ文化（乾燥地帯）
- ジェオメトリック・ケバラ文化

↑ 年代測定結果にばらつきがある時期
★ 較正データのウィグルにより不明確

出所）本郷（2002：117）

あった。西アジアでこそ、森林、草原、砂漠という異なる植生が隣接する自然環境があった。

(2) ヤンガードリアス寒冷期（1万2000年前頃の1000年間）

更新世温暖化期の末期、今から1万2000年ほど前（研究者および対象地域によって、年代確定にかなりばらつきがある）、気候が大きく変化して、気温が平均して2℃ほど低下した寒冷期が1000年ほど続いた。いわゆるヤンガードリアス寒冷期である（沢田ほか 2008：215）。この時期は、定住的狩猟採集期

のナトゥーフ文化後期および先土器新石器時代Aに該当しており、採集から栽培への移行が促進されているので、寒冷化によって農耕の開始と考える説の有力な論拠となっている。この今から1万2000年前頃（較正暦年代）の突然の寒の戻りで森林で木の実などの食糧が枯渇し、森の資源に依拠した狩猟採集生活が危機に瀕した。そのために、ヒトが森林の近傍に広がるイネ科植物の草原に食糧を求めて進出し、栽培を開始したという見方である（梅原・安田1995：242）。

ムギという生産性が高く、食物として優れた植物を入手し、やがてヤギ・ヒツジなどの群居性中型動物を家畜化して成立したこの社会は、競争力があり、拡張的であったので、比較的大きな人口を許容できたと考えられる。先土器新石器時代Bの後半（較正暦年代で、前9千年紀）になると、泥煉瓦や石の壁を立ち上げた方形型の住居が密集した集落が形成された。面積も10haを越えるような巨大な町まで造成されていた（梅原・安田1995：135）。

さらに土器新石器時代（前8千年紀初め）にはいると、例えば、チャタル・フユック（アナトリア高原中南部）の初期定住農耕の様子が明らかにされている。ここは、今から9000年ほど前から7000年前にかけて、1000年間以上、住居が30戸ほどで、200人くらいの集団が生活していた。夏に乾燥するが、

図表1-2-4　更新世末期から完新世における年間平均気温の変化

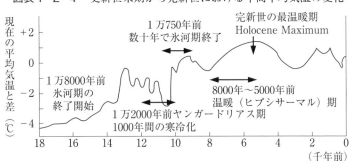

出所）原（2000：35）

冬に雨が降るので、この地ではかかる冬雨型の気候に適したムギ類の冬作物と、マメ類、さらに亜麻などを栽培し、併せて、ヒツジ、ヤギ、ブタ、ウシなどを飼養する作物栽培・家畜飼養の混合経営形態を取っていた。ようやく土器新石器時代に入って、本格的な農耕を行うようになっていた（三浦 2001：53）。

２．ヒプシサーマル期（1万年前から 6000 年前）における温暖化最盛期

　寒冷だったヤンガードリアス期が終了すると、完新世（1万年ほど前から現在まで）の後氷期に入った。今から 8000 年前から 5000 年前にかけて、およそ 3000 年間、温暖化が進行し、6000 年前に温暖化の頂点を迎えた。いわゆるヒプシサーマル期である。現在に比べて、気温は２℃から３℃高く（鈴木 2000：47-49、57-60）、海面は２から３ m 高くなった（日本では、縄文海進期にあたる）。

　ヒプシサーマル期には、地球の気候が大きく変動した。現在は、世界最大の砂漠であるアフリカのサハラ砂漠が当時は緑の沃野であった。現在と大きく異なるヒプシサーマル期の降雨状況について、その原因として、熱帯収束帯が大きく北に動いて、サハラの奥地にまで進入したためではないかと想定されている。気候学的にサハラ砂漠の延長線上にあるインダス川流域でも同じように当時湿潤であった。その湿潤をもたらしたのが、夏の降雨であったことが推定されていることから、サハラ砂漠の緑をもたらしたのも、夏の降雨であり、熱帯収束帯の北上こそ、当時のサハラ砂漠に雨をもたらしたと想定されている。

　図表１-２-５「前線帯と砂漠の分布」に今から 6000 年ほど前と現在の赤道西風の位置取りが示されている。現在の赤道西風（黒い矢印➡）はサハラの南を抜けて、インド中央部をかすめて、東南アジアから南シナに至っている。この風こそ、夏にモンスーンを引き起こし、東アジア・東南アジアに多量の雨をもたらし、米作を可能にしている。ヒプシサーマル期には、熱帯前線帯が北上することで赤道西風を押し上げた（白い矢印⇨）。この風がもたらす大量の雨がサハラを緑に変え、インダス川流域において古代文明建設を可能にしたのである（鈴木・山本 1978：28）。

図表1-2-5　前線帯と砂漠の分布

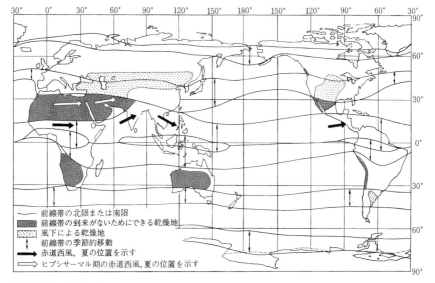

― 前線帯の北限または南限
▨ 前線帯の到来がないためにできる乾燥地
▧ 風下による乾燥地
↕ 前線帯の季節的移動
➡ 赤道西風、夏の位置を示す
⇨ ヒプシサーマル期の赤道西風、夏の位置を示す

出所）鈴木（1978：42）

3．沖積平野における灌漑農耕の開始（7000年前）

　今から7000年くらい前になると、農耕は山麓地帯から平地における灌漑農耕へと展開した。温暖なヒプシサーマル期が終わる頃（およそ前5000年）に、それまで丘陵地帯で展開していた初歩的な新石器農耕を担った人々が、メソポタミアの平原にまで降りてきたのである。チグリス・ユーフラテス両川によってつくられた広大な沖積平野は、長年の堆積物によって肥沃な土壌になっていた。しかし、年間降水量が100mm以下の砂漠であり、農耕を実施するには川から灌漑しなければならなかった。灌漑施設を整えて、彎轅有床犁を使用するなど、耕作技術が一段と発展した。灌漑によって沖積平野は肥沃な沃土に変貌して、高い生産性を実現するまでに至った。人口は増加し、定住集落はさらに一段と拡大するようになった。それに伴って集落の拡大と社会の再構成が生じた。

III. 食糧生産の動機と諸結果

　食糧生産の開始は、人類の生活に決定的な影響を与えた。ゴードン・チャイルドは、この大きな変化を《新石器革命》と少し大げさに呼んだ（チャイルド1958）。その特徴は、定住、分業、病気にまとめることができる。

1. 定住生活と人口増加

　狩猟採集社会は、多産ではなかった。子供を背負って移動するのは大変だし、2人以上の子供の面倒を見ることも難しいから、狩猟民では、出産間隔は3年以上になる。従って、頻繁な移動という制約条件から、人口の社会的な調節機構が働いていたのである（リーキー1985：105）。それに対して、農耕社会では多産化傾向にある。農耕を開始して、安定的に定住できるようになると、人口増加の圧力に見舞われる。定住生活のメリットとして、まず、たくさんの子供をうまく育て上げることが可能になるし、集団構成員が多くなったから、外敵に備える意味でも安全性が高まった。今までよりも多くの財貨を蓄積できるようになったし、集団内部の一体感が高まり、組織化された社会制度が発展してきた。単系的な外婚親族集団（いわゆる「氏族」クラン）もその例である。ただし、平均寿命は、当時の狩猟採集民で、男平均31歳から34歳、女平均28歳から31歳であったと推定されており、農耕社会になっても、平均寿命は延びなかったと考えられる。

　スミス（1986：34）によると、文化史における真の分水嶺は、食糧生産の開始に置くことはできない。そうではなく、この何千年後かに確立された、もはや後戻りができなくなった生活様式の成立にこそ、それは求められなければならない。すなわち、ブレイドウッドの指摘する初期の村落・農耕共同体の形成こそ、真の分水嶺である。そして、農耕が開始されると、さらに人口増加への一層の圧力がかかったのである。

　このような食糧生産経済の確立によって、野生食資源の少ない季節になって

も、小さなバンドに分裂する必要がなくなった。集団のサイズの大型化を妨げていた歯止めが外れたからである。食糧生産経済の開始で、今やいくつかの経済上の圧力が弱まった。また、効率的な食糧生産経済のための諸条件は、特に栽培経済ではそうなのだが、狩猟採集経済のための諸条件とは逆に、集落の一層の過密化と一層の恒久化とを通常必要としている。いずれにしろ、ひとたび定住すると、人口が増加したので、食糧増産に励まざるをえなくなった。

食糧生産が食糧貯蔵という便益を与えたことは特筆すべきであろう。その点で、穀物は、ものを腐敗させやすい熱帯でも、長期保存のきく理想的食糧だと言える。また家畜化された動物は、しばしば表現されるように、「蹄の上に蓄えられた肉」、つまり、家畜は生きている食糧庫であり、また動く洋服タンスなのである。かくて、食糧の貯蔵が人口バランスを決定していく。

土器はこの食糧保存という点で利便性が高かった。つまり、土器は、食糧生産経済にではなく、むしろ定住制すなわち村落生活と結びつく発明品であって、土器の出現も定住と密接に関連している。土器によって、煮炊きが可能となった。これによって、鞘の付いた豆類も種子類も食べられるようになった。

2．社会生活（分業の出現）

集団の必要量を超える食糧を得るには、通常、投下労働量を増やす必要がある。ところが、狩猟採集民や初歩的な食糧生産民を観察してみると、彼らはむしろ余暇を最大にすることの方に関心を寄せているようにみえる。つまり、彼らは食糧の余剰よりも余暇の余剰の方を好む。だから、真の経済的余剰は、決して自然にはつくられない。それには経済的刺激と政治的な強制力とが必要なのである。

狩猟採集民の社会では、一般に性別、年齢別に労働が分けられている。世界のどこでも完全に同質な区分けは認められていないが、この二つの基準を基礎にしたもの以外の専門化の例はほとんどない。スミス（1986：117）が挙げている事例によると、ボリビアのシリオノ族という狩猟採集民では、男女双方の

手で行われる非農耕的な活動は、採集、狩猟の獲物の調理、それに荷を運ぶことであった。男は狩人であり、また道具と武器の製作者であり、そして家屋建設人夫であった。女が男の仕事に手を出すことはいっさいなかった。女は、料理をし、子供の面倒を見て、薪と水を集め、土器、ハンモック、マット、バスケット織物、飾り物を作るのだった。ところが、食糧生産の比重が増大するにつれ、より大きい、より定住的な共同体の間では、性と年齢以外の他の要因に基づいた分業が出現してくる。

つまり、狩猟採集民では、男女の地位は平等であったが、時が経ち、農耕がより集約化する方向に発展するにつれ、婦人の地位は低下する方に向かったようにみえる。これは、ひとえに食糧生産に対する女の直接貢献度が縮小したからである。

農耕社会では青少年期が短くなった。意外に思われるが、狩猟採集民では、多くのケースでは、食糧獲得における生産性が、集団を維持していくのに必要な労働投入量との関係で見れば、高い。従って、少年・少女たちは労働力として期待されていない。一方、農耕社会では、より多くの労働力の投入が必然的に要求される。作付け時期や収穫期のピーク時には、特にそうである。この時期に、暇な時間などほとんどない。青年たちや小さい子供たちでも、共同体全体の作業に十分な役割を果たすことができる。むしろ、農耕社会になって、労働はより過酷になったのである。

3．技術革新に見る精神面での変化

食糧生産が開始され、十分に確立すると、技術革新と発明のテンポが、世界中で速まった。さまざまの因子が人類の発明の才を刺激したが、その中には、以前よりずっと増えた人口増と厚みを増した人口密度が含まれている。外部のアイデアに触れる機会を多くするコミュニケーションの増大も、たぶんこの因子の一つに含まれる。原初的な科学的アプローチ法と呼ばれてきたものの起源や科学的な思考法の萌芽は、初期食糧生産民が登場してから見いだせる。

灌漑網と同様に、井戸掘り技術の習得は、環境を支配できる動物に人間を変えた。ムギの栽培は約1万年前にメソポタミアの平原ではなく、それを取り巻く高原で開始されたが、灌漑技術のおかげで人間の居住域は、天然の降雨量を当てにできる天水に恵まれた地域の外縁（すなわち、メソポタミアの広大な下流域）にまで拡大した。今や、定住集団は、川や池といったところから離れた場所にも村落を形成できるようになった。

この結果、食糧生産民の活動による自然破壊が開始された。先史時代において、すでに環境破壊が始まったのである。

4．病　気

現存する狩猟採集民の研究から、狩猟採集民の栄養状態は案外良いことが最近の研究で分かってきた（マクニール 2007：72）。農耕への移行は必ずしも自動的に栄養状態の改善をもたらしたわけではなかった。むしろ、逆の作用をもたらした方が通例であったらしい。農耕民は、専従的になれば、食べ物を穀物とイモにどうしても頼りすぎることになる。すなわち、最古の農耕民の生活は、彼らに先行する集団（狩猟採集民）に比べていつもあてになるほど十分な食糧を得ていたわけでもなかったし、また彼らは必ずしも安定した、栄養価に富んだ食べ物を食べていたわけではなかった。それどころか、以前よりも逆に悪くなったこともあったに違いない。つまり、労働において農耕民の状況は狩猟採集民のそれと比べて過酷になったように、栄養状態は、農耕民において、狩猟採集民と比べて、むしろ、悪化した。

そのうえ、定住環境はきわめて不潔であった。もともと人間が集団で定住すると、その居住環境は劣悪になったのであり、森林を切り開き、湿地を開拓し、淀んだ大きな水面をつくり出すというような行為は、蚊その他の衛生害虫に繁殖の場を与えたようなものである。その結果、人が集団で定住しなければ感染しなかったような病気が蔓延した。湿地などには蚊が繁殖したが、これが病原菌の拡散の原因となった。従って、マラリア、黄熱病、デング熱、ツツガムシ

病、眠り病などの病気が前よりも一層発生しやすくなった。

　前農耕段階民を悩ませた病気は、マラリアと黄熱病くらいだったが、定住民には、コレラや天然痘などの新たな感染症が広まった。これらの疾病が引き起こされるようになった原因は、定住生活に基づくものであった。つまり、ゴミと人間の排泄物が一か所に滞るようになったため、また病原生物の媒介の機会が増え、これとの接触も密となったため、さらに家屋や食糧貯蔵庫にネズミ、ゴキブリその他の害虫が集まって来るようになったためである。

　コレラや天然痘などの感染症はもともと動物がかかる病気であったが、それらの病原菌が突然変異を起こして人間が罹患する病気になった。群居動物を家畜として馴化した人々こそが、これらの病原菌による最初の犠牲者になった。しかし、やがてこれらの人々はかかる感染症に対する抵抗力を身につけ、免疫さえ有するようになった。問題は、かかる感染症に対する免疫を有する人々が、免疫を持たない人々に接触した場合である。ユーラシア大陸は群居動物が大挙して家畜化された地域であり、そこに住まう人々は多かれ少なかれかかる感染症に対する免疫を持つことが多い。しかし、南北アメリカと太平洋諸島の先住民たちは免疫を持たなかった。15世紀末から16世紀にヨーロッパ人がこれらの地域にやってきたとき、当然、病原菌も携えてきた。免疫を持たない先住民たちは瞬く間にかかる感染症の犠牲者となったのである。

　定住環境、特に多数の人が集まって住む都市は歴史的に長い間、不潔な地域であった。都市環境が整備され、感染症が減少したのは、ヨーロッパにおいても19世紀半ばに大規模な公共事業によって下水道が整備されてからである。

おわりに─植物栽培開始の意義─

　狩猟採集民のうち、自然環境に恵まれた人々が徐々に定住化傾向を強めてくる段階で、草原においてイネ科植物や豆類に出会った。やがて、自分たちの意思で植物を育て始めたのが農耕の開始であった。

　植物栽培には、大きく種子から作物を育てる穀物型と、根や茎などから育て

る根菜型とがある。農耕開始として、穀物型の典型的事例が、この章で見た西アジアにおけるムギの栽培であり、根菜型の典型的事例が東南アジアのイモ栽培である。植物栽培の特徴は、穀物型であろうと、根菜型であろうと、人間が人為的に植物の成長を開始させ、発芽から収穫までの全体プロセスを管理するところにある。種子・根などの出発点から、収穫までの一連の過程を観察することで、農耕民は一年間を通しての生命の一循環とでも呼べるような観念を得たと言えよう。これが、やがては生と死、あるいは再生や輪廻というような人間のあり方の根源に繋がる哲学の基礎となったのではないか。

　もっとも、栽培の成果は、天候の成り行きに大きく関わっており、その不安定性への恐怖感は非常に大きかったであろう。採集に大きく依存する社会は、乏しいとはいえ、ほぼ恒常的に食糧を得ていたはずであるから、なおさら農耕の不安定性がまざまざと感じられたであろう。農耕における挫折は、次の収穫まで長期の食糧欠乏を意味したから、その直接的な結果として、農耕民の生存自体を危うくしたに違いない。それだけに何ものか神秘の存在に豊穣を祈るという気持ちは強かった。作物の成長を支える大地、その成長を育む降雨と太陽は、農耕民の呪術や崇拝の対象となっている。例えば、オリエントにおける大地母神の観念は、産む性としての母に、大地を見立てて、豊穣と多産を祈願する祈りの気持ちの表れであった。

　栽培を開始して、何よりも人間は自然と向き合い、多少なりとも自然を客観化できるようになった。それまでの狩猟採集生活では、自然の恵みに全面的に依存しており、人間は自律的な存在というよりも、自然の一部と規定する方が相応しかった。しかも、定住しない遊動生活では、入手した食糧を蓄えておかずに、ただちに消費するのが原則であった。農耕を始めて手元に蓄積された穀物は保存が利くので、定住化を促進したことであろう。それまでの自然と一体になったヒトという位置づけから、定住化によって、自然に対して少しずつ距離を置き、僅かずつ離れた観点から、自然と自分自身を観察できるようになったのである。

第3章

西アジアにおけるヤギ・ヒツジの家畜化
（およそ8000年前）
―― 群居性草食動物の家畜化 （1）――

はじめに―牧畜の意義―

　古代オリエントから発した西アジアのムギ作農耕文化では、家畜飼育が重要な役割を占めている。今からおよそ8000年前（紀元前6000年）頃、すなわち、ムギ栽培が開始されてから1500年から2000年後に、ヤギ・ヒツジが、ザグロス山脈（イラン西部）の丘陵地帯で、農耕民によって家畜化された。農耕開始後、2000年近く経過してから、ようやく家畜化されたことが重要である。家畜化は習得に2000年という長い年月を必要とするほど、高度な技法であった。

　この農法は、その後、ヨーロッパに伝播して三圃農法として技術的に向上され、ヨーロッパ社会の経済的基礎を築いた。さらに16世紀以降は南北アメリカにまで拡散して、今日では世界的に農業の主流を占めている。ヨーロッパは、社会・経済・文化の面で牧畜に起源を持つ要素が広範に影響を及ぼしているので、ヨーロッパ社会の理解のためには牧畜の知識が不可欠である。しかし、日本においては明治期になるまで、本格的な牧畜業は営まれてこなかった。つまり、日本は牧畜社会ではない。従って、牧畜にまつわる慣行・習俗・文化が伝統と社会の中に定着していないので、日本人には牧畜が経済・社会・文化に対して及ぼす根深い影響を理解するのが、大変に困難である。

I. どのような動物が家畜化されたのか―草食性・群居性―

　主要な家畜のうち、どのような動物が、いつ、どこで、どのようにして、初めて家畜化されたのか。

　今日、人間によって飼育されている主要な家畜のうち、最初に家畜化されたのは、おそらくイヌであろう。すでに中石器時代の狩猟採集民によって飼われていた。狩猟の補助をさせるために違いない（ゾイナー 1983）。狩猟の補助以外にも、家畜化されたイヌは番犬としてヒトにとって大いに有用であった。警戒心の強いイヌがヒトを家族の一員として認識していた場合、夜間における獣からの襲撃に対してヒトを守ったからである。特に定住化する前、遊動的であった狩猟採集時代、あるいは、定住化してからも簡易なテント生活を続けていた新石器時代など、イヌの警備助力のおかげで、ヒトは夜間に深く十分な睡眠を取ることができるようになった。その結果、ヒトは、休養十分の脳を活用して、高い知能を発揮し、肉食動物の餌食となることを免れ、生存競争に打ち勝つことができたのである（田名部 1995：186）。

　イヌ以外では、ヤギとヒツジが西アジアから中央アジアの乾燥地帯で、最初に家畜化されたことは、ほぼ確実である。イヌは食肉目であり、ヤギとヒツジ（草食有蹄類）とは系統も生態も全く異なるから、イヌの家畜化がヤギ・ヒツジの家畜化のモデルとなったとは考えにくい。逆に、ヤギ・ヒツジが、ウシやウマなどの大型有蹄類の家畜化に参考になったのは十分にありうる（松井 1989：205）。他にも重要な家畜として、ブタがいるが、肉を目的としていて、使役には使わない。

　ヨーロッパは肉食文化を発展させている。北・西ヨーロッパの気候条件は、冷涼で、乾燥地帯ほどではないが、かなり乾燥しており、牧草・飼料作物の栽培に適している。この気候がムギ作と結合した牧畜を発展させるのに好条件となった。平地も山も、緑の牧草に覆われている「ヨーロッパには雑草がない」（和辻 1979：77）。牧畜文化も狩猟文化も草食性・群居性の哺乳動物が豊富に棲息

する乾燥地域においてこそ発生し、また発展した。従って、今日までの経済の歴史に思いを致すとき、ヤギ・ヒツジの家畜化に光を当てることを避けて通れない。

　牧畜の対象は、従順でおとなしいヤギ・ヒツジ・ウシ・ウマなど草食性の有蹄類である。人類が乳利用をする哺乳類は、数多くある哺乳類の中でも、きわめて限られており、ヒツジ、ヤギ、ウシ、ウマ、ラクダ、トナカイなどである。かつ搾乳しない牧用家畜ラマ、アルパカを含めてさえ、その数は少なく、それらはすべて草食性の有蹄類のうちの特定の種に限られている。

　しかもこれらは、有蹄類の中でも比較的大きな群れをつくるものに限られている。群居性の有蹄類が牧畜家畜として選ばれたのには、たんに哺乳類であるという理由だけでなく、群れを群れとして一挙に管理できるという、管理労働上の経済性という要因も働いている。ちなみに、肉食性動物は、一般に大きな群れはつくらない。概して、獰猛である。またその肉は臭いという。のちに牧畜家畜となる動物を馴化した人々が、これら限られた範囲のおとなしい動物に目をつけ、その家畜化を達成させた背後には、このような大量管理の容易さがあったといえよう。

　大量管理という観点から見ると、家畜化された群居性動物とムギなど栽培化された群落性種子植物とは共通点がある。ヒトがそれで生きていける生業として成り立つためには、牧畜では大量の家畜が、農耕では大量の作物が必要である。牧畜と農耕それぞれにおいて、対象物を garden（庭）にではなく field（野）に放している。ペットのように飼う数頭のウシだけでは、ヒトは生きていけないし、裏庭の家庭用菜園でつくったムギだけでは、命を保てない。ムギやイネが、その群落性でヒトによって主穀作物として栽培化されたように、ヒツジなどの草食性の有蹄類が家畜化されたのも、その群居性に与るところが大きかった。ヒツジなど群居性動物が野生でそこにいたこと、ムギなどの群居性種子植物がそこに自生していたことが、何よりも西アジアで農耕・牧畜が開始したことの理由である（谷 1976：8-9, 15）。

II. いつ家畜化されたのか―前6000年頃、農耕開始の2000年後―

どの動物が、いつ家畜化されたのか。

通常は遺跡から発掘された動物の骨から年代を推定するが、家畜化の時期確定となると、考古学上の年代測定と同時に、家畜化固有の難しさがある。ヒトの遺跡に残っていた動物の骨の年代が確定しても、その動物が家畜とは限らない。捕獲された野生のものかもしれない。野生で捕獲された親から生まれた子孫にすぎないかもしれない。家畜化されると、体躯が通常は小さくなるし、多くの牡は年少時に殺され、牝の方が成年まで多く残っている。例えば、残存する骨で成年の牝が圧倒的に多ければ、その群は家畜化されていた可能性が高い。いずれにしろ野生種の狩猟から家畜化までには数千年間の移行期間があるので、いつの時点で家畜化されたかを確定するのは、論議の的なのである。

最近の研究では、以前の研究に比べて家畜化の時期は新しい時期に想定されている（藤井 2001：171）。数十年前であれば、例えば、ゾイナー（1983：139, 188）などは、ヤギではエリコの遺跡で発見された骨を前7000年としているし、北イランのベルト洞窟のヒツジを前6000年としている。ゾイナーによると、ヤギとヒツジは「農耕がまだ十分に発達しないうちに、イヌの協力によって家畜化された」（ゾイナー1983：218）。また、アイザックも基本的にはゾイナーの考えを採用しているように見える（アイザック 1985：104-110）。

前章で見たように、ムギ作農耕の起源はレヴァント地方南部の先土器新石器文化A後半（紀元前8000～前7500年頃）であった。現在の定説では、ヤギ・ヒツジの家畜化はムギ作農耕の開始に1500年から2000年ほど遅れて、先土器新石器文化B中期末から後期（紀元前6500～前6000年頃）にかけて進行した。場所は、《肥沃な三日月地帯》の北側、ザグロスの丘陵地であった。ヤギの家畜化は西アジアの各地でほぼ独立して、一方、ヒツジの家畜化はトロス山脈南麓（トルコ南部）からザグロス山脈北西麓にかけての地域で、それぞれ進行したというのが、今日の一般的見解である（藤井 1999：30）。

第3章　西アジアにおけるヤギ・ヒツジの家畜化（およそ8000年前）　37

　前8000年から前5000年頃、ヨーロッパ地域からアジア地域にかけて、群れで野生生息していたオーロックス（ウシの祖先）は、メソポタミアで、前7000年から前6000年頃のあいだに、馴致・飼育され始め、メソポタミア、シリア、アフリカ北部で、前6000年から前4000年にかけての時期に家畜化されてウシになった（アイザック1985：43, 110-113）。ウシは、農耕文化（farming

図表1-3-1　主な家畜化の時期・場所・用途

大きさ	名称	場所	時期	生態		用途		
				群居	反芻胃	食用	被服用	役用
小型	イヌ	西アジア（世界の各地？）	3万5000年前			肉（日本を除く東アジア）		警戒用・《仲介者》
	カイコ	シナ	前3000年				絹糸	
	ミツバチ	エジプト？	前3000年			蜜（甘味料）		
	ネコ	エジプト	前2000年					ネズミ駆除
	ニワトリ	東南アジア	前1000年			肉・卵		
中型	ヤギ	西アジア全域	前6500年から前6000年	○	○	乳・肉		
	ヒツジ	トロス山脈からザグロス山脈	前6500年から前6000年	○	○	乳・肉	毛・皮	
	ブタ	クルディスタン	前6000年			肉	皮	
		シナ	前8000年？					
	ラマ	ペルー	前4500年	○	○		毛・皮	運搬
大型	ウシ	メソポタミア	前6000年から前4000年	○	○	乳・肉	皮	牽引
	ウマ	黒海北部	前4000年	○		乳・肉	皮	牽引・乗用
	ヒトコブラクダ	アラビア	前2000年以前か（？）	○	○	乳・肉		牽引・乗用
	フタコブラクダ	イラン北部からトルキスタン南西部	前2500年	○	○	乳・肉		牽引・乗用
	ロバ	北アフリカ	前3千年紀末	○				牽引・乗用
	トナカイ	ユーラシア北部	前2千年紀	○				牽引・乗用

注）本文でも述べたように、野生から家畜化への移行期は漸進的・可逆的でもあり、確定するのが難しい場合が多い。時期については、おおよその推定と考えるべきである。ヤギ・ヒツジの家畜化についても、農耕開始前か後かで議論がある。
出所）藤井（2001）、ゾイナー（1983）、アイザック（1985）、田名部（1995）などを参考に、筆者作成。

civilization）と並行した状態で、飼育されるに至った。家畜ウシは、その肉・乳が提供されるとともに、犂を牽引させ、あるいは荷物を背負わせる駄獣、さらには乗物用にも使役されるようになった。この大型家畜の飼育は、先に家畜化されたブタの飼育の継承をも加えて、丘陵地から草原にかけて広範囲かつ、散在的に広がって定住した住民自身の食糧と生活を一層確実なものにし、ウシの家畜種として利用されたことの明らかな形跡が、各地に多数残されている。

　家畜化の時期と場所をそれぞれの家畜について見たのが図表1-3-1である。

Ⅲ．どこで家畜化されたのか—西アジアの丘陵地帯—

　いつ、どこで、誰が、牧畜を開始したのか。採集から農耕が開始されたとしたら、狩猟から牧畜が開始されたのか。起源の問題は、牧畜の本質に関わるだけに重要である。

　ヤギ、ヒツジ、ウシなど、主要な家畜の馴化の起源は、概ね、中近東の乾燥地帯で、ムギの栽培化と同じ地理的起源を有する。ここから、(1)東は中央アジアからシナ北部へ (2)地中海からヨーロッパへ、(3)スーダンを経てアフリカへ、つまり、草地が形成されていた地域（ステップ、サバンナ、冬雨地帯）に拡散した。ヤギ、ヒツジ、ウマ、ウシなどの牧畜家畜は、乾燥ベルト周辺のステップやサバンナ地帯、さらに草地形成の容易な冬雨地帯に広く分布し、これらの地域に典型的な牧畜文化を成立させた。

　一方、東南アジア・南シナなどは、湿潤で森林やブッシュの繁茂がきつく、草地放牧の適地を欠いている。スイギュウやウシ、そしてブタなどの小規模飼育は認められても、群れ放牧による牧畜は展開せず、集団ないし専業的職業としての牧畜民や牧夫の成立をみず、農民の副業的活動にとどまったといってよい。その点で日本も似た条件下にあり、牧でのウシ・ウマの放牧はあっても、どこまでも農山村の生業の一部として特異的に認められ、他は役畜であるウシ、ウマやブタの舎飼いが一般であった。

　従って、牧畜文化は、中近東、中央アジアの乾燥ベルトの縁辺部を中心とし

第3章　西アジアにおけるヤギ・ヒツジの家畜化（およそ8000年前）　39

図表1-3-2　ユーラシア大陸における野生ヤギ、ヒツジ、ウシ、イノシシの分布

```
------  イノシシ          ▨▨  ヤギ
       (Sus scrofa)           (Capra aegagrus)       ──── 野生種の分布が重なる地域
- - -  ウシ（オーロックス）  ≡≡  ヒツジ
       (Bos primigenius)      (Ovis orientalis)
```

出所）本郷（2002：110）。ただし、アイザック（1985：105）の原図を修正したもの。

て、ヨーロッパ、北・東アフリカ、そして南アメリカの山地部に展開したのであり、日本においては成立しなかった。これは、現代に至る社会経済生活において、日本とヨーロッパとの際だった相違点である。

　なぜ、この西南アジアで、牧畜が開始されたのか。この疑問に対する回答の一つは、この地域が乾燥地帯であることに関連している。メソポタミアは厳しい乾燥地帯であるので農耕を行ううえで極限的な地域であり、植物栽培にはあまり適していない。降雨量からして沖積平野での農耕には灌漑が不可欠であり、天水で農耕が可能となるのは、周辺の《肥沃な三日月地帯》に限られている。

実際、初期の農耕はこの周辺丘陵地域で始まった。かかる厳しい自然条件下、農耕活動は不安定にならざるえない。不安定な農耕活動だけに依存するよりは、できるだけ多面的に資源を活用した方が生存条件は安定する。周辺で棲息する動物に目をつけたのも、当然のことであったろう。農耕が不安定な以上、周辺の森や草原で狩猟採集を続けたであろうし、家畜化が進んでいれば、牧畜も平行して行ったであろう（松井 1989：65）。

IV. どのように家畜化されたのか
—定住的な農耕民との長い付き合いの後—

1．「群れごとの家畜化」（？）

家畜化の最初期の過程に関しては、野生動物を、(1)定住農耕民が馴化したのか、あるいは、(2)狩猟採集民が「群れごと」馴化したのかという、大きく見ると、二つの説がある。

現在の定説によると、少なくとも西アジアに関しては、狩猟採集民がまず定住傾向を強め、その後に農耕を開始してから、さらに1500年から2000年ほど経過して、前6000年頃にザグロスの丘陵地でヤギ・ヒツジが飼育されるようになって、家畜化が始まった。

当時の人々は、周辺のあらゆる動物について家畜化を試みたはずであるが、最終的に家畜化できたものはごく限定された種に過ぎなかった。かかる数少ない家畜化された動物種は、すべて草食性の有蹄類である。一般に肉食獣は単独者的な行動様式を持ち、大きな群れをつくらない。それに対して草食性の有蹄類には、追随性という性質を持っていて、大きな群れをつくるものがある。すでに狩猟採集民によって集団的な追い込み猟が行われていた場合にも、草食性の有蹄類がはるかに多く捕獲されていた。谷泰（1995：234-236）が説明するところによると、まさにムギ類が繁茂するような草原において、人と動物が出会って、野生のヤギなどが家畜化されたのである。

家畜化の過程については、昭和23年に、生物学者・人類学者の今西錦司

(1902-1992) によって独創的な理論が「群れごとの家畜化」説として提起された (今西 1993)。今西は豊富な実態調査を下地にして、モンゴルのウマ遊牧民の観察に基づいて、群れ生活をする有蹄類の家畜化の起源は「遊牧的な狩猟」から「遊牧的な牧畜」への変化にあるとする仮説を提唱した。この仮説を継承し発展させた梅棹忠夫 (1986) は有蹄類の群れと狩猟民の家族が結合することによる「むれのままの家畜化」が遊牧の起源であったと主張した。

しかし、西南アジアでの実態調査が進むと、少なくとも西南アジアでは「群れごとの家畜化」説は当てはまらないことが分かってきた。有蹄類の家畜化過程では、まず定住狩猟採集民が初歩的な農耕を開始し、そのうえで2000年ほど経過してから本格的な家畜飼育が始まっている。狩猟採集民の定住と、その後の農耕開始が家畜化の前提となっているのである。定住した狩猟採集民が、初歩的な農耕を始める過程で、徐々に栽培植物と有蹄類への依存を高めていき、その結果として、農耕地帯でヤギ・ヒツジの家畜化が進んだと現在では考えられている。なお、すでに見たように、ゾイナーは、ヤギ・ヒツジは農耕開始以前に家畜化されたと考えていた (ゾイナー 1983)。

遊牧を維持するためには、現在見られているような高度な乳製品加工技術が必要なので、遊牧は、むしろ高度に発展した牧畜形態である。遊動的な狩猟採集民が、ヒツジなど群居性の有蹄類を群れごと馴化して遊牧民が成立したというよりは、まず西南アジアの農耕地帯でヤギ・ヒツジの家畜化が開始され、そこで乳製品加工技術が形成されていった。その後で、ステップ地帯の遊動的狩猟採集民が、家畜化技術を吸収したと考えるのが妥当であろう (本郷 2002：147)。農耕から2000年近く経過して初めて家畜化が成功したこと自体、牧畜を成立させる技法が決して簡単に習得できるものではなかったことを示している。

2．イネ科草原をめぐるヒトとヤギ・ヒツジのせめぎ合い

動物考古学者は、これまでの消費された残存動物遺骨の存在様態の比較検討

から、ヤギ・ヒツジの家畜化が最も早く進行した地域として、アナトリア南部（トロス山脈）からイラン西部（ザグロス山脈）に続く丘陵地帯を挙げている。しかも、これらの証拠が見いだせる住居跡の住人は、半定住のテント居住者で、しかも穀類を製粉するための石道具を持っている。この住人たちは、おそらくすでに農耕を平地では行っており、しかも季節的にこの土地を訪れることで、半栽培化したムギ草原で実った穀物を採集にやってきていた人々ではないかと見られている。もちろん、これらの地域は、イネ科草原が広く分布している地域であり、ムギ類の穀物が実る頃には、当時狩猟の対象であったヒツジ・ヤギをも含めた偶蹄類もまた群れをなして、このイネ科草原にやってきていたに違いない。ヒツジとヤギとではもちろんその棲息地において差異があり、ヒツジはより低地、そしてヤギはより高地をその棲息地としている。ただいずれの棲息地であれ、ムギ類の草原、そしてその栽培適地がその近傍に見出せる。家畜化は、まさにこのようなムギ科植物が繁茂していて、ヒトが季節的にそれを収穫にくる草原、あるいは、初期的なムギ農耕が営まれていたところで起きたことになる。家畜化を開始した人々が、家畜化の対象とした群れは、まさに収穫期にそこに季節的にやってくるヒツジ・ヤギ群であり、家畜化を実現した場は、実ったムギを求めてヒトと群れとが出会う場であった可能性が高い。

　このイネ科草原では、野生の動物たち（後に家畜化された）と野生の穀物（後に栽培化された）が出会い、そこに狩猟採集民も集まってきた。それは、ムギをめぐって、栽培化・家畜化以前に行われたであろう、ヒトと動物との長期間にわたる付き合いの舞台となった。

　谷泰は、このようなヒトと動物との出会いから、やがて群れが農耕民の居留地へ繋留され、数世代を経て、繋留地で生まれ、育ったヤギ・ヒツジの群れがヒトの居留地をホーム・レンジとする家畜となる過程を推考している。そのような事態からこそ、日帰り放牧という実践が生まれてくる（谷1995：264）。農耕開始から1500年以上経ってから家畜化されたことの意義は大きい。家畜の馴化のためにはそれだけ長い学習期間が必要だった。だからこそ、ヒトの居留

第3章　西アジアにおけるヤギ・ヒツジの家畜化（およそ8000年前）　43

図表1-3-3　西アジアにおけるヤギ・ヒツジの家畜化過程

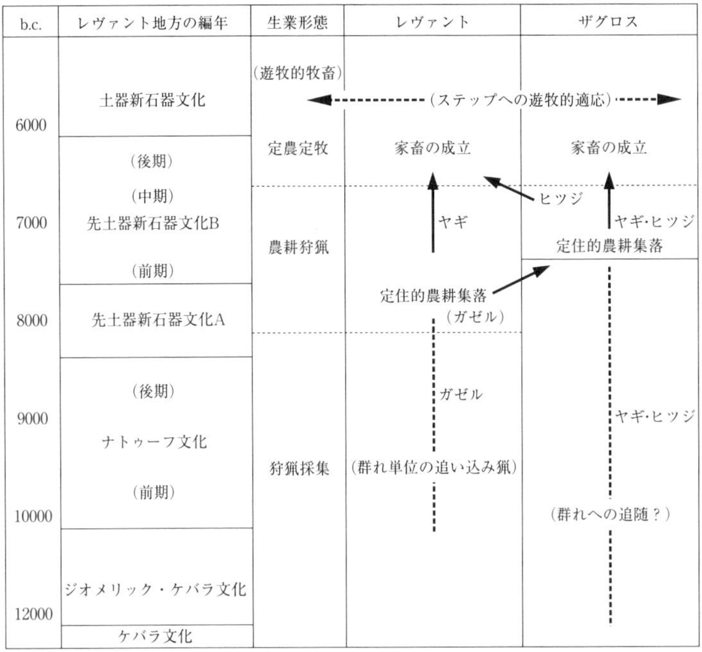

b.c.	レヴァント地方の編年		生業形態	レヴァント	ザグロス
			（遊牧的牧畜）	←------（ステップへの遊牧的適応）------→	
6000	土器新石器文化		定農定牧	家畜の成立	家畜の成立
		（後期）		↑	↑ ヒツジ
7000	先土器新石器文化B	（中期）	農耕狩猟	ヤギ	ヤギ・ヒツジ
		（前期）			定住的農耕集落
8000	先土器新石器文化A			定住的農耕集落（ガゼル）	
9000	ナトゥーフ文化	（後期）	狩猟採集	ガゼル	ヤギ・ヒツジ
10000		（前期）		（群れ単位の追い込み猟）	（群れへの追随？）
12000	ジオメリック・ケバラ文化				
	ケバラ文化				

出所）藤井（1999：31）

地が安定的・恒常的な定住・固定集落とならないと、野生動物の馴化という難事業は成就しないのであり、農耕開始から野生動物の馴化が1500年から2000年間遅れたのは、定住・固定集落がそのときまで安定しなかったからである。

V．牧畜社会の形成—沖積平野での灌漑農耕の開始と内陸草原地帯での遊牧の展開—

紀元前6000から前4500年頃は、土器新石器文化の時代に当たる。西アジア型の農耕文化（ムギ作農耕と家畜飼養との混合経済）が確立した時期であり、農耕民による沖積低地への進出が本格化した時代である。メソポタミア文明の農業的基礎が築かれた時代でもある。

この時期の最大の特徴は、(1)ナトゥーフ文化以降、内陸ステップ地帯で遺跡数が激減していたのが、この時期に急激な回復傾向が見られること。つまり、ステップ地帯への人々の進出があった。(2)それらの遺跡がいずれも超小型・小型であったこと。(3)出土する動物相がすでに家畜化されたヤギ・ヒツジであること。これらの事実は、それまでガゼル（ウシ科のレイヨウ類）猟文化圏であった内陸ステップ地域に、突如として家畜文化圏が拡散してきたことを強く示唆している。その家畜文化圏は、地中海性気候の定住的農耕集落を起点としており、まさにこの沖積平野における灌漑農耕が開始された時期（前6500年から前4500年）こそ、内陸ステップ地帯において遊牧が始まったのである。家畜化の当初から遊牧が始まっていたとは到底考えられない（藤井 1999：49）。

　レヴァント地方（地中海東海岸）の場合、家畜化の痕跡は定住的農耕集落の側で先行し、短期・小型キャンプでは逆に1000年以上遅れて認められた。従って、定住的農耕集落こそが家畜化の進行現場であり、ステップへの遊牧的適応はそこからの派生と考えるべきであろう（藤井 1999：50）。もっとも、ヒツジなど、今日の主要な家畜が群居性であることから、今西錦司らの「群れごとの家畜化」説はあながち荒唐無稽とは言えない。最初の家畜化は、農耕定住民が開始したとしても、草原（ステップ地域）での家畜化は、後の原インド・ヨーロッパ語族民の事例に見るように、その技法を習得した狩猟採集民が行ったというのは、十分にあり得ることであろう。

　西南アジアは乾燥地帯であるので、灌漑農耕が可能な地域は、チグリス・ユーフラテス両川の沿岸や湧水がある地域に限定されている。その外側には天水農耕ができる地域が広がっているが、さらにその外側には降雨量が少ないので耕作できない地域が展開している。しかし、かかる耕作不適の地域にも草が生えていれば牧畜を営むことができる。牧畜で生計を立てている人々は、ほとんどの場合、定着的な生活を行っていない。家畜群を抱えている彼らは、この内陸乾燥地帯においては周年好適な牧地を定住地のまわりに確保することが、まず不可能だからである。牧畜民は、簡便で折りたたんで運搬可能な住居に住ん

第3章 西アジアにおけるヤギ・ヒツジの家畜化（およそ8000年前） 45

でいて、家畜群を連れて、季節ごとにできるだけ最上の牧野へと移動しようとする。従って、この地方の牧畜先住民は、季節的な移動を行う遊牧民である。

　遊牧民は自分たちの家畜群が生産するもので生計を立てている。家畜は、彼らに乳・肉・繊維・皮革・糞など有用なものを与えてくれる。しかし、遊牧民は、これだけで自活しているわけではない。家畜が生産できないが、遊牧民にとって是非とも入手したい財（穀物、金属製品、サービスなど）がある。この南西アジアの地で、周辺ステップ地域で遊牧民的な生活が成り立ち始めたのは、まさに周辺の丘陵帯から農耕民が沖積平野に降りてきて、灌漑農耕を開始した頃である。灌漑農耕が開始され、集落が大きくなり始めると、大河川の沿岸各地に小都市が形成されてきた。これらの都市は、宗教センターであり、政治の中枢であり、何よりも商業の中心であった。これらの人口集積地は、遊牧民がもたらす牧畜製品の一大消費地であるとともに、自分たちでは生産できない財・サービスを手に入れる取引場所ともなった。遊牧民たちは、広大に広がるステップ地帯を季節移動しながら、頃合いを見ては都市にやってきて、市場で牧畜製品を売るとともに、必要財を入手していたのである（松井 1989：146）。

　このように、灌漑農耕が成立するのと同時期に、周辺のステップ地帯に家畜飼育技術が伝播して、草原地帯における牧畜が可能となった。このことは、なぜ、牧畜が農耕に比べて、2000年も成立が遅れたのかを示している。牧畜は、自立した生業ではなかったので、農耕と都市を必要としていたのである。

おわりに―農耕開始後2000年を経て牧畜開始―

　農耕民が栽培する作物は、適度な温度の場所で、ある程度の水と日照が必要である。農耕可能な年間降雨量は、通常は、500mmとされている。ムギは乾燥地帯を起源とするが、しかし、年間降雨量が、例えば250mm以下の砂漠地帯では十分な生育は難しいであろう。そのかわり、少量でも降雨があれば育つ草本類がある。ユーラシアの中央部にはステップ地帯が広大に展開していて、農耕はできなくても、そこには草は生えている。その草を食んで生きていける

のが草食性の動物たち、ヤギ、ヒツジ、ウマ、ウシ、ラクダ、ラマなどである。人間はセルロースの多い草を食べて生きてはいけないが、これらの動物たちに食わせて、その乳と肉を食糧にすることで、草原という農耕不可の厳しい土地へと生活圏を拡大できた。すなわち、遊牧民は、それまで人間が住むことができなかったような酷寒・乾燥地帯でも、家畜の飼料となるような草さえ生えているならば、生存領域を拡張することができるのである。

　以上の牧畜の特性からも、牧畜という生業における家畜の重要性は歴然としている。家畜の特性の一つに、「移動できる」ということがある。動物なのだから動くのは当然であるが、栽培植物は収穫までは移植できない。従って、農耕では、害虫や干魃のために、壊滅的な被害を受けることが往々にしてありうる。しかし、家畜は動くことができるので、乾燥激化などで草が不足するなど、不都合が生じれば、ただちに家畜を移動させて、危機を回避することができる。冬の間、家畜を収容しておく畜舎のような施設を持たない遊牧民とその家畜群にとって、この機動性は大きな利点を与えており、劣悪な気候や草原での環境悪化の際に、少しでも好適な環境の下へと移転することが可能となる（松井 1989：112）。言うまでもなく、かかる遊動性は、生存圏を広げるだけでなく、遊牧民の政治的・軍事的勢力伸長に大きく与っている。

　狩猟採集生活（旧石器時代）から農耕・牧畜生活（新石器時代）への移行は、長期間にわたる転換過程であった。ゴードン・チャイルドによって《新石器革命》と命名された食糧生産の開始は、確かに人間の歴史において強烈な衝撃を与えたが、「革命」という言葉にはそぐわない漸次的な経過をたどった。まず狩猟採集民が定住的な傾向を強める中で、野生のムギやマメを食糧にし始めてから、徐々に自分たちの意思から栽培を実行し、やがてイネ科植物を食べに来ていたヤギ・ヒツジを馴化し、しばらく後（先土器新石器時代B期）にブタやウシを家畜化した。すなわち、農耕が開始されてから牧畜が成立するまでにも、2000年近くの長い時間がかかったのである（三宅 2003：4）。

第4章

経済史上の牧畜の意義
——群居性草食動物の家畜化 (2)——

はじめに—群居性草食動物家畜化の意義—

　狩猟採集生活から今日まで、人類の経済史上、画期的な変化を二つ挙げると、第一が、今から1万年ほど前に起きた農耕・牧畜の開始、第二が、今から二百数十年前に起きた《産業革命》であろう。この二つの出来事を境に経済生活が決定的に変化した。経済史上、他にも重要な変化は数々あるが、及ぼした影響の大きさの点で、これらの二つの出来事が画期的であったことは、衆目の一致するところであろう。

　特に、今から1万年前に西アジアの丘陵地帯（いわゆる《肥沃な三日月地帯》）で、ムギ作が始まり、その後、1000年から2000年後に牧畜が開始され、さらに、およそ1000年後に、沖積平野における灌漑農耕の開始とほぼ時を同じくして、周辺の草原地帯（ステップ）で遊牧が始まったことは、やがてヨーロッパ文明へと継承されていく基本的な文明の枠組みが、この時点で、この地域で、形成されたという意味で、非常に重要である。

　狩猟採集生活から農耕・牧畜生活への移行という、このような人類史上の一大転換過程において、牧畜という生業が人類に及ぼした決定的な影響は、さしあたり以下の三つの側面（Ⅰ 物的資源の供給、Ⅱ サービス資源〈動力・交通・

運輸・資本〉の供給、Ⅲ 精神・哲学における一大変革）から整理できよう。とりわけ、市場が全面化した今日の高度な資本主義経済のもとにある現在の時点から振り返ると、「価値の自己増殖」という観念の萌芽を準備して、今日の全面的な現代資本主義の起源となった《原基的資本主義》を形成したことが重要である。

Ⅰ. 物的資源の供給

1. 食糧としての家畜

　生活資源の獲得という実体的経済面では、乳・肉・皮毛などの資源の安定的・恒常的獲得を挙げられる。狩猟採集生活では、採集による果実・穀物などが食糧源の大きな部分を占めた（例えば、ある調査では70％）。狩猟では、獲物は、いつも獲れるとは限らない。狩猟による野生動物の捕獲は、偶然的要素に左右されるので、狩猟は、恒常的・安定的な食糧源ではない。狩猟採集民の間で、「肉は、真の食糧」と呼ばれてはいる。しかし、入手の安定性に欠けるので、どうしても副次的な存在である。肉が食糧源として安定的な存在になったのは、家畜化が進んでからである。

　牧畜の第一の目的は、飼育している牧畜民の食糧を獲得することである。家畜は、動く食糧庫として、乳・肉・血液・油脂など、牧畜民に日々の糧を供給してくれるが、なかでも乳が重要である。牧畜民は、肉よりは、むしろ乳で生活する。家畜は貴重な財産であるから、屠畜することで数を減らすこと自体が財産の目減りを意味しており、できる限り避けるべき行為である。乳は、家畜を殺すことなく、恒常的に獲得できる食糧なので、日常の食糧として肉よりも適している。ローマ共和制末期の政治家ガイウス・ユリウス・カエサル（前100-前44年）も「［ゲルマン人は］穀物を余りとらず、主として乳と家畜で生活し、多く狩猟にたずさわっている。…農耕に関心がない。食物の大部分は乳と乾酪（チーズ）と肉である」(カエサル 1942：121、203) と述べて、ゲルマン人が本来的に牧畜民であり、彼らには乳が最も重要な食糧であることを記して

いた。

　人間は、群居性で、性質がおとなしい草食動物（ヤギ・ヒツジ・ウマ・ウシ）の乳を肉や毛皮とともに利用してきた。これらの家畜は、搾乳しやすいだけでなく、泌乳期間が長く、乳量も多い。なかでもウシが一番利用されている。牛乳は、重要な栄養素をバランスよく含み、その成分が消化吸収しやすい形をしているという点で、最も優れた液状食品である。そのまま飲用されるほか、バター、チーズ、ヨーグルト、アイスクリーム、粉乳その他、多彩な乳製品の原材料となっている（山内 1991：16）。

　そもそもヨーロッパでは、牧畜を行うようになってからは、上記のように肉というよりは、家畜の乳を主要な食糧として摂取してきた。例えば、人口の大部分を占める平民は、コムギのパンなどは贅沢品なのでなかなか口にすることができず、カラスムギを牛乳などで煮て粥状にしたオートミールを常食にしてきた一方、牧畜を知らなかった日本で現代になって飲乳習慣が拡散して定着したことは、ヨーロッパ起源の都市型生活の形成を意味している。

　乳は、哺乳類の子がそれだけで生育できることからもわかるように、長い進化の過程を経て改良されてきたほぼ天然の完全食品（ただし、ビタミンＣと鉄分を除く）である。乳は、とりわけカルシウムを豊富に含むので、海産物をあまり摂取できない内陸に住む人々にはカルシウム欠乏症を免れて、生存のために有益で貴重な食糧となった。

　しかし、そもそも哺乳類の世界で、種の異なる哺乳類の乳を飲むことは、本来は、あり得ない行為である。しかも、哺乳類の子にしてからが、乳児期を過ぎると、普通は乳糖不耐症によって母乳を摂取できなくなる。つまり、現在のヒトが行っている牛乳など他の動物の乳を日常的に大量に摂取する習慣は、哺乳類の世界ではそもそも特異で異様な行為である。乳の摂取は、人類史上、全く新しい行動様式である。ここでもまた、遊牧民起源の文化が、それとは知らず、われわれ東アジアの人間にも拡散していることが分かる。

2．原材料としての家畜

　家畜を始め、動物はヒトに重要な原材料を供給してきた。19世紀になって合成化学が発展したおかげで、今では生活全般にわたってプラスチックという、石油由来の便利な原材料が幅を利かせているが、プラスチックがない場合、例えば、動物由来の原材料を使用するしかなかった。動物の皮革は、長らく被服、ベルト、靴、鞄などの原材料として重宝されてきた。動物の油脂は、糊や潤滑油として用いられた。なかでも、ヨーロッパ人が古代からヒツジを重用してきたことは特筆すべきである。

　カエサルも「[ゲルマン人は] 最も寒い地方でも獣皮以外の衣類は身につけず、獣皮も余りないので身体の大部分は裸であり、河で水浴する風習があった」(カエサル 1942：121-122) と書いているが、この「獣皮」とはヒツジの皮だとされている。また、ヒツジの毛は、毛刈りによって繊維を供給し、衣服のこの上なく良質な原材料となった。牧畜民にとって、年に1回か2回の毛刈りは、羊毛を換金するために重要な作業となっている。自家用の毛織物やフェルト製品を作製するためにも、この作業は欠かせないものになっている（松井 1989：155）。

　われわれ現代人は、普通にズボンを履き、筒袖の上着を着ているが、これらは遊牧民起源の衣装である。かくて、牛乳の常用とともに、衣装の面でも、遊牧民文化がヨーロッパ文化経由で拡散し、本来は稲作・漁労文化民である日本人にも定着した。

II．サービス資源（動力・交通・運輸・市場）の供給

1．動力源となった家畜

　経済の歴史は、いかにしてヒトがエネルギーを獲得してきたかという、エネルギー調達の歴史でもある。狩猟採集生活を送っていたとき、ヒトは基本的に自分と周辺にいるヒトのエネルギーしか使用できなかった。大型の野生動物を家畜化できてからは、ヒトのエネルギーに加えて動物のエネルギーを使用できるようになり、エネルギーの活用は大きく増加した。

第4章 経済史上の牧畜の意義

　イヌには番犬・狩猟補助など、ニワトリには卵・肉など、小型動物には、それぞれ人間にとっての有用性がある。ブタ、ヒツジ、ヤギ、ラマなどの中型動物も、食糧・原材料（繊維・乳・ラードなど）となるなど、非常に役に立つ。しかし、ウシ、ウマ、ラクダなどの大型動物は、食糧・原材料の資源となるほかに、役畜になることで、人間の身体能力をはるかに越える大きな動力の供給源となっている。これは、大型動物だけが提供できる有益性・有用性である。

　人間によって使役される家畜は、駄獣・輓獣・役獣などと呼ばれる動力源としての動物である。中型・小型の動物は推進力に欠けるので、使役には向かない。大型の動物の中で、例えば、粉碾き、石臼碾き、あるいは、荷車の牽引などにおいて、ロバ、ウマ、ウシ、ラクダが動力源として活用されてきた。

　動力源としての家畜の中で、最も重要なのがウマであろう。ウマは、例えばロバに比べて、飼料の費用がかかるので、ウマの維持はコストが高かった。高貴な外観を持つので貴族階級に好まれたが、贅沢な家畜であり、農耕や荷役には使われなかった。従って、古代社会における主要な動力源は、むしろ、ヒトであった。なぜなら、動物を動力源として、多少なりとも主人の意のままに活用するには、訓練のうえで調教しなければならないが、動物の調教が常に成功するとは限らないし、何よりも手間暇がかかるからである。しかも、動物は決まり切った動作しかできない。この点、奴隷は、家畜化された人間であるから、言語による指示ができたので、場面ごとに応用的な動作をさせることが可能であった。つまり、持続的に動力を得ようとすると、奴隷が必要だった。古代社会が奴隷の存在で彩られているのは、十分にそのわけがある。

　ヨーロッパでウマが普及したのは、ウマの飼料となるカラスムギが、ヨーロッパでは栽培しやすく、三圃制の導入に伴って大量に生産され、安価に供給されたことが寄与していた。つまり、動力源としての奴隷の役割が小さくなったのは、ヨーロッパ中世になってウマの大量飼育、その牽引術の発達などの改善があり、ウマの活用が進んだからである。

2. 交通・運輸を促進した家畜

効率的で、多種多様な移動手段が使用できる現代社会とは異なって、古代社会では移動・運搬手段はきわめて限定されていた。その点、海、湖、河川などでは、船が使用できたので、古代社会における水上交通の意義は相対的にきわめて大きかった。しかし、海や河川を離れた内陸では、徒歩か、あるいは、家畜の力に頼らなければならなかった。運搬手段として使用されたのは、家畜化されていた大型獣であるロバ、ウマ、ウシ、ラクダなどであった。これらの大型動物は、すでに見たように、いずれも主として乾燥地帯で家畜化されて、運搬用に訓練されたものであった。

ロバは駄獣（背に荷を背負って運ぶ）としての役割が大きかった。輓獣（牽引して荷を運ぶ）としては、適当な蹄鉄が古代にはなかったので、十分な能力を発揮できなかった。むしろ、コストなどの面では奴隷を使用した方が安価であった。ロバ飼いが発展したのは、駄獣としての利用のためであり、その結果として、遊牧が発展した。しかし、ロバの利用には重大な限界があった。それは、ロバを行進や駄獣に利用できるが、戦闘には利用できなかったことである。ウマは、戦闘場面においても乗り手に従うように訓練できる。しかし、ロバは戦場のような危険な場面ではパニックに陥り、乗り手の指示に従わないので、戦闘に利用すること自体が危険であった。ロバに乗った騎兵は存在しない。イエスが各地を巡る旅で乗ったのはロバであったように、ある面で、ロバは平和の乗り物と言える。

紀元前3千年紀の終り頃、ロバはエジプトを経て近東全域に導入された。ロバはその後シュメールに現われており、急速に普及したのは、たぶん遊牧の際に活用されるようになってからである。ロバは小アジアとギリシャにもたらされ、イタリアでは紀元前5世紀から1世紀までに重要になった。ギリシャ・ローマ時代までには、ロバはすべての地中海諸国で重要な役畜となった（藤縄1999）。

3. 商品化・市場形成に貢献した家畜

　家畜は、市場経済の創出と発展に大いに貢献した。家畜は、何よりも商品・交換財として秀逸であり、さらに、市場経済の維持と発展に不可欠の管理技術は、群居性草食動物の管理が起源となっているからである。

　物資は、運搬手段があって初めて財として商品化される。運搬手段がないところでは、物資の商品価値は存在しえない。運搬手段となりうるような大型動物の存在は、広範な地域を交換によって結びつける商品経済が発展するための必要条件であった。自給自足の未開の経済から、広範囲の地域にまたがって特産品を交換し合う商品経済への発展には、大型家畜の使役によって保証される運搬手段の存在が不可欠なのである。そして、そのような自給自足から商品経済への展開の舞台となった地域こそ、牧畜文化が古くから成立し、特にラクダ、ウマ、ロバなど、優れた荷役獣を家畜化しえた西アジアの乾燥地帯であった。移動を阻む森も河川もない乾燥地帯は、交通路としても優れていた。その結果、旧大陸中央部に横たわる乾燥地帯には、網の目のように隊商交易路が張り巡らされることになった（嶋田 2005：9）。

　家畜は、それ自体が商品である。さらに家畜は、追い立てれば自分の足で歩いて行くので、その商品化（＝販売市場に搬入する）に他の運搬手段を必要とはしないという、比類なき優れた交換財であった。また、高価な商品でもあり、植民地時代のアフリカでは、ウシ1頭が奴隷ひとりと交換可能なほど価値があった。ウマに至っては、奴隷20人、100人と交換されたという記録さえある。牧畜民はサバンナにおける潜在的な資本家であった。交易路の結節点には、当然都市が生まれる。交易路の政治的な安定の必要から、国家も生まれる。ここにおいて、家畜がまた重要な手段となった（嶋田 2005：9）。

　このように、物的財・サービス財としての家畜（特に、群居性草食動物）が果たした役割は、農業で得られる穀物では代替できない貴重な資源であった。エリック・ホッファーが言うように、まさしく、「技術上の点から見ると、新石器時代は、西ヨーロッパでさえ18世紀末まで続いた」（アイザック 1985：v）

のである。

III．《原基的資本主義》(proto-capitalism) の生成

1．資産としての家畜

　資本主義的な観念が醸成されるについては、牧畜という生業を通して得た観念と非常に密接な関連がある。

　まず何よりも、欧米語で、資本を表すcapitalの原義は、家畜である。capitalの元になったラテン語（capitalis）は、"of the head"の意味であり、何の頭かというと「家畜の頭」("head of cattle") そのものであった。ヨーロッパ中世経済において、家畜の売買こそ、高額でありながら、しかも日常的に行われた取引であることから、「家畜の頭」が資本の意味となったのは、むしろ妥当な成り行きであろう。家畜の所有こそ、財産の保有、すなわち、資本を所有していることであった。家畜は、交換価値を持ち、しかも、移動可能なので、代表的な動産であった。

2．増殖という観念の生成

　蓄積された富は、適切に管理すれば、その富を保存できる。穀物もその点では同様なので、固い殻によって保存食糧として傑出した地位にある。いったん収穫されても保存が利くことで、穀物がどんなに人間生活に貢献してきたことか。しかし、蓄積されても価値が保存されるだけである。この点で、家畜は、適切に管理すれば、（牝の場合は）乳を毎日出してくれるし、さらに、子を産むことで、増殖もできる。

　牧畜民は家畜の母子の世話をすることで（つまり、資本家として資本の管理をすることで）、きちんと乳の一部（＝資本家としての対価）を受け取る。母を元手（＝資本）として、生かしておくように世話し、搾乳によって、乳（＝賃金）を子にある程度与えて成長させる。子供を生かしておいて成長させれば（＝利潤）、群れに新たにメンバーが加わるのだから、元の群れ（＝元本）が「再

生産」されて、大きくなる。乳の一部を母子に返して、一部を余剰として搾取する。しかも、群れの規模が大きくなればなるほど、「剰余」は大きくなる。ここには、資本主義的生産方式における拡大再生産を連想させる繰り返しがある。牧畜に資本主義的生産様式の萌芽を見ることはそれほど突飛ではない（谷 1976：23）。家畜を生かしておいて、自分たちも生き延びていくという、この一連の生業にこそ、ヨーロッパ的な企業経営の思想的起源を求められよう。

　牧畜と資本主義との類似性を主張する見解においては、「資本とは自己増殖する富である」という認識を前提にして、家畜群の自然的な自己増殖力との類似性が指摘されている。家畜は、食糧その他の面から消費財であるだけでなく、同時に資本（capital）であり、貨幣でもあること、しかも、牧畜的な生産様式は資本主義の一形態と見なすことができると主張されてきた（太田 2002：307）。

　上記のような群居性草食動物の家畜化において、鍵となる行為は繁殖である。繁殖こそ、家畜化の要諦である。そもそも家畜とは、その生殖がヒトの管理下にある動物であった。《牧夫》は、家畜の群れを適切に繁殖させることで、自己と家族の生存を恒常的・安定的に維持していけるからである。

　適切に管理すれば、家畜の群れは、恒常的に乳を供給してくれるだけでなく、子獣を生んで、増殖してくれる。従って、家畜化とは、繁殖させることであり、この組織編成原理の要諦は、外部の存在（＝外なるもの）を「増殖する富」に変えることにある。もし「増殖する富」という観念が、有史以前に生まれていたとすれば、それは「家畜の繁殖」を本質とする牧畜という生業以外にはありえない。

　この「増殖する富」という観念を、すなわち、家畜の群れを対象にして、ここで想定されたような初期の遊牧民が有史以前に抱いたであろう観念を、《原基的資本主義》（proto-capitalism）と呼ぶことにしよう。その後の経済史は、「繁殖する家畜」から「増殖する富」へ、そして、「自己増殖する価値」への観念の発展の歴史であり、その観念の発展を支える仕組みの歴史である。

3．現代資本主義の起源としての初期遊牧

　牧畜は、そもそも到底ヒトが消化できないような草を動物に食わせて、その動物を摂収することで常時食糧を獲得しようという行為であるから、その限りで非常に合理的な生業である。従って、牧畜とは、大量の家畜の群れの制御と環境（草地・水場など）の選択を行うことで、家畜を増殖させつつ、家畜から乳・肉・血などを食糧として獲得することであるから、牧畜の成立の鍵は、何よりも生活資料を得るための管理技法にある。このように牧畜においては、農耕に比べて、管理が決定的に大事なので、管理のための技法が大いに発展した。牧畜文化圏でなければ発展しなかったような技術が管理技術である。牧畜文化にこそ、資本主義的観念の萌芽が見られる。

　ヒトが1万年ほど前に穀物の栽培を開始したことは、保存できる食料を恒常的に確保する仕方を習得したことを意味する。ヒトの歴史における保存食糧確保の意義は、いくら強調しても、し過ぎることはない。この営為は、その後の歴史にとって画期的であり、同時に文明建設の礎という点で比類なき意義を持つ貴重な行為であった。

　しかし、農耕によって獲得できる穀物は、その堅い殻のおかげで長期間保存できるが、保存できるだけである。保存しても（そのこと自体、かけがえのない値打ちがあるが）、増えはしない。穀物は置いておくと毀損こそすれ、増えたり、品質が向上することはない。従って、富が増えるという観念は、穀物からは生まれない。農耕文化からでは資本主義的観念は醸成しない。

　牧畜という生業を開始したことは、その後の人類経済史にとって、かけがえのない観念（「増殖」）を醸成した。農耕に対して、牧畜という生業では、繁殖が決定的に重要である。狩猟と牧畜とを分けるのもまた、この繁殖という行為である。当初は「繁殖する家畜」であった原基的な観念は、やがて古代から中世にかけて「増殖する富」へと変貌し、18世紀末以来の市場全面化の過程で、「自己増殖する価値」、すなわち、「資本」(capital) という観念に発展した。かくて、野生動物を家畜化し、繁殖させることによって、ヒトは「増殖する富」

という観念とその実体を獲得した。後の世に全面的に展開する資本主義の起源がここにあると考える、家畜化から得たこの観念を《原基的資本主義》(proto-capitalism) と呼ぶことにしよう。

　資本主義の起源を、今から 7000 年ほど前の牧畜の誕生に求めるのは、いささか奇異な印象を与えるにちがいない。しかし、資本主義 (capitalism) とは、そもそも、capital（資本）に -ism が付加されてできた。先に見たように、capital が「家畜の頭」を意味するところから、資本主義が牧畜と歴史的に密接な関係にあることは自明であろう。問題は、どこまでその起源を辿れるか、いかなる意味でそうなのかである。

　通常、資本主義とは、現代のような高度な市場システムを前提にして、生産手段の私有、利潤目的の商品生産、資本蓄積、競争的市場、営業の自由、賃労働などの特徴によって規定される現代の高効率な経済システムを指している。

　その成立は、産業資本主義を念頭に置けば、概ね《産業革命》以降の 19 世紀であり、商業資本主義を想定すれば《新世界発見》以降の 16 世紀と考えられている。その成立の条件として、いずれの場合でも、封建制が崩壊することが必要であると見なされてきた。マックス・ウェーバーを始めとして、古代にも資本主義が存在したという議論はいくつか知られているが、一般には、古代まで資本主義の起源を遡ることはないし、ましてや有史以前の牧畜形成期に資本主義の萌芽を見ることは素っ頓狂な戯れ言と見なされてしまうかもしれない。

　もっとも、資本主義 (capitalism) という用語が広く使用され始めたのは、意外に新しく、19 世紀の半ば、1850 年ころからのフランスとイギリスであった（重田 2002）。18 世紀末イギリスにおける《産業革命》の勃発と、その後のヨーロッパにおける工業化によって、資本が経済活動の根幹に位置することが認識されるようになって、19 世紀の後半になると、社会と経済の現実を表現する用語として定着していった。ピエール・ルルー、ルイ・ブランら、初期の社会主義者が、統制経済システムである社会主義経済を標榜する中で、個人の

奔放な利潤動機が無制限の利潤獲得競争に邁進させて、社会における耐えがたい貧富の格差を生んでいると考えて、無制限の利潤獲得を目的とする放埓な経済活動の基礎にあるものこそ、資本であると考えた。すなわち、19世紀前半以降の現代社会の経済発展を背景にして、その現実を批判的に描写するために使われ始めた用語である。

　一般に資本主義とは、「無限の利潤獲得を目的に、価値を増殖することをめざす考え方」と規定される。もっとも、その内容は学者によって異同があり、厳密に統一的に定義されているわけではないが、いずれにしろ「資本とは、自己増殖する価値」であるという規定がそのエッセンスである。この規定は、すこぶる現代的な定義である。現代社会のように、市場が全面化しているので、交換価値が標準的な基準となっている市場経済を前提にしたうえでの定義である。

　資本主義という言葉がわずか150年ほど前から使われ始めたという事実は、150年前に突然に資本主義が生まれたということを意味するのであろうか。システム生成に必要な厖大な時間を考慮すると、それはありそうもない。

　資本主義と形容される経済システムの誕生は、はるかに歴史を遡るのではないだろうか。従って、われわれは、「市場が全面化しないと、資本主義は成立しないのか。そもそも増殖するという観念は牧畜とともに古くからあり、それは市場とは独立したものなのではないか」と、ここでの課題を設定しよう。

Ⅳ．精神・哲学の変革

1．狩猟採集民の霊魂観

　輪廻転生観とは、ヒトは死後に、ヒトあるいは動物に転生して、巡り回るという考え方である。はるか以前の狩猟採集生活の時代からヒトが抱いていた基層的な思いとして、このような霊魂が巡り回るという輪廻転生の考え方があり、これは、人類の自意識形成とともに古いに違いない。ユダヤ・キリスト教的な直線的な歴史観が定着する前の古代人は、常に永遠回帰する周期的時間の中で

生活してきた。古代人が考える、これらの世界と時間の循環的観念は、自然が持つ周期性の観察から培われたものである。周期的に満ち欠けを繰り返す月、四季の循環とともに実りをもたらす大地などの自然現象が、古代人をして、世界の循環的観念を形成させるに至った（エリアーデ 1963）。

2．輪廻転生観の破壊

　群居性草食動物の家畜化によって、ヒトは、豊富な動物性蛋白質を得ることができて、劇的な生活水準の向上を果たせた。人類の歴史において、賞賛すべき出来事だったかもしれない。しかし、同時に、その行為は、大量屠畜を伴っていた。この時、輪廻転生の世界観を持っていると、ヒトと動物とは同類であるという認識・世界観を抱いていることになる。この場合、肉食は、同類の存在を食べてしまうという、共食いという認識にいたる。肉を食べることは良くないことだという、肉食禁忌の考えにとらわれてしまう。霊魂が巡り回るという、輪廻転生思想を打ち破らないと、家畜の大量屠殺・大量消費は不可能であった。屠畜が罪悪として認識されたのは、群居性草食動物家畜化以前と以後の肉食の意義に、大きな変化が生じていたからである。

　現代における狩猟採集民の実態調査によると、彼らの狩猟採集生活において、獲物を確保するのは、偶然的、散発的、不確実であり、獲得数もおおむね少量であった。狩猟採集生活での獲物獲得はいわば散発的であり、肉食は自然の恵みであった。それに対して、家畜化以後は、肉の確保は定期的・恒常的・安定的になった。一方で、家畜化以降は、たとえ動物とはいえ、生命を大量に屠るという後ろめたい行為をヒトに余儀なくさせた。その結果、罪障感を生じさせたのではないか。

　輪廻転生の思想を維持している限り、肉食を謳歌することができない。それでもなお肉食を継続する意欲があるならば、輪廻転生思想の解釈を変更するか、あるいは、明確に否定して、廃棄するしかない。輪廻転生思想を明確に否定したのが、ユダヤ人たちであった。ユダヤ人たちが元々遊牧民であることはよく

知られている。フランクフォート（FRANKFORT 1948）は、ユダヤ人たちがメソポタミアの中心的な諸民族から見ると、周辺の遊牧民であることに注目している。彼らユダヤ人たちは、自然の事物において、霊性とか霊魂の存在を認めていなかった。このことは、周囲の古代エジプト人やメソポタミアの民たちの霊魂観・自然観と大いに異なっていた。それだけでなく、言語的研究から知られるところでは、非常に他者・外的対象に対して、きわめて攻撃的な性格も有していた。この攻撃的な性格は、自然への慈悲なき搾取へとつながった。本書の第2部第2章で見る《ヒツジ》化の典型的な事例である。

輪廻転生観の破壊という、人類史上の一大分水嶺は、肉食の肯定と密接な関係にあった。

3．家畜の大量屠殺によるヒトへのストレス

動物とはいえ、命を持った家畜を大量に屠殺することから生じる心理的圧迫によって苦しんでいる場合、その緩和へ向けての解決方法の一つは、「神が許した」と思い込むことであろう。しかし、『旧約聖書』の記述によると、ヒトに地の支配を許したのは、《楽園》においてであった。その後、神のいいつけを破ったアダムとイヴは、《楽園》を追放され、死ぬことを運命づけられ、病と苦しみの生活に入らざるをえなかった。《楽園》を追放されて、「転落」した後は、大量屠畜という罪悪に塗れた生活を送るべく運命づけられた。かくて、ユダヤ・キリスト教徒にとって、動物大量屠殺は、原罪ではなく、原罪（神の言いつけに背いた）を犯したがための罰（＝堕罪）であり、その咎として、《楽園》から「転落」させられたのである。もちろん、この場合、「堕罪」を解決するために、信仰心の厚い者には、イエス・キリストによる救済の道が用意されていた。

かくて、ヒトは、《楽園》から「転落」後に、家畜を大量に屠殺するような「暴君」となった。これは、「群居性草食動物の家畜化こそ、人間の精神史上における一大分水嶺であった」という、本書での論旨からいうと、誠に重要な指摘

である。『旧約聖書』の文言は、人間は神から《楽園》を追放された「転落」以降、生きていくためには動物を殺さざるをえなくなったことを謳っている。原罪が何であれ、「転落」後には、人間は屠殺せざるをえなくなった。ヒトは、その生活を維持するために、日常的に大量屠畜という暴力を行使せざるをえなくなった。《楽園》追放後にこそ、ヒトは暴力に塗れた苦難の生活を強いられるようになったのである。

おわりに──「枢軸の時代」（ヤスパース）という、自然状態から自覚状態への移行期──

　ドイツの哲学者カール・ヤスパース（1883-1969）によると、紀元前8世紀を挟む前後300年の期間は、「枢軸の時代」と呼ぶべき人類の精神史上の一大転換期であった。この短い期間に、世界の5か所（ギリシャ、パレスチナ、ペルシャ、インド、シナ）で、相互の影響もなく、「精神革命」とも呼ぶべき思想的な運動が起き、この時代を画期として、過去の因習を打ち破り、普遍的な存在へと歩み始めた。「枢軸時代」の文明は、それまでの古代農耕文明とは決別しており、歴史的で、自覚的である。今日までの文明の起点こそ、この「枢軸時代」であり、それに接することのできた民族だけが文明の恩恵に与ることができた。

　ヤスパースはこのように述べて、この時期には東西にすぐれた思想家が輩出し、その特徴は、「自己の限界を自覚的に把握すると同時に、人間は自己の最高目標を定め」、人びとが「人間いかに生きるべきか」を考えるようになった点にあり、これらの思想は、のちのあらゆる人類の思想の根源となったと指摘している（ヤスパース1968：18）。

　伊東俊太郎は、このときに人類の精神史が始まったと考える。ヒトが、それまでの自然状態を脱して、神話的な世界を克服して、いわば自覚状態へと歩みを進めた。合理的思索に徹することで、日常的個別的なものを超えた普遍的なもの（ギリシャのイデア、インドのダルマ、シナの道《タオ》など）を志向し、

そうした究極的原理からこの世界全体を統一的に把握し、そこにおいて人間の生き方を見定めようとする（伊東 1985：12）。

「枢軸の時代」の震源地となった世界の5か所は、古代農耕文明の揺籃の地か、その近傍であり、商業が盛んな富の集積地であった。これらの地域はいずれも、「遊牧民の来襲を受けた」という共通点を持っている。ギリシャ・ペルシャ・インドにはインド・ヨーロッパ語族系の遊牧民が、パレスチナにはセム系の遊牧民が、シナにはチベット・モンゴル系の遊牧民が侵攻し、征服した結果、一時的にせよ、支配者として君臨した。遊牧民による支配下に組み込まれた地域が、「精神革命」の震源地となった。

なぜなら、遊牧民こそ、大量屠畜でのみ生きていく人々であり、それゆえ大量屠畜と真正面から向き合った人々だからである。群居性草食動物の家畜化とその帰結である大量屠畜は、自らの手中にある大量の生命を意のままに殺戮するのであるから、ヒト（牧夫）に深刻な精神的葛藤を生んだはずである。その解決のための一連の思想的革新こそ、輪廻転生観を破壊して、自然状態から自覚状態へと転換する「精神革命」の背景にあった。ヤスパースの言う「枢軸の時代」の震源地（ギリシャ、パレスチナ、ペルシャ、インド、シナ）は、いずれも遊牧民の征服と支配が実現した地域であることは偶然ではない。

第2部

ヨーロッパ文明の地下水脈としての遊牧

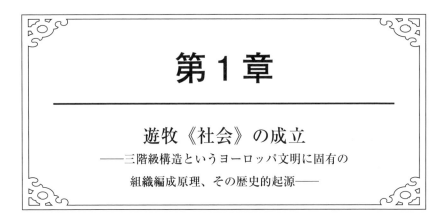

はじめに─農耕 ⇒ 家畜化 ⇒ 遊牧─

　すでに第1部第1章「肉食化と狩猟採集生活」で見たように、ヒトの祖先は、およそ400万年前の出現以来、ほとんどの期間、バンドと呼ばれる小規模の親族形態で暮らしてきた。狩猟採集民であった彼らは、生存のための食糧源を自然環境に全面的に依拠していたので、小規模の集団を越えるのに十分な量の食糧を確保できなかったからである。

　せいぜい数十人の小規模な親族集団であるバンドから、国家と呼ばれる1億人を超えるような大規模な集団にまで、ヒトの組織は、どのように拡大し、発展してきたのだろうか。

　本章では、「疑似親族原理が支配的であった先史時代に、遊牧によって三階級構造が形成されることで、よそ者の組織への組み込みが可能になった。これこそ、組織編成原理における新機軸であり、後の世に全面的に開花する機能本位原理が生成した」ことを見ていこう。

I．バンド（小規模親族組織）における規模拡大の制約

1．疑似親族原理による集団規模の拡大

　ヒトの出現以来、400 ないし 500 万年間続いた狩猟採集生活、および、初期の農耕生活において、人々は、バンド（band）と呼ばれる小さな親族組織（よく言われる平均的な大きさが 30 人規模）で暮らしていた。バンドを構成する人々は、血縁・婚姻関係にある親族である。いわば、お互いによく知っている間柄である。定住化が進んで部族組織になると、規模が大きくなるが、しかし、それでも 500 人くらいまでなら、互いに知っている仲間同士と言える。

　親族集団の規模を本格的に超える組織が成立するには、初期都市国家がメソポタミアの沖積平野で形成される今からおよそ 5500 年前（紀元前 3500 年）を待たねばならない。長江文明など、他の地域での本格的な都市化もほぼ紀元前 4 千年紀の事象であると言えよう。すなわち、これまでのヒトの歴史において、そのほとんど（499 万 4500 年÷500 万年≒99.89％）の期間、このような小規模血縁・婚姻組織で暮らしてきた。バンドは、その圧倒的な存在期間からして、ヒトの組織として、原基的な形態である。ヒトは、このような原基的組織から、いかにして、今日の国家のような大規模な組織を形成したのであろうか。ムギ栽培のような食糧生産を開始すれば、ヒトの組織は自動的に拡大していくのであろうか。

　ヒトの原基的組織であるバンドが人口規模を拡大するには、親族組織という本質を維持したまま拡大するか、あるいは、その本質を変えて拡大するかのいずれかの道を辿るしかない。

　親族組織のままで規模を拡大することは不可能ではない。多数の出産によって子孫という血縁メンバーを増員するとともに近隣あるいは遠方の他バンドとの花嫁・花婿交換という婚姻を活用することで、親族関係を維持したまま、規模を拡大できる。代表的な理論に、フランスの社会人類学者レヴィ＝ストロース（1908 - 2009）による交差いとこ婚がある。

親族を越えるような規模の集団にまで組織を拡大するためには、大きく二つの方法がある。第一が、よその小集団と独身者を遣り取りすることで、つまり、婚姻関係を結び、出産を重ねることで規模を拡大する。あるいは、親族ではない者（よそ者）を組織に取り込んで、婚姻や同系統の神話に服従させる、または組織の規則に従わせて、最終的に疑似親族にしてしまうことである。これを疑似親族化と呼んでおこう。

　しかし、当然、この疑似親族化には、血縁・婚姻関係という組織編成原理から生じる制約もある。親族組織では、規模を拡大しようとすると、その定義からして、新しいメンバーは親族（新生児あるいは嫁・婿）でなければならない。よそ者の人間をそのままで取り込むことはできないのである。正統的な親族の範囲を超えて、よそ者の人間をこの組織に取り込むためには、そのヒトを親族に準じたメンバー、いわば疑似の親族に変えないといけない。疑似的な親族になるためには、各社会の掟に則ったそれなりの儀式、慣習・雰囲気醸成、それを実現するための長い時間と手間暇が必要である。ここでは、この組織拡大原理を《疑似親族原理》と呼んでおこう。

２．よそ者の組織内への取り込み

　集団規模拡大の第二の方法が、よそ者をよそ者のままで組織内に組み込むことである。疑似親族化は、時間と手間暇がかかる（家族→氏族→部族）ので、急速な拡大を望むならば、どこかで、親族を超えること、すなわち、よそ者を取り込むことが必要になる。この後者の方法、すなわち、よそ者をよそ者として取り込む原理を案出したのが、遊牧民であった。

　そもそも狩猟採集生活においてヒトの組織が小規模であったのには理由がある。狩猟採集生活を続ける限り、単位面積当たりの入手可能食糧量は自ずと限界があるので、環境の人口扶養力の制約から、ヒトはある一定の規模を超える組織を維持することができなかったのである。多数のヒトが特定の地域に集まって生活すると、たちまちにして食糧不足に陥ってしまったことであろう。

定住化して、農耕を開始すると、このような人口扶養力の制約が緩和されて、組織の人口規模拡大が視野に入ってくる。

組織拡大においては、異種のヒトをいかにして組織内へと取り込むのかが、その鍵となっていた。

II．遊牧の開始 ―沖積平野における灌漑農耕の開始とほぼ同時期―

1．前5000年頃、ステップにおける遊牧の開始

《肥沃な三日月地帯》と呼ばれるメソポタミア北方の丘陵地帯で、前6000年から、西アジア型の農耕文化（ムギ作農耕と家畜飼養の混合経済としての農牧結合経済）が確立した。その後1000年ほど後（前5000年頃）に、初期農耕文化が丘陵地帯から平野部まで拡散して、メソポタミアの沖積平野における本格的な灌漑農耕が開始された。このメソポタミア沖積平野における灌漑農耕を基礎に据えた文化をウバイド文化（ウバイドは、ウルの西方60kmにある遺跡名）と呼んでいる。灌漑を活用した沖積平野における初期農耕は、バンドが数個から、十数個集まって形成された部族組織によって経営された。その初期農村は、多少のよそ者はいたようであるが、血縁・婚姻を原理とする親族社会であった。共通の祖先を持つという意識を有しており、まだ階級分化はなかったし、機能的分業も初歩的であった。

そして、きわめて興味深い展開が起きた。沖積平野における灌漑農耕の展開とほぼ同時期にすなわち、前6千年紀末から前5千年紀初め頃に周辺の草原地帯において、家畜文化圏が出現し、遊牧民的な適応が見られた（藤井 1999：49）。ステップ地帯における遊牧の誕生と言うべきである。牧畜を生業とするバンドが形成された。

大河のほとりにおける灌漑農耕の展開によって集落が拡大して、都市化された人口が増加すると、集落住民による生活物資の必要量が増大して、ステップ産品への需要が拡大した。ステップは運輸・交通に便利であったので、もともと遊牧民は商業的な事業に従事していたこともあり、遊牧民による物資の供給

により交易が発展した。かくて、前6千年紀末頃から沖積平野において灌漑農耕を営む部族と内陸ステップ地帯における遊牧民とが共存関係に入った。遊動遊牧民は、自立しては生活できなかった。むしろ、遊動遊牧民が定住農耕民に依存して暮らしていた。

2．ユーラシア・ステップと牧畜

ユーラシア大陸の中央部には、南北の幅がせいぜい300kmから800kmで、東西方向に長さがおよそ8000kmもの帯状のステップ地帯が拡がっている。西はハンガリー平原から、黒海北岸のウクライナ草原、カスピ海北岸の南ロシア草原、アラル海とアルタイ山脈間に拡がるカザフ草原、そして、アルタイ山脈の東に拡がるモンゴル高原を経て、大興安嶺まで、いくつもの高い山脈に囲まれた草原が続いている。内陸部で年間降水量が100mm以下なので農耕には適さず、生育するのは主としてイネ科の草本のみである。セルロースの多い草を人間自身が食して生きていくことはできないから、ここで暮らすための生業としては、家畜に草を食わせて、その家畜から得られる肉や乳などを摂取する家畜飼育以外には方法はない。しかし、草は栄養価が低いので家畜1頭当たりの飼育必要面積が大きく、広範な地域に放して肥育するという放牧になってしまうが、人間が徒歩で管理できる頭数は自ずと限定され、これではごく小規模の家族（バンド）を養うことができるのみである。もし、管理方法が徒歩によるもののままであったならば、遊牧民はいつまでも分散した小家族のままで全体としての人口規模も小さく、農耕定住民に対して、その周辺で賤民のような弱い立場のまま、農耕定住経済に依存する状態を続けていたであろう。

3．遊牧を成立させた技術革新

メソポタミアなどの西アジアでは、すでに前6000年頃から、ヤギ・ヒツジなどが定住農耕民によって家畜化されていた。家畜飼育がウクライナなどを経由してユーラシア・ステップに伝わり、ヒツジなどの群居性草食動物の放牧に

図表2-1-1 ユーラシア・ステップ

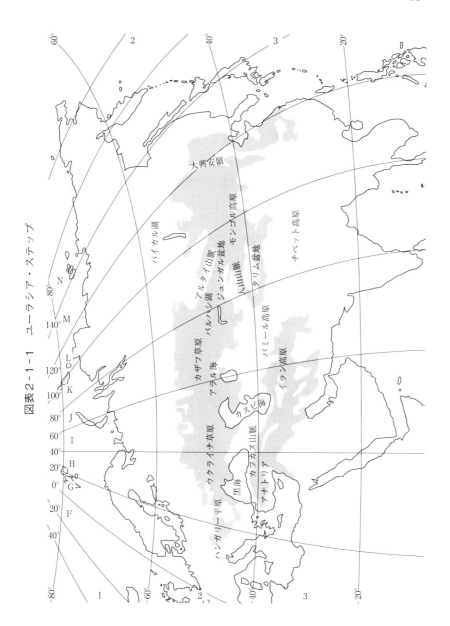

まで展開するのは、いくつかの技術的革新（ホイール車輪付きのワゴン・鞍・鐙・蹄鉄・拍車など）が必要であった。ウマの家畜化（前4000年頃）によって可能となった騎乗そのものが特筆される。さらに、牧畜専業である遊牧を本格的に生業とすることが可能になるには、群居性家畜の管理のための技法（去勢など）と、そして、《仲介者》を開発しなければならなかった。

　これら一連の技術革新のうちでも、安定的な食糧源の確保という点で、乳の利用を可能にする搾乳関係技術の開発が不可欠であった。食糧としての乳の利用に関しては、(1)搾乳技法の開発、(2)乳の保存方法の開発、(3)乳糖不耐症の克服という、三つの難問を解決しなければならなかった。

(1) 搾乳技法の開発と交尾の管理

　搾乳は、見かけは簡単な作業かもしれないが、しかし、技法的難題があり、ヒトが搾乳できるようになるには、長年月をかけなければならなかった。

　動物の母親は、実子にしか乳を飲ませないので、技法的には実子による催乳を行って搾乳する。また、捕獲の際にも、実子をおとりにして、親を捕獲したものと考えられる。つまり、乳を取るためには、効果的な母子関係への介入が必要である。乳は、牝が子を生んでから数か月間しか搾ることができない。

　また、いつも子と一緒にしておくと子が乳をすべて飲んでしまうので、母子は適当に隔離しておかねばならない。子が母の乳を吸うことができるのは、1日2回前後、一定の時間に限られる。従って、子が生まれた後の数か月間は母の群れと子の群れとは別々に放牧される必要があり、この母子隔離はどの牧畜民でも行う基本的な家畜管理である。乳は遊牧民の基本的食糧であるから、たとえ換金されなくとも、各種の乳製品に加工されて自家消費されるか、あるいは、乳を利用できない季節のために保存しておく（松井1989：155）。

　搾乳は高度な技法を要し、牧夫と家畜との関係が一段と高度にならないとできない。従って、ヒトが家畜化開始後ただちに、動物の乳を食物として利用してきたかどうかは、疑問である。家畜化は、まず肉を目的に開始されたのでは

ないかと想定されている。家畜として飼うためには、「群れレベルでの人付け」ができていて、牧夫の指示にヒツジなどの群れが従う必要がある。しかし、母と子はそれぞれ隔離されているのだから、搾乳の際には、特定の母に特定の子を連れて来て吸引させなければならない。この場面では、「群れレベルでの人付け」では、明らかに不十分である。牧夫はそれぞれ母と子の個体を認知できないといけないし、家畜の方でも搾乳誘導への牧夫の行為を認知できないといけない。谷泰はこれを個体間の親和性が生まれている（「個体レベルでの人付け」）段階と考えて、搾乳の技法が成立するためには、個体レベルでの親和性に基づく人付けが前提であるし、家畜化の開始からしばらくは肉の取得を目的とした牧畜段階があり、次いで、搾乳に関する高度な技法が成立してから遊牧民が恒常的に乳を利用できるようになったと考えている（谷 1995：270-271）。

　乳を恒常的な食糧源として利用するためには、牧畜における性の管理として、交尾の管理が行われる。牧畜民にとって乳は主要な食糧であるから、一年中入手することを望む。牝は妊娠すると、乳が止まるので、もし群れの牝が一斉に妊娠すると、その群れの牧畜民が乳を入手できない期間が生じてしまう。この端境期を克服するために、牧畜民は妊娠を一時期に集中させずに、分散させるという手法を取る。そこで交尾期を分散させるのだが、そのために牝の群れをいくつかに分割して、種子牡を計画的にそれぞれの群れに入れていくことによって達成される。少なくとも中近東・地中海地域のヒツジに関しては、牝の群れを分割して、種牡を順序立てて配当することで、乳入手の端境期が克服されている。牧畜民は、秩序ある交尾を家畜に強制して、家畜の交尾期の幅を広げることで、乳欠乏に対応しているのである（谷 1976：25）。

　母の群れと子の群れとの分別と合体を繰り返す日常的管理、分別された牝の群れに種牡を適切な時期に投入するという交尾の管理、いずれも家畜の大群を計画に沿って用意周到に動かす管理技術の粋がある。

(2) 搾乳をめぐる諸関係と諸概念

ウシやヒツジなど、群居性草食動物の日常的管理として、搾乳がある。先に「増殖」という観点から検討したが（本書54頁）、搾乳するという、牧畜民の一連の仕事は、労働分配率という重要な経営指標を想起させる。搾乳において、牧畜民（＝資本家）は母獣（＝資本）がつくり出す乳（＝売上げ）の全部を自分が取得しては駄目である。それでは、子獣（＝労働者）が死んでしまう。逆に、乳（＝売上げ）を子獣（＝労働者）が全部飲んでしまうと牧畜民（＝資本家）は生きてはいけない。経営活動によって得た収益を、資本と労働との間でいかに分け合うかについて経営者が腐心するように、母獣の乳を子獣と人間との間でいかに分け合うかという搾乳計画が、牧畜民の思案のしどころである（佐藤 1995：119）。

(3) 乳保存技法の開発

乳は腐りやすいので、ヒトが乳を食糧として確保して生存するためには、その保存方法の確立が不可欠であった。上記のような交尾の管理にもかかわらず、子獣の生まれる時期に偏りが生じて、牧畜民がミルクを飲めない期間が生じてしまう場合もある。牧畜民は、ミルクを入手できる時期にたくさん絞っておいて、それを加工・保存して、ミルクのない時期を凌いでいる。歴史的に、ミルク加工の技法は、暑熱環境下の西アジアで始まり、それが冷涼環境下のユーラシア大陸北部に伝播して、発達して今日に至っている。乳製品の本来的な意義は、保存にある。ミルク加工・保存の技法が開発されたからこそ、牧畜民が一年中乳に依存した生活を送れるようになった（平田昌弘　2013）。

(4) 乳糖耐性の獲得

ところで、人間以外は、他の哺乳類の乳を飲まない。そもそもヒトにしても、成人になると通常はラクターゼ（乳糖分解酵素）の生産を止めてしまうので、

大人になってミルクを飲むと酷い下痢をする人々がいる。これが乳糖不耐症（Lactose intolerance）という現象である。ヒトが新石器時代になって他の動物の乳を飲み始めたというのは、これまでの動物の習性からして、本来は非常に奇妙な習慣であったし、無体な行動であった。

ところが、今から7500年前、ある人々に遺伝子的な変異が生じて、乳糖耐性を獲得したと想定されている。ヨーロッパにおける乳糖耐性獲得の震源地に関する研究によると、コンピュータによる推定地点は、ヨーロッパ中央のオーストリア近傍である。この仮説が正しければ、オーストリア近傍にいた狩猟採集民の中に、他の哺乳類の乳を摂取できるようになった人々がいて、その後、四方に拡散していったが、とりわけ北ヨーロッパに進出したゲルマン人たちにおいて、乳糖耐性を獲得した人々の割合が際立って高い。

乳糖耐性を獲得した結果、《第二次製品革命》と呼ばれる一連の乳製品（ヨーグルトやチーズなど）の開発の恩恵を享受した人々（原インド・ヨーロッパ語族民、特に、ゲルマン人）が、北部ヨーロッパ（ゲルマニア）に進出して、定着した。いずれにしろ、新石器時代にゲルマン人たち（の祖先）が乳糖耐性を獲得したことは、ムギ作には本来適していない北ヨーロッパの地で農牧文化を定着させ、やがて牛乳などの乳の摂取を通じて彼らの栄養状態を改善し、体格を向上させることに貢献した。乳は食糧として栄養価が高いので、成人になっても日常的に摂取すると、強靱な「がたい」をつくる。ゲルマン人による世界制覇を実現する一因となった。

東南アジアなど、米作・漁労文化の地域では乳糖不耐症者の割合が高いので、本来は、牧畜文化に疎遠な地域である。日本人でも、乳糖不耐症者の割合は、およそ80％と、世界の中でも非常に高い地域として推定されている。しかし、現在の日本では、牛乳は当然のこととして、バターやチーズなどをふんだんに使用した洋菓子や料理では、牛乳など哺乳類の乳が広範に利用されている。乳製品の大量摂取は、都市化され、欧米化された生活の象徴である。元々は乳糖不耐症なので消化が難しい乳製品を日本人が大量に摂取しているのは、

「慣れた」のか、遺伝子に変異が起きたのか。あるいは、「おいしい」、「栄養価が高い」というので、我慢して無理して摂取しているのか。いずれにしろ、日本人もまた、食生活の面で、知らず知らずに遊牧民文化の拡散と伝播を受け入れたことになる。

Ⅲ．遊牧《社会》の成立

1．三つの異種の動物からなる初期遊牧組織

前5000年頃、メソポタミア周辺のユーラシア・ステップ地帯に (1)牧夫家族と (2)少数の《仲介者》(イヌ、あるいは、去勢ヒツジ・ヤギ) と (3)ヒツジの大規模な群れとからなる牧畜組織が忽然と誕生した。この組織は、三つの異質で、異種の動物からなっている。三種の動物から構成されるこの組織は、機能という側面から見ると、完成された形態をしている。

家畜飼養を生業とする遊牧民の組織を想定して、図式化したのが図表2-1-2である。そこには、《牧夫》、《仲介者》(イヌあるいは去勢ヒツジ・ヤギ)、そして、当然、多数の家畜(《ヒツジ》など)がいる。《牧夫》の家族は、バンド

図表2-1-2　遊牧によって成立した疑似的社会構造
―三階級構造の生成―

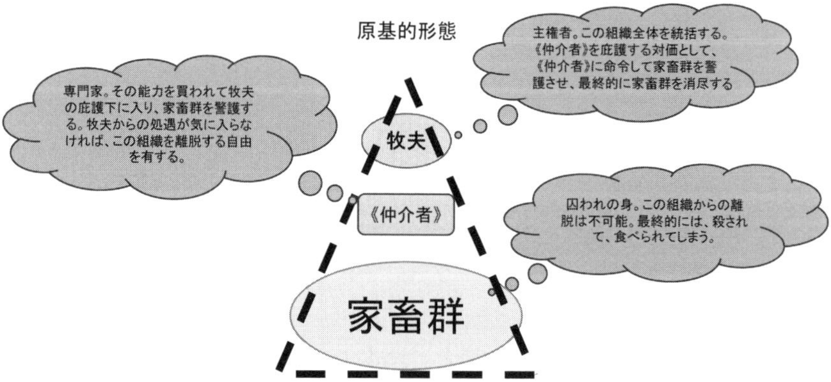

原基的形態

専門家。その能力を買われて牧夫の庇護下に入り、家畜群を警護する。牧夫からの処遇が気に入らなければ、この組織を離脱する自由を有する。

主権者。この組織全体を統括する。《仲介者》を庇護する対価として、《仲介者》に命令して家畜群を警護させ、最終的に家畜群を消尽する

牧夫

《仲介者》

囚われの身。この組織からの離脱は不可能。最終的には、殺されて、食べられてしまう。

家畜群

出所）筆者作成

という、小規模の親族組織である。しかし、この《牧夫》家族だけでは、遊牧組織は成立しない。遊牧組織が成立するためには、《牧夫》のバンドの他に家畜の群れが存在する。家畜なき《牧夫》バンドは、草原をうろつく浮浪者の一団にすぎない。しかも、そのうえに《仲介者》が絶対にいないといけない。牧畜専業という遊牧において、牧夫は、多数のヒツジを飼育するために《仲介者》を開発した。典型的な《仲介者》は、イヌ、そして、去勢牡ヒツジ・ヤギである。《仲介者》なくして、群居性草食動物を飼育することは不可能である。従って、この組織には、ヒツジとイヌという、異種の動物が（ヒトではないが）組織の構成メンバーとして、絶対に欠かせない。

　この遊牧民の組織は、組織編成原理史上、画期的な性格を持っていたので、これを図式的に考察してみよう。

　1）組織は、三つの異種の動物からできている。

　この組織は、三つの異種の動物（ヒト→《仲介者》→家畜群）をその必須の構成メンバーとして抱え込んでいる。ヒト、《仲介者》、家畜群（ここでは、ヒツジ）は、それぞれ異なる別の種に属している（特に、《仲介者》がイヌの場合）。去勢ヒツジ・ヤギであろうと、イヌであろうと、《仲介者》も、ヒツジも、ヒトではない。非人間の動物なのだから、いわば、正真正銘の、究極のよそ者である。牧夫家族以外の《仲介者》とヒツジをこの組織の構成員とみなすと、この初期遊牧組織は、よそ者をよそ者として抱え込んだ史上最初の組織であり、それぞれよそ者同士の三つの階級から構成される組織である。このような《仲介者》と大量のヒツジを擁する遊牧組織は、「よそ者のヒトをいかにして組織

図表2-1-3　初期遊牧組織における三階級構造（1）

三つの動物		
牧夫	《仲介者》	家畜群
牧夫とその家族。この組織における唯一の人間。	イヌあるいは去勢ヒツジ・ヤギ	ヒツジ、ヤギ、ウシ、ウマなどの群居性草食動物

出所）筆者作成

図表2-1-4　初期遊牧組織における三階級構造（2）

三つの機能		
ヒト （牧夫）	《仲介者》 （イヌあるいは去勢ヒツジ・ヤギ）	家畜群 （ヒツジなど）
組織の統括	暴力による組織の防衛・維持	資源の供給
主権者として、この組織全体を統括する。《仲介者》に命令して、家畜群を警護し、管理させる。家畜群を、最終的に殺して、資源として消尽する。	牧夫から指示・命令を受けて、家畜群をオオカミなどの害獣から警護する。同時に、家畜群を誘導し、離脱を防止するなどの管理を行う。	乳・毛などを日常的に供給し、最終的には、屠畜されて肉として消尽される。

内に取り込むのか」という視角から見ると、バンドという親族だけから構成される狩猟採集・初期農耕社会とは決定的に異質である。よそ者を組み込んだという点で、組織編成における（潜在的な）一大革新である。

2）三つの動物はそれぞれ全く異なる三つの機能を持っている。

三つの動物は、本質的に全く異なる機能（仕事）を果たしている。牧夫は、全体を統括する管理・運営という機能を持ち、ヒツジの生殺与奪の権を握っている。いわば、主権（英 sovereignty、仏 souveraineté）を握っているのが、牧夫である。《仲介者》は牧夫の命令のもと、ヒツジの大群を警護し、管理する機能を持っている。ヒツジは日常的には乳・毛を供給するが、最終的には肉となって牧夫家族の食糧・商品として「貢献」する。詰まるところ、《ヒツジ》は資源として牧夫によって消尽されるという「機能」を果たしている。

3）三つの機能は、組織にとって、いずれも不可欠で、しかも、三つで完結している。

これら三つの異種の動物が果たす機能は、それぞれ三つとも不可欠（いずれが欠けても、この組織は成立しない）であり、しかも、これら異種の三つの動物で十分であり、完結している。この組織が自立するためには、これら三つの機能で十分であり、組織維持のために他の動物は必要ない。

4）三つの動物は、明瞭かつ不可逆的な三階級構造を形成している。

これらの異種の三つの動物は、明瞭かつ不可逆的な上下関係・階層構造（支

図表2-1-5　初期遊牧組織における三階級構造（3）

三つの階級・絶対的な非互換性		
牧夫	《仲介者》	家畜群
最上位の階級	中位の階級	最下位の階級
人として、動物（イヌやヒツジなど）とは隔絶した存在であり、この組織の最高権力者。	牧夫の指揮下にあり、その意向に絶対的に従う。（イヌの場合は特に）家畜に対して、上位に位置して、暴力的に従わせる。	《仲介者》がイヌの場合、恐ろしい捕食者に監視・管理される。最終的に、屠畜されて、資源となる。
まかり間違っても、イヌやヒツジの位置にまで降下することはない。	人間の位置にまで昇格することはないが、同時に、殺されて資源にされる家畜群にまで降格されることもないので、中位の階級にある。	幼牡のうち、ほんの数頭が去勢されて《仲介者》に昇格するが、圧倒的大多数は生涯、最下層の階級にとどまる。

配・従属）を作っている。その結果、三つの動物を相互に代替したり、交換することは不可能となっている。これら三つの異種の動物は、初期遊牧組織において、明瞭かつ不可逆的な三階級構造（牧夫→《仲介者》→《ヒツジ》）を形成している。牧夫は、ヒトとして、全権を持っていて、《仲介者》に命令し、最終的に《ヒツジ》を消尽する地位にある。いわば、主権者である。《仲介者》は、牧夫の命令を受けるので牧夫の下位にあるが、《ヒツジ》を威嚇する立場なので、《ヒツジ》よりは上位にある。《ヒツジ》は、最底辺に位置し、その生殺与奪の権を牧夫に握られていて、日常的に《仲介者》（イヌ）によって威嚇されている。

2．遊牧三階級構造の成立

これら牧夫→《仲介者》→《ヒツジ》からなる三階級構造が成立したので、もし、《ヒツジ》と《仲介者》を組織のメンバーだと見なせば、この段階で、よそ者を組織に抱え込む様式に三つの形態が生まれたことになる。それらは、(1)牧夫⇔牧夫という対等・並列関係、(2)牧夫⇩《ヒツジ》という、垂直的・絶対的支配関係、(3)牧夫⇘《仲介者》という、条件付きの従属関係、いわば、斜めの「契約」関係である。

疑似親族原理による組織拡大と比較すると、よそ者を組織内に取り込む仕方

図表2-1-6　牧夫同士の対等・水平関係
―遊牧社会における組織編成原理（1）―

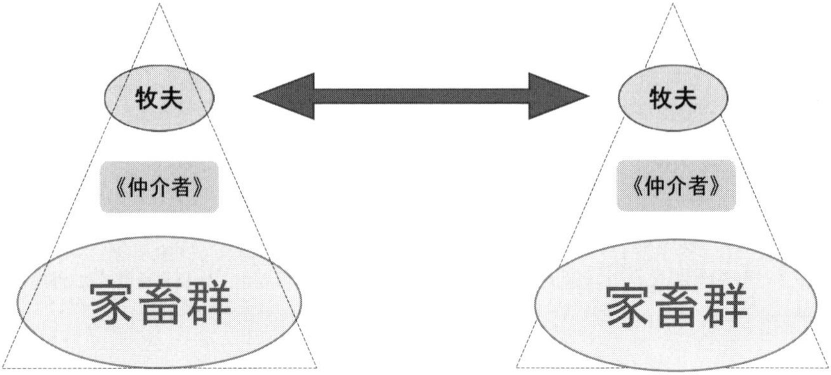

牧夫　⇔　牧夫
《仲介者》　　《仲介者》
家畜群　　　　家畜群

出所）筆者作成

が多様になっているのがわかる。

(1) 牧夫⇆牧夫における関係（対等・平等関係）

第1様式が、伝統的な水平・対等関係の構築である。

牧夫同士が、いわば水平的に、対等に関係を取り結んでいる。この関係拡充は、セム系始め、どこの民族でも実施していた伝統的な関係構築方法である。例えば、氏族内で、異なる家族が独身の男女を遣り取りして、相互の姻戚関係を結ぶ。

これは、牧夫・牧夫（→疑似親族原理→互酬性・贈与の世界）の関係であり、原インド・ヨーロッパ語族民の祖語における語彙で、guest-host 関係（ゲストもホストも、もともと同根の語であった）に象徴されている。

(2) 牧夫⇓《ヒツジ》の関係（絶対的支配関係）

第2様式が、家畜化によって現実化した暴力的な支配・従属関係である。

牧夫によって《ヒツジ》は家畜化されて、消尽の対象になったのであるから、

第1章　遊牧《社会》の成立　79

図表2-1-7　牧夫⇓家畜群の絶対的支配関係
　　　　　—遊牧社会における組織編成原理（2）—

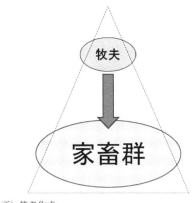

出所）筆者作成

捕食関係として、絶対的な上下関係にある。牧夫と家畜である《ヒツジ》の関係こそ、第2様式であり、牧夫に向き合う《ヒツジ》は、文字通り、強制・収奪・搾取・捕食の対象である。《ヒツジ》に、この第2様式の関係を離脱する自由はない。

(3)　牧夫⇘《仲介者》（イヌ）の条件付き従属関係（「契約」関係）

第3様式は、「双方の合意に基づく、条件付き従属関係」である。
《仲介者》(特にイヌの場合) は、牧夫の下位に位置して、牧夫の命令と指示に従って、その職能（《ヒツジ》の警護・管理）を遂行する。牧夫と《仲介者》との上下関係は明確であるが、しかし、必ずしも絶対的・一方的な支配関係ではなく、《仲介者》(特に、イヌの場合) にも一定の自由はある。《仲介者》は完璧に拘束されているわけではなく、下位に位置するが、《仲介者》にも、この関係が気に入らなければ、そこから離脱するという一定の裁量は残されている。イヌなのだから、嫌なら逃げれば良い。すなわち、この牧夫⇘《仲介者》(特にイヌの場合) という関係は、当事者双方の合意に基づく、いわば「条件

図表２-１-８　牧夫⇆《仲介者》の条件付き従属関係（「契約」関係）
　　　　　　―遊牧社会における組織編成原理 (3)―

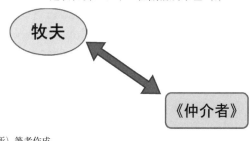

出所）筆者作成

付きの支配従属関係」である。

　この第３様式こそ、インド・ヨーロッパ語族に固有の、特徴的な関係構築方法であり、やがて歴史時代に入ると、Patron-Client Relationship（主人・従者関係）として、大いに発展することになる。

３．よそ者をいかにして組み込むか

　食糧資源の制約から、ヒトはその出現以来、これまでのほとんどの期間、親族による小さな組織の中で暮らしてきた。そこでの支配的な統合原則は疑似親族原理（すなわち、手間暇かけて疑似親族にして取り込む）であった。疑似親族原理で統合されている原始的組織が、いかにして、拡大して、現代的な巨大な組織に発展したのかというのは、経済史・社会史の上で、根本的な問題である。定説的には、「定住 → 農耕開始 → 専門化 → 階級形成」という経路が想定されている。すなわち、定住して、農耕を開始すると余剰生産物が蓄積するので人口が増加する。その結果、食糧獲得活動以外の経済的活動に従事できる人々が出現し、専門化が進み、その結果として、特定の職能が相続によって特定の家族への継承が固定化して、階級が生成するという発展経路である。

　しかし、例えば、アメリカの社会学者ハーシュコヴィッツが問題提起しているように、「専門化が進むと、階級が形成される」という理論は、かなり危う

い仮説である。はたして疑似親族原理は、農耕定住民が人口拡大する結果として、別の組織編成原理へと転換したのであろうか。しかし、よそ者も、ひとたび組織内へと組み込んで「同化」して「身内」にすれば、「よそ者をよそ者のままで組織内へと組み込む」ことにならない。所詮はよそ者を疑似親族にしてしまうので、疑似親族原理のままでの規模拡大にほかならない。つまり、「よそ者をよそ者のままで組織内へと組み込む」仕組みの案出が決定的に重要であった。

　これまで見てきたように、前5000年頃、初期遊牧組織が生まれて、《ヒツジ》化と《仲介者》化という、よそ者を取り込む仕組みが、潜在的に生成した。初期遊牧段階では、遊牧民は、ステップにいて大量の家畜を誘導する小さな一団に過ぎない。沖積平野で人口増加が始まり、定住地で、農耕民集落が大きくなる中、いわば定住集落に依存する浮浪者の一団にすぎなかった。初期遊牧組織は、ヒトの組織として見ると、バンドと呼ぶべき、単なる核家族である。しかし、数百頭の《ヒツジ》と、数頭の《仲介者》を含んだ全体を組織として見ると、そこには、家畜と《仲介者》という究極のよそ者が含まれている。「よそ者をいかにして組織内に取り込むか」という技法・思想の萌芽がそこに生成した。この時、「潜在的に」ではあるが、疑似親族原理とは全く異なる組織編成原理が誕生した。ヒトの歴史のうえで、画期的な出来事である。ただし、萌芽に過ぎない。かかる潜在的な新規の組織編成原理は、どのように顕現化し、具体化したのであろうか。

おわりに―遊牧《社会》が階級の起源となった―

　カール・マルクスとフリードリッヒ・エンゲルスがまだ若き頃、『共産党宣言』（1848年）の冒頭において、「すべてこれまでの社会の歴史は階級闘争の歴史であった。自由民と奴隷、貴族と平民、領主と農奴、ギルドの親方と職人、つまり抑圧するものと抑圧されるものとは、つねに対立し、ときには隠然と、ときには公然と、絶え間ない闘争を行ってきた。そして、この闘争は、いつで

も全社会の革命的改造に終わるか、さもなければ、相争う階級の共倒れに終わった」と高らかに宣言した。社会はいくつかの階級に分裂し、階級同士は決定的に異なる利害を持って相反するので、絶対に和解できず、互いに雌雄を決するまで戦うのだから、現代における二大階級であるブルジョワジー（資本家階級）とプロレタリアート（労働者階級）も互いに和解できない激しい闘争を経て、最終的には労働者階級の勝利に終わるのだという階級闘争史観のご託宣である。もちろん、階級闘争史観は、マルクスらの創見ではなく、すでに20年ほど前からフランスではサン＝シモン主義者たちが同様の見解を定式化していた。

　このような階級闘争史観は、今日まで200年近く、左翼思想の根幹にあって、革命運動や労働運動はもとより、歴史研究においても支配的になり、不幸なことに長くわれわれの考え方を呪縛してきた。

　しかし、冷静に考えると、階級闘争史観は、日本の現実には合致しないので、ここで表明されている階級闘争という見方は、われわれにとっては、異様な見解に映る。「なぜ、諸階級は互いに相容れないのか」、「なぜ、利害は決定的に対立するのか」、そもそも「階級とは何か、なぜ、階級が存在するのか」など、日本の現実に即した研究として納得のいく説明はなされていない。それゆえ、日本における戦後経済史学の根底的な問題意識となってきた階級闘争史観を日本の歴史に当て嵌めようとすると、どこか居心地の悪さを感じてしまう。日本は、もともと牧畜世界には属さないからである。

　階級社会とは、諸階級からなる社会である。つまり、よそ者がまとまってひとつの階級になり、いくつかの階級が合わさって、社会を構成するという見方である。

　本章で見たように、初期遊牧社会が実現した構造は、牧夫を頂点に、被支配者としてのヒツジの群れ、両者を繋ぐ仲介者（牧畜犬）という、「階級」構造であった。この構造では下級の「階級」は、その「職能」を基準にして、外部から導入された。おのおのの「階級」間には、絶対的な断絶がある。《ヒツジ》

がいくらがんばって努力してもイヌにはなれないし、もちろん、所詮は動物なのだから、絶対にヒトになれない。イヌもいくら頑張って努力してもヒトにはなれない。この初期遊牧システムにおいては、「階級」間に、決して超えられない壁がある。ヒト→イヌ→ヒツジは、「階級」として固定化されていて、絶対に動かせない障壁によって遮られている。

　初期遊牧社会でうごめき始めたこのような「社会構造」が組織編成原理としてインド・ヨーロッパ語族民によって取り入れられて、その後の歴史の過程で支配的になったというのが、本書での主張である。もし、このような本書での想定が正しいとすると、現代の欧米社会における資本家は《牧夫》の成れの果てであり、労働者たちは《ヒツジ》の生まれ変わりであり、管理職は牧畜犬の発展形態となるであろう。だからこそ、欧米では、資本家階級と労働者階級は、互いに対立し、その存続をかけて非妥協的に最後まで闘うのである。なぜなら、《牧夫》と《ヒツジ》との間には、前者による後者の「絶対支配」という大原則があり、最終的には、ヒトは《ヒツジ》を食ってしまうのだから、両者の利害が決定的に対立し、相容れないことは、全く疑問の余地がないからである。

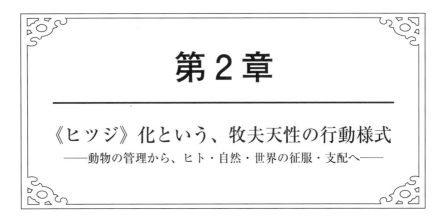

第2章

《ヒツジ》化という、牧夫天性の行動様式
――動物の管理から、ヒト・自然・世界の征服・支配へ――

はじめに――群居性草食動物の管理をヒトの管理へと応用――

　農耕を開始してから牧畜を始めるまでに、どうやら2000年近くかかったことは、すでに見た。初期農耕民の畑の近くにムギを食いにやってきたヒツジを2、3頭捕まえて飼育しても、それでは牧畜とは言えない。そのように少数の家畜を飼っても、人間が生きていける生業とはならないので、ほとんどペットの飼育に等しい。少なくとも一つの家族が生きていけるためには、それ相当の頭数からなる群れ（牧夫家族一人あたり最低でも50頭のヒツジが必要）で家畜を飼わなければならない。しかし、群れで家畜を管理するには、長い経験に裏付けられた高度な技法が必要である。だからこそ、群れでの管理を実現するために2000年近くの星霜を費やしたのである。つまり、牧畜とは、群れになっている動物の管理を学習して獲得した知恵と技法の総体である。だからこそ、家畜の管理が「群れになっている人間」の管理（＝奴隷制）へと展開できたのに違いない。

　「家畜とは、その生殖（reproduction）がヒトの管理（control）下にある動物」と定義できる。つまり、ヒトが動物の群れを思いのままに動かし、その生殺与奪の権を握る。牧畜文化の特徴は、この技術を人間管理に応用したことである。

谷泰などの一連の著作に依拠して、牧畜文化の意味するものを見ていこう。

　ここで想定した《ヒツジ》化とは、牧夫が実施する野生動物の家畜化を理念化したものである。このモデルは、牧夫が牧夫でなくなり、牧畜を止めたときに、消滅したのであろうか。牧夫が牧夫でなくなったとき、すなわち、牧夫がステップから出て平地に定着したとき、あるいは、牧畜を生業とすることを止めたとき、《ヒツジ》化は雲散霧消したのであろうか。本章では、《ヒツジ》化という、彼らヨーロッパ人の世界観は、牧畜文化とともに、継続・残存し、その対象を発展させ、深化させてきたことを見ていこう。

Ⅰ．《ヒツジ》化という、ヒト・自然・世界の支配と活用

1．《ヒツジ》化の一般的性格

　前章で見たように、初期遊牧組織の三階級構造で、牧夫とヒツジ群との関係は、牧夫がヒツジ群を、一方的・絶対的・強欲的に、思いのままに統御する支配関係である。ここでは、「ヒツジの気持ちはどうか？」「かわいそうではないか？」などと忖度する余地はない。最終的に、適宜、殺して資源とするほかないのである。図表2-2-1は、牧夫・ヒツジの絶対的支配関係を、遊牧組織における第2様式としてまとめたものである。

図表2-2-1　牧夫・ヒツジという、支配関係

	牧夫・ヒツジという、絶対的支配関係 ―遊牧民の組織編成原理の第2様式―
捕食関係	牧夫は、ヒツジを消尽するのであるから、牧夫とヒツジは、いわば捕食関係にある。
絶対的な上下関係	ヒツジ群は、牧夫からの命令に従う以外に生きるすべはない。
職能による採用	牧夫は、ヒツジが乳・毛など資源を供給してくれるという、いわば「職能」に目を付けて、家畜に採用した。
一方的支配関係	イヌの暴力を活用した牧夫からの一方的な強制によってこの支配関係が成立しており、ヒツジたちがこの関係を解消して、離脱することはできない。

出所）筆者作成

つまり、「外なるもの」(外的存在) を、捕獲して繁殖させ、有用な資源へと消尽するために屠畜すること、これが牧畜民的な行動様式である。かかる行動様式、すなわち、家畜化(「外なるもの」を飼い慣らして繁殖させ、最終的に殺す) を、本書では、一般化して、《ヒツジ》化 (英語にすると、domestication) と呼ぶことにしよう。《ヒツジ》化とは聞き慣れない言葉である。そのまま《家畜化》あるいは《ドメスティケーション》と表現していいのかもしれないが、それらの言葉では「馴致する」という、この行動様式の前半部分しか表されない。家畜化された野生動物は最終的に資源となるために (穏当ではないが) 殺されるのである。ペットや牧羊犬を除いて、天寿を全うする家畜はいない。「殺して資源として消尽する」という群居性草食動物の家畜化に不可欠の含意を強調するために本書ではあえて《ヒツジ》化という造語を使用している。

かくて、野生動物の家畜化を出発点として、牧畜民が抱いたであろう牧畜という行動様式を、《ヒツジ》化として一般化したのが、図表2-2-2である。

図表2-2-2 《ヒツジ》化の一般的性格

《ヒツジ》化の一般的性格	
目的	欲望充足
対象	外的存在
方法	馴致増殖
処遇	絶対支配

出所) 筆者作成

バンドという同質的な組織は、ヒトの誕生以来、400ないし500万年間、ヒトの唯一の組織形態として存続してきた。前5千年紀以降に内陸ステップ地帯に忽然と現れた初期遊牧組織は、異種の動物をその組織のメンバーとして抱えていた。この組織は、異種の動物でさえ、組織内にメンバーとして組み込めたのであるから、《牧夫》が多少の機転を利かせて、「異民族のヒトも、異種の動物の一種だ」と認識すれば、異民族のヒトを組織のメンバーとして組み込むことは、原理上で可能となる。

異種の動物から構成されること、それぞれその動物に相応しい（と考えられた）機能を担わせること、これがそのシステムの要諦である。家畜は、人にとってかけがえのない物資・サービスを供給してくれる。家畜なしには、その後の人間社会の発展は覚束なかったであろう。だからこそ、家畜化に成功した人々は、その社会の根本的仕組みを温存し、それを武器にして、拡張したのである。

　すでに見たように、牧夫→《ヒツジ》という、第２様式では、絶対的な権力者である主権者《牧夫》と、その恣意的な支配のまにまに翻弄される《ヒツジ》の大群という関係ができている。ここでは、暴力が決定的な役割を演じていて、嫌がる《ヒツジ》を暴力によって資源化している。ただし、その暴力を直接的に行使するのは、牧夫ではない。牧夫は《仲介者》(特にイヌの場合)に命じて、その暴力という職能を活用するのである。

２．牧夫という、絶対的な権力者―主権概念の萌芽―

　群れの日常的な管理としては、まず放牧がある。家畜の群れを牧野に連れて行って、草を食ませ、水を飲ませ、休息させる。このような群れの放牧には、ヒツジやヤギのような中型家畜の場合、必ず牧夫が付いていく。従って、牧畜文化には、職業・職務としての牧夫が不可欠である。草原では他の群れと混じらないように監視しないといけないし、オオカミなどの害獣から群れを守ることも必要である。この牧夫は、家畜の群れに対しては、支配者と被支配者という関係にある。支配者が大量の被支配者を意のままに管理するという関係であり、植物を相手にする農耕では決して出現しなかった状況である。また、牧夫は男性で、群れのヒツジはほとんど牝である。ここから、支配者が男性で、被支配者が女性という、牧畜文明に特有の構図も生まれた。

　初期遊牧組織では、ヒトは、牧夫とその家族で４、５人しかいない。しかし、この小さなヒトの組織に、数頭の《仲介者》と、《ヒツジ》という家畜化された群居性草食動物をメンバーと見なして加えると、その構成員は数百頭に上るかなり大きな組織である。この組織において、牧夫は、絶対的な権力者、この

集団に関するすべてのことを、自律的・排他的に決定できる絶対的な権力者である。現代風に言うと、一定の領域・領民（この場合は、ヒツジだが）に対する絶対的権限を有する主権者である。かかる絶対的な権力者である主権者など、それまでのヒトの歴史（先史時代のことなので、少し形容矛盾だが）で存在しなかった。

　バンドを始め、疑似親族原理が支配的な組織においては、たとえ、家長や族長といえども、メンバーである家族・親族を好き勝手に処分できないので、いわば主権を掌握していない。遊牧組織ができて、《ヒツジ》の群れという動物を支配下に収めることで、メンバー（ヒトではなく、家畜だが）に対して全権を持つ職能が生じた。かかる遊牧組織における牧夫こそ、メンバーに対して生殺与奪の強制力を有する（何をしてもよろしいという）最初のヒトである。

　主権とは、一定の領域を有する国家を前提に「その国家自身の意思によるほか、他の意思に支配されない国家統治の権力」（広辞苑）と定義されている。歴史的には、主権とは、「宗教的及び世俗的権力の闘争の過程を通して、中世的な王国（regnum）が解体して近代になって生まれたのが国家（state）なのであり、近代国家の成立と共に、あらゆる世俗的及び宗教的権威から超越した理性的かつ絶対・万能であることを特徴とする主権概念が成立した」とされる。しかし、後続の第4章「原インド・ヨーロッパ語族民の生成と《三機能イデオロギー》」において見るように、最高神は主権を持つとデュメジルも、喝破していた。主権という、ヨーロッパ文明に特有の権力のあり方の起源に、もし現実的な背景があるとすれば、それは、かかる遊牧民による三階級構造のほかにはありえない。家畜の群れに対する、牧夫が持つこの至高の権力こそ、領域支配はなくとも、「一定の領民に対する絶対的な権力」なのだから、今日の意味での主権の起源だと見なすのが妥当であろう。

3．去勢──ヒト・《ヒツジ》という絶対的支配関係を支える技法──

　日常的管理が放牧であるとすれば、資源としての恒常性を維持するために、

妊娠・去勢・環殺などの手法で家畜群をコントロールして、群れの繁殖を管理し、遺伝的優良種の選択を行うことが世代間管理である。

　牧畜における世代間管理のハイライトが、去勢であろう。去勢は、牡の性への集中的な介入による群れの管理であり、牧畜を成立させるうえで、画期的な技術であった。しかし、なぜか、日本人には歴史上、知られていなかった。去勢を始め、日本に主要な牧畜技術が伝わっていなかったのは、古代における騎馬民族の来襲という形で想定される遊牧民族の大挙しての渡来が、実は、なかったためだと思う。それはともかく、日清戦争（1894年）や義和団事件（1899-1900年）の際に清国に出兵した日本軍の軍馬は去勢されておらず、そのために獰猛だったので、その扱いに困った。日本軍以外の軍馬は、当然去勢されていた。去勢を知らないという「無知」に各国の兵士たちと現地人の失笑を買ったという。日本で実施され始めたのは、明治時代の半ば過ぎ（明治34年公布の「馬匹去勢法」によって、牡馬は検査に合格したものを除いてすべて去勢すべきと、初めて定められた）のことである。牧畜文化を持たなかった日本人にはその意義を理解することがなかなか困難な技術である。

　では、なぜ、去勢するのか。発情期において哺乳類の牡は非常に凶暴になるので、通常の状態では家畜として利用できない。日本において、牛車はあっても、馬車が実用化されなかったのは、去勢しない牡は凶暴で人間を運ぶには危険すぎて使えなかったからではないかと思われる。いずれにしろ、上記のように家畜は群れで飼うが、牡を去勢せずにそのままの自然の状態に任せておけば群れは大混乱を来す。群れの管理のためには、牡を隔離する必要がある。そこで、例えば、6000頭のヒツジの群れで、種牡として、わずか10頭程度が選別される。選ばれなかった残余の牡は、哀れ、ことごとく去勢されるのである。かくて、幼子期における牡の大量屠殺（地中海地域）か、去勢（モンゴルなど）という手段が使用される。

　さらに、優れた牡のみに子孫を残すことを許すことで、人間が望むような遺伝的に優れた形質を後代に伝えることが可能となり、品種改良が実現できる。

なお、遊牧民たちは、去勢された牡の肉は柔らかくなって美味になると言っている。

有蹄類の群れの管理では、いずれの場合でも、やはり牡の処遇が問題になる。ほとんどの場合、牡は群れから可能なかぎり排除され、群れの再生産に必要な数だけが保留される。こうした牡の扱いは、あらゆる牧畜において認められ、最も基本的な群れの管理法の一つである。現代の遊牧社会において、牡が肉用に屠殺されるのと同時に、牡の大量排除は、肉や毛皮などの生活必需品を人間に供給することにも寄与している。

このような、大きな群れのコントロールという家畜管理手法が、多数の人間集団の管理手法へと転用された。

Ⅱ. 家畜管理の応用としての奴隷の管理

前章で見たように、初期遊牧組織における三階級構造では、一つの組織の主権者である牧夫にとって、よそ者との付き合い方の様式が三つあった。この初期遊牧組織が、よそ者を取り込んで組織を拡大しようとするとき、それぞれの階層で、組織拡大方法が異なっている。

相手が牧夫である場合には、(1)お互いによそ者同士の関係を維持するか、(2)ホスト・ゲスト関係を結んで、疑似親族化するかである。《牧夫》レベルでは、そもそも《牧夫》の家族は親族集団であるから、伝統的なバンドにおける組織拡大方法（出生、婚姻）を採るであろう。

牧夫は、動物を相手にする場合、《ヒツジ》化か、あるいは、《仲介者》化の形態を取る。その応用で、異種の部族や異種の民族を相手にする場合、牧夫は、《ヒツジ》化か、あるいは、《仲介者》化の行動に出る。異種の部族や異種の民族に対して、当方が圧倒的に優勢であり、征服し得たときには、《ヒツジ》化（すなわち、自己の完璧な支配下に置く動物に）して、組織内へと取り込む。

その結果は、もとはヒトであったかもしれないが、取り込まれたときには、《ヒツジ》化されたヒト、すなわち、奴隷にされた。もちろん、捕獲・征服は、

おうおうにして暴力を伴う。大人しく捕獲される野生動物がいないように従順に征服される民はいないからである。

1．前３千年紀ラガッシュの事例

　家畜管理技術をヒトの管理へと応用した事例がいくつか報告されている。
　前３千年紀の神殿都市ラガッシュ（メソポタミア）における織布場の女奴隷たちとその子供たちに関して、粘土板史料から、前川和也がきわめて興味深い知見を発表している。女奴隷たちの子供のうち、娘たちは成長すると織布女として母集団の中に登録され、次世代のメンバーとして残る。これに対して、息子たちは、ある年齢に達すると、去勢されて、肉体労働を強いられた〈amarKUD〉と呼ばれる使役奴隷となるべく、この母集団を離れる。ところで、別の粘土板史料に、耕作用のウシの訓練所で、牡の子牛が２歳くらい経過すると、先の女奴隷の息子たちと同じように〈amarKUD〉と呼ばれて記載されている。〈amar〉が若い（牡）ウシを指し、〈KUD〉は「切り離された」という意味を持っている。前川はこのことから、〈amarKUD〉はまさに男根を「切り離された」状態を意味すると考えた。〈amarKUD〉と呼ばれるようになった牡牛は、去勢されて、訓練を受け、やがて命令に従って農地で犂を引く耕作用の牡牛を意味していた。母集団から切り離されて、労働を強いられるように

図表２-２-３　ウシと奴隷との取り扱いの同一視

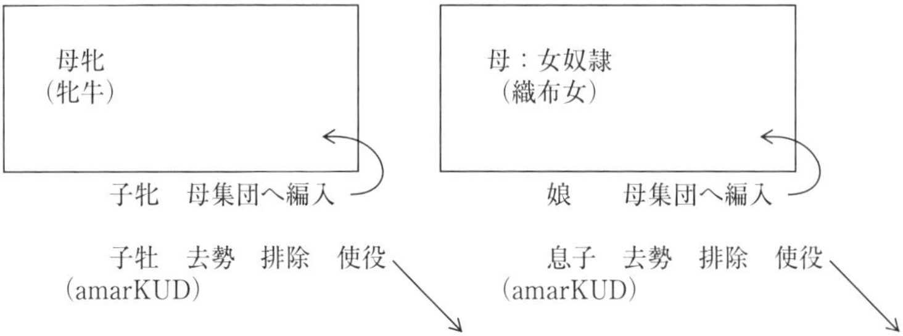

母牝 （牝牛）	母：女奴隷 （織布女）
子牝　母集団へ編入	娘　母集団へ編入
子牡　去勢　排除　使役 （amarKUD）	息子　去勢　排除　使役 （amarKUD）

出所）谷（1997：201）

なった女奴隷の息子たちが〈amarKUD〉と呼ばれていることは、去勢されて犂の牽引を強いられる牡牛〈amarKUD〉と同じような取り扱いを受けていることを表している (MAEKAWA 1979；1980；1982；谷 1997：196-202)。

すでに見たように、牧畜民が行う、ヒツジなどの群居性草食獣の家畜経営において、牝は乳を出すし、毎年子獣を産むから、牧畜民ができるだけ牝は手元に残しておこうとするのは、当然の戦略である。生まれたばかりの子のうち、牡は少数の種牡以外は、徒食者になるか、あるいは発情期にはトラブルメーカーになる。そこで、去勢されて使役（ウシの場合）・肥育（ヒツジの場合）されるか、あるいは、端的に大量屠殺される。ヨーロッパで子羊の肉が大量に市場に出回るのは、家畜管理上、順当な事態である。前３千年紀のラガッシュでは、織布奴隷の息子たちは、牡牛と全く同じように、去勢されてに母集団から切り離されて、使役にあてがわれたのである（谷 1992：93）。

この事例は、奴隷と家畜をともに自分の支配下にあるものたちとして、同一の処遇をしていること示している。また、ひとりふたりの奴隷ならともかく、大量の奴隷を扱う（つまり、奴隷制）には、群れで管理する家畜取り扱いの手法を採用するのが自然であったろう。

一方、群れの管理という牧畜技法を知らない古代日本人が従属的人間集団の管理などできなかったの当然である。家庭に附属するような従属的身分の人々はいても、日本に奴隷制という名に値するような大規模な奴隷活用制度がなかったのは、牧畜がなかったからであり、群れとしての人間の管理技法を知らなかったからである。

２．原インド・ヨーロッパ語族民の事例

エミール・バンヴェニストが『インド・ヨーロッパ諸制度語彙集』(1969：48)で、古代ヴェーダ語文献中で動産を指す《pasu》という言葉を取り上げている。一般に動産としての家畜を表す《pasu》という語が、家畜を表す四足の《pasu》という表現で現れるだけでなく、二足の《pasu》という表現でも現れること

を指摘している。つまり、前者が家付きの動物（ドメスティック・アニマル）を指すとすれば、後者は家付きの人間（ドメスティック・マン）を指している。家産に属する家付きの人間たちは、それが奴隷であるか、奴婢であるかはさておき、支配・管理する立場から見れば、「管理するもの」に隷属し、家畜と同様に処分され、管理される対象である。このように見る限り、両者は同じ《pasu》という語で示されるカテゴリーに入れることができる。この用例が示しているのは、家産に属する家僕と家畜との同一視なのである。同一視する観点があったのだから、家畜管理の技法の人間管理の技法への拡大は容易であったはずである（谷 1992：90；1997：197）。

3．スキタイの事例

　遊牧民は、来襲して農耕民を捕獲すると、彼らを家畜と同一視し、家畜を扱うように取り扱った。捕獲した人々を家畜としか見なかったので、非常に恐れられた。トインビーも、「ステップからさまよい出て《農耕地方》に入った遊牧民は、定住民を《人間家畜》として扱う傾向があると、遊牧民に対する非難として定住社会でしばしば言われる」（トインビー 1969：169）と書いていた。遊牧民による人間家畜化の事例として、紀元前6世紀初め頃、遊牧民のスキタイ（あるいは、スキュタイ）人が捕獲した者たちを家畜のように扱っている記述がヘロドトスの『歴史』にある。ここでは遊牧民のスキタイが、奴隷たちをあたかも家畜に去勢するかのように、平然と盲目にしていたという。

　　スキュティア［黒海の北西沿岸地域を当時のギリシャ人はこう呼んだ］では彼らが飲用する乳を搾る作業のために奴隷をみな盲目にしてしまう。乳は次のようにして搾る。堅笛によく似た骨製の管を手にとり、これを牝馬の陰部に抑入し、口で吹いて膨らませ、一人が管を吹いている間に別の者が乳を搾るのである。
　　…乳を搾り終わるとこれを深い木桶に流し込み、桶のまわりに盲目の奴隷

を並ばせて乳をゆすり動かせる。そして、上方にたまった部分をすくいとって、これを上質のものとし、底の部分はこれよりも劣るものとしている。右の作業をさせるためにスキュタイ人は捉えた人間はすべて盲目にしてしまうのであるが、これは彼らが農耕民ではなく、遊牧民であることによる（ヘロドトス 1972：8-9）。

このように戦争で得た捕虜を盲目にするとか、去勢するというのは、他者を管理下に置く目的で外科的に肉体を傷つけることであり、遊牧民にとって、群居性の動物を管理するための自家薬籠中の技術である。すでに古代シナや古代オリエントの時代からかかる肉体への施術は実用化され、その効果が実証されてきた。

4．動産奴隷制（chattel slavery）

英語の chattel slavery を通常、動産奴隷制と訳している。chattel は、今では動産という意味も持つが、もともと家畜の意であり、不動産に対する動産として、最も代表的なものが家畜であった。従って、動産奴隷制と訳しても間違いではないが、その原意は、「家畜＝奴隷」制度である。この制度のフランス語名はもっと露骨な表現（betail servile）であり、その真意こそ、「奴隷という家畜」である。もともと 17 世紀に奴隷制廃止論者が使用し始めたので、言葉の出現自体は近代であるが、「家畜は動産である」という歴史的事実と、「奴隷も動産である」という認識とが、複合してできたのであろう。chattel slavery には、「奴隷とは家畜だ」という認識を背景にして、「奴隷は、不動産に対する代表的な動産であり、所有者が自由に売買できる個人的所有物だ」という、主権者（絶対的な権力者）としての牧夫の考えが色濃く反映されている。「奴隷とは何か」という問に対するインド・ヨーロッパ語族民の見方（「奴隷とは、家畜だ」）を端的に示している。

5．ヒトの《ヒツジ》化—古代社会における奴隷制—

初期遊牧組織において、ヒツジなどの異種の野生動物をこの組織（＝牧畜型組織）に組み込むことができたのが、その斬新な特徴であったことはすでに前章で見た。

ヒツジやイヌなど、異種の動物を組織の構成員として抱え込むことができたのであるから、同種の動物であるヒトをこの組織に組み込むことは、概念的にほとんどその単純な延長線上にある。ヒツジをヒトに置換するというのは、想像力を働かせれば、むしろ、仕事としても容易でさえあったはずである。かくて、ヒトの《ヒツジ》化、すなわち、野生動物の家畜化のようにヒトを馴致するという奴隷化は比較的早い段階に起きたのではないかと思われる。

遊牧民がバンド状態の農耕民を襲って奴隷にしたときに、ヒトの《ヒツジ》化が生じた。これによって、バンドという枠を取っ払うという点で、人類史上、画期的な出来事であった。《ヒツジ》がヒトに置き換わって、奴隷となった。だからこそ、奴隷とは、ただ隷属的な人間を指すのではない。あくまでも生産に従事させられて、ものを生み出す家畜である。奴隷は、もはや人間ではなく、生産過程における《ヒツジ》、すなわち、家畜である。家畜化されて労働させられていなければ、たんなる隷属的な人間であり、奴隷ではない。しかも、もはやこの場面では、「繁殖する家畜」の段階は過ぎていて、ものを生産したり、サービスを提供したりする「増殖する富」にまで変貌している。

図表2-2-4　ヒトの《ヒツジ》化としての奴隷制

《ヒツジ》化過程	一般的性格	ヒトの《ヒツジ》化：具体的内容
目的	欲望充足	主人の生活資料をつくらせるため
対象	外的存在	他民族、他部族など、非血縁関係者
方法	馴致増殖	戦争捕虜、市場での購入など、「二元論的哲学」などによる奴隷制の正当化
処遇	絶対支配	「物言う道具」として、生殺与奪の権を握る

出所）筆者作成

裏庭で2、3頭のヒツジやヤギを飼育しても、それは牧畜とは呼べないように数人の隷属的な人間を家庭内に抱えていても、それが直ちに奴隷制とは言えない。人身売買や隷属的人間の存在は、階層的に身分制度ができていることの証にしかすぎないのである。身分制社会において、下層になればなるほど隷属傾向を強め、惨めな境遇になるのは、気の毒ではあるが、当たり前のことである。しかし、それは隷属的あるいは奴隷的かもしれないが、奴隷ではない。数人の隷属的な下層民が家の中にいても、それは奴隷制ではない。奴隷制とは、少なくとも古代においては、家畜化された人間が大量に存在していて、経済活動の基幹部分を担っている社会を意味する。

　ヒツジがいないと遊牧組織にならないように、大量の隷属的ヒトがいて、経済の運営に不可欠な労働力として大規模に存在している仕組みが奴隷制である。それはあたかも複数の異種の動物からできている社会と言えるだろう。古代ギリシャ・ローマがその典型的事例である。

　古代メソポタミアでも奴隷は知られており、むしろ、普遍的に存在していた。「同様にその土地出身の農奴もいなかった。外国人や戦争の捕虜が奴隷としてかかえられていたが、個人で奴隷を所有していることはほとんどなかった。奴隷たちは、神殿で荷運び人夫や庭師として自由人のそばで働いていた。女奴隷は、かなりの数の者が紡ぎ女としてかかえられていたが、彼女たちは台所や醸造所や豚の飼育小屋の手伝いもした」(フランクフォート 1962：94-95)。古代メソポタミアやユダヤにも奴隷はいたが、まだ本格的な奴隷制ではなかったのである。《遊牧民の天才》として、トインビーが強調したように、遊牧民たちは、定住民を支配する組織編成上の要諦として、《仲介者》を発明したが、しかし、古代メソポタミアでは、《仲介者》は去勢ヒツジのように「同輩の第一人者」にすぎず、イヌのような顕在化した機能を有する本格的な《仲介者》を開発できなかったからであろう。

Ⅲ.《ヒツジ》化という、大規模家畜群の管理技術の応用としての　ヒト・自然・世界の支配

　上記のように、群居性草食動物の家畜化を、家畜からヒトへと適応したのが奴隷制であった。そして、さらにその適用対象を拡張して、森林・自然の征服・支配へと応用したのが、一般化された《ヒツジ》化である。

1．森林の《ヒツジ》化—ヨーロッパ中世における《大開墾》の意義—

　9世紀から12世紀にかけて、温暖化が進み、ヨーロッパ中世における《大開墾時代》が到来した。気候温暖化の渦中、有輪重量犂や繋駕法の改善、三圃制の開発などの技術革新が生まれて、ヨーロッパを覆っていた大森林の開墾が実現した結果、ヨーロッパは中世盛期に大いなる経済発展を遂げた。

　中世初期、メロヴィング朝（5-8世紀）とカロリング朝（8-10世紀）の時代、ヨーロッパは事実上、森に覆われていた。中部ヨーロッパでは、ナラ、ブナ、クマシデなどの落葉広葉樹林がほぼ全域を覆っていて、昼なお薄暗き森にひとたび足を踏み入れると、地面では下草が鬱蒼と生い茂っていた。森は、狩猟採集に依然として大きく依存していた中世人にとって、食肉用の動物、果物・蜂蜜などの採集、さらに最大の恩恵として材木を供給してくれる有益な資源の宝庫であった。しかし、同時に、森は人々にとって恐ろしい世界であった。オオ

図表2-2-5　森林の《ヒツジ》化としてのヨーロッパ中世

《ヒツジ》化過程 一般的性格		森林の《ヒツジ》化：具体的内容
目的	欲望充足	穀物生産・牧草地拡大のため
対象	外的存在	未開拓の森林
方法	馴致増殖	有輪重量犂・繋駕法革新などのイノベーションで森林を開墾して、三圃制を実施
処遇	絶対支配	森林から耕地・牧草地への転換 農民たちの「自分の土地」への変容

出所）筆者作成

カミ、クマ、イノシシ、オーロックス（ウシの祖先）などの有害で危険な野獣が辺りをうろうろしているどころか、人々の通念の中では人食い鬼や狼男など、物騒な架空の生き物さえ住んでいたからである。その一方で、森は、遠い昔からの神秘的な性格も維持していて、そこには精霊や妖精が住んでいた。すなわち、森は、中世初期までは、人々にとって「外なるもの」であった。

ブナやナラなど落葉樹の森林の足下、下草の下には重い粘土質の土壌が広がっていた。森林によって狭められて狭小な耕地しか残されていなかったうえに重粘土質の土壌が耕作を阻害していたので、ヨーロッパは、気候の点でも、土壌の点でも、本来はムギ栽培には適していない環境であった。

西アジアや地中海沿岸の半乾燥地帯では、耕地は乾いた軽い土壌で覆われていたので、犂で耕す際にも、表面を浅く引っ掻くだけでよかった。それに対して、上記のようにもともと森林に覆われたヨーロッパの大地は狩猟採集には好適であっても、ムギ栽培を志すヨーロッパ人には耕作困難な大地であり、いわば手の届かぬ「外なるもの」であった。

しかし、7世紀後半頃までには、北ヨーロッパでは農民たちが有輪重量犂を使い始めていた。この大型の犂には、通常は8頭のウシかウマが必要であったが、重粘土質の土壌の犂耕には、このような重装備の犂が不可欠だった。この重量有輪犂や繋駕法の改善によって、森林の開拓が進み、ヨーロッパの景観が一新した。その結果、《大開墾時代》に森はその性格を一変させた。森を開墾して犂耕するためには、1本残らず伐採して切り株を完全に除去しなければならなかった。そのため、未開の森は犂耕された耕地へと、急激かつ全面的に転換され、ヨーロッパの可耕地は9世紀から13世紀にかけて、約1000万ヘクタールから約2000万ヘクタールにまで増加したのである（ジェラール 1991：40-41）。

ヒトは、この時初めて自然と向き合い、我が手で征服した。自然を征服して、開墾によって土地を我が物としたのである。この時、土地の編成とヒト・自然との関係に大きな変化が生じた。乾燥地帯では土地は家族が生きるための必要

性に応じて分配されていたし、ヒトは自然の一部であった。ところが、ヨーロッパでは、農民たちが有輪重量犂という森林に対する武器を開発すると、土地の分配は家族の必要に応じてではなく、むしろ、土地を耕す動力機構の能力に基づくことになった（ホワイト 1972：84-85）。ヒトは、もはや自然から制約を受ける受動的な立場ではなく、自然（＝森林）に対して能動的に立ち向かい、思い通りに攻撃して、自然を「馴致」し、耕作地に変えることで「増殖」できる立場に至ったのである。

　中世ヨーロッパの《大開墾時代》に実現したことは、まさに　おのれの「欲望充足」のために「外なるもの」を、「馴致増殖」して、「絶対支配」するという、森林の《ヒツジ》化の過程であった。

2．《新世界》の《ヒツジ》化—古典的な牧畜民的行動様式—

　15世紀末から始まるヨーロッパ人による《新大陸》の征服は、典型的な《ヒツジ》化過程である。スペイン人・ポルトガル人たちは、キリスト教布教と金銀財宝の奪取という赤裸々な「欲望の充足」のためにそれまで未知の世界、すなわち、「外なるもの」であった《新大陸》とインディオ（＝原住民）たちを、暴力と奸計を弄して征服した。征服に際してインディオたちを奸計に陥れて騙したとしても、相手が《ヒツジ》である以上、良心を痛める必要は感じなかった。征服した後は、キリスト教布教という手段で「馴致」し、彼らを奴隷にして銀山などで働かせて、《新大陸》を「増殖する富」に変えたのである。もちろん、奴隷にしたインディオたちはヨーロッパ人の「絶対支配」下にある《ヒツジ》であるので、情け容赦なく取り扱い、天然資源は心ゆくまで収奪した。インディオも、天然資源も、いずれも「家畜」であるのだから、その収奪において、手加減する必要はなかった。

　イギリスの政治思想家ジョン・ロック（1632-1704年）は、自然法・自然権に関する議論で有名だが、彼は、主著『統治二論』（1690年）の「第5章　所有権について」において、ヨーロッパによる《新大陸》征服とその植民地化を

図表2-2-6　典型的な《ヒツジ》化としての《新大陸》征服

《ヒツジ》化過程	一般的性格	《新大陸》の《ヒツジ》化：具体的内容
目的	欲望充足	キリスト教布教と金銀財宝
対象	外的存在	未開拓の大地 インディオたち
方法	馴致増殖	暴力と奸計 キリスト教による洗脳
処遇	絶対支配	インディオの奴隷化 天然資源の収奪

出所）筆者作成

正当化するための理屈をあからさまに表明している。ロックが表明している理屈は、「たとえ人が住んでいても、開発されていなければ、それは無住の地と同様である。より良く開発できるヨーロッパ人がその地を占拠するのは、理に適っている」と要約できる（ロック 2010：324-353）。何よりも労働こそが所有権を生み出すのであり、原住民たちは怠惰なので《新大陸》を活用していない。労働によって土地を開拓できない者たちには所有権はないとロックは主張している。

　遊牧民的な行動原理とは、征服した「外なるもの」を開発して、「増殖する富」に変えることであった。ロックの考えによると、「増殖する富」に変えることこそ、至上の使命であり、「増殖する富」に変えることができない原住民たちには、いつまでも土地を占有している権利はないのである。「増殖する富」に変えるという使命遂行のためならば、侵略行為とその後の土地占有が正当化される。ロックの《新大陸》征服・収奪正当化論にこそ、《ヒツジ》化がヨーロッパ人の根底的な振る舞い方であることが如実に表れている。

3．自然の《ヒツジ》化―近代科学技術がもたらした「環境の資源化」―

　17世紀は、ヨーロッパにおいて自然科学が急速に展開し、ガリレオやニュートンなど、古典力学面で大きな業績が実現し、《科学革命》（バターフィール

ド 1978）と呼ばれる世界観の大きな転換が起きた。この世界観の大きな転換は「世界史において近代の根源をつくった画期的な事件」（伊東ほか 2002：87）と形容される。技術と結びついた科学の発展によって、ヨーロッパはシナ、インド、アラビアなどの他の文化圏を圧倒し、この時期以降、世界制覇を実現してゆく。

　ところで、もともとアリストテレスに代表される古代ギリシャの自然観の特徴は、「生きとし生ける」自然であった。自然を突き放して自己の「外なるもの」と見なすのではなく、人間は自然の中に存在し、その中で生きているという認識であった。これはある意味では、古代以来の日本の伝統に通じる自然観である。自然の万物の中に霊魂を認めるこの考え方は、ヨーロッパの近代的な考え方からすると、無知蒙昧な迷信と見えるのであろう。

　古代から中世にかけて、ヨーロッパ人の「自然観」は大きく変化している。もともと旧約聖書『創世記』によると動物や植物など、人間以外の自然は、「神が許したので、人間がおのれの欲望のために自由に利用できる資源」であった。キリスト教の教えが広まり始めたヨーロッパ中世では、ギリシャ的な「汎自然主義」は否定されて、絶対神を頂点として、人間・動物・植物・鉱物が続く構造的秩序（《存在の大いなる連鎖》）が意識され始める。自然は、このとき、人間からは独立した存在となり、人間とは同質性を持たず、人間の支配下にあり、人間が自由に開発できるもの、すなわち、《ヒツジ》化の対象となった。

　ところで、科学史上で偉大な 17 世紀は、実は、ヨーロッパにとって史上最大の危機の時代であった。科学の華々しい発展の陰で、そして、世界観の一大転換の陰で、それとは裏腹に、17 世紀は、ヨーロッパが物的に深刻な困難に陥っていた時代である。14 世紀から始まった寒冷期（＝小氷期）は、17 世紀にその最盛期を迎え、有史以来、最も気温が低下した時刻となっていた。ムギ栽培にとって、低温もさることながら、この時期に続いた湿潤な気候が大きな痛手を与えていた。長引く低温・湿潤気候は、家畜飼育にとっても不都合であった。その結果、不作が続き、飢餓が広範囲に発生していた。乏しい食糧と資

源を争奪して、諸国は戦争状態に陥り、度重なる戦乱による混乱は社会生活も脅かした。互いの資源をむしり合う凄惨な状況が出現した。経済的・社会的には、飢饉・戦争・ペスト・魔女狩りという、「四苦」に痛めつけられた呪われた世紀であった。

経済的・社会的に困難な状況下にあったヨーロッパ人が、拠り所としたのが、まさにキリスト教を基盤にした自然の開発であった。

自然を人間の下位に置き、資源として絶対神からその活用を許されたという、キリスト教の核心的教義が含意するのは、それまでのギリシャ的な人間性の否定である。キリスト教の浸透によって自らの「非人間化」が次第におし進められるとき、それはやがて自然から人間的要素としての色とか匂いとかいう、アリストテレス的な「第二性質」や「目的意識」や「生命原理」を追放し、もっぱらこれを「大きさ」、「形」、［運動］などの自然自身の要素で数学的・因果的に分析するにいたるのは当然である。従って、デカルトの思想はこうしたキリスト教的自然の概念に暗黙裏に内包されていたものを、最も透徹した形で明示化したのである（伊東ほか 2002：120-121；伊東 2007：348）。

自然の開発は、彼らの原点への回帰、すなわち、《ヒツジ》化であった。中世における自然の疎外（階層構造の中で、自然が人間の「外なるもの」へと位置づけられた）によって、自然と人間との一体感は失われ、17世紀近代において、自然は「外なるもの」として、完全に《ヒツジ》化の対象、すなわち、「増殖する富」となったのである。

図表2-2-7　自然の《ヒツジ》化としての近代

《ヒツジ》化過程 一般的性格		自然の《ヒツジ》化：具体的内容
目的	欲望充足	《神の摂理》の探求
対象	外的存在	自然環境
方法	馴致増殖	科学的分析・理性
処遇	絶対支配	自然の資源化

出所）筆者作成

ルネ・デカルト（1596-1650年）が「機械論的世界像」を確立して、キリスト教の自然概念を明示化した一方で、フランシス・ベーコン（1561-1626年）が「自然支配の理念」を進めて、「自然の操作性」という概念を打ち建てた。デカルト（「機械論的世界像」）にしろ、ベーコン（自然の「操作可能性」）にしろ、今日の科学技術時代においてもそのまま維持されている世界観がこの時点で形成された。自然を「機械論的」に解明し、人間に役立つように「操作」できるという思想の背後にはキリスト教があり、人間によって利用され、支配されるべき自然という確固たる信念があった。ベーコンによると、自然の認識は「神の御業の模倣」であり、それこそが「自然支配」の究極の姿であった。

このような《科学革命》によって、人間による自然の「絶対支配」が確立した。これは、自然を資源として消尽することの全面的な肯定である。もともと自然を「外なるもの」として見なすキリスト教が、近代においてその自然観を完成させることで、自然の資源化（《ヒツジ》化）の思想的基礎を確立し、その最終段階に到達した。このことは、近代ヨーロッパにおける社会思想にも如実に表れている。

この状況の典型的な表出が自然法理論である。自然法の理論家・哲学者トーマス・ホッブス（1588-1679年）は、「自然状態では、人間は万人の万人に対する戦いの状態にあるが、相互の契約によって主権者としての国家を作り、万人がこれに従うことによって平和が確立される」と述べて、自然状態を「万人が万人と戦う」状態と形容したことで有名である。すでに見たようにヒトはその誕生以来99.9％の期間、ヒトの原基的組織とも言うべきバンドで過ごしてきた。バンドこそが、自然状態であるが、そこにおける組織編成原理は《疑似親族原理》であり、組織外の「異人」に対しては猜疑心と敵対心で接するが、組織内においては互いに疑似的な親族として接する「互酬性」がその編成原理であった。このヒトの原基的組織においては、ヒトは組織の一員でしかなく、そもそも現代社会におけるような個人は存在しない。個人を想定した「万人が万人に対して戦う」などという状況は生まれようもなかった。すなわち、ホッブ

スが図らずも想定している自然状態とは、人類史の99.9％を占めるバンドではなく、たかだか7000年ほど前に成立した初期遊牧組織が経験した状態であり、《牧夫》が大量のヒツジを引き連れて、草場を求めてステップをさまよう状況を、自然のもの、すなわち、原基的な状態と見なしているのである。自然法に基づくホッブズとロックの社会観は、牧畜民のその誕生以来の行動様式を色濃く反映している。

　《科学革命》こそ、自然の《ヒツジ》化を完成させた。つまり、自然の非人間化を一層促進し、自然を「外なるもの」に押しやり、その資源としての徹底的な開発を可能にさせた。家畜が最終的に殺されるように、《ヒツジ》化された自然、すなわち、資源化された自然は、この段階に至ると、もはや精霊が宿る神聖な存在ではなく、単に破壊されて、消尽されるだけがその運命となった。それこそが、ヨーロッパ人が採用した17世紀という危機的時代からの脱出の方途でもあった。

おわりに—《ヒツジ》化とは、「外なるもの」を敵に見立てて征服する行動様式—

　初期の牧畜民は野生動物を飼い慣らして家畜化（すなわち、ドメスティケーション）に成功したが、この家畜化という行動様式にその後の経済発展の鍵を見いだして、本書では、この行動様式を一般化して《ヒツジ》化と呼んでいる。

　このような牧畜を起源とする組織編成原理を咀嚼して、自家薬籠中の仕組みとして活用できた人々こそが、のちに世界征服に成功した。《ヒツジ》化過程とは、《原基的資本主義》の発展過程であるが、しかし、この《ヒツジ》化原理だけでは、今日のような現代資本主義はできあがらなかった。のちに見るように、現代資本主義が成立するためには、近代における市場社会という観念と、何よりも化石燃料の大規模動員が必要だった。

　《ヒツジ》化とは、外的な存在を見たら、それを捕獲して馴致して、資源化することを指向する考え方であり、行動様式であり、技術体系である。それは、

同時に、外的存在を敵として見立てる。敵を作り、その敵をいかにして打倒するかという方策の追求である。かかる行動様式を血肉化している文明は、敵がいるところでは強い。例えば、その典型的な事例が西洋医学であろう。西洋医学では、病原菌を敵として戦い、駆除する。しかし、敵がいない場面では無力である。例えば、成人病などの統合医療では、むしろ、東洋医学の方に有効性がある。

　この《ヒツジ》化行動様式は、「敵」のいない場面では、無力どころか、有害かもしれない。自然を敵に見立てたのが、まずユダヤ人であり、次いで、その思想を受け継いだインド・ヨーロッパ語族民であったが、しかし、そもそも自然は「敵」なのであろうか。ここで《ヒツジ》化と呼ぶ、ヒト・動物の基本的な関係が、その後のヒトの歴史を司ってきたのだから、自然を敵に見立てる考えが出現したことこそが、ヒトの歴史の分水嶺であったと言うべきかもしれない。

　しかし、仮にそれが正しいとしても、「《ヒツジ》化が牧夫に特有の世界観であったかもしれないが、しかし、牧夫が牧夫でなくなれば、当然、かかる世界観は放棄されるのではないか」という疑問が湧くかもしれない。確かに、インド・ヨーロッパ語族民は、前３千年紀までに、そのほとんどがステップから出てしまっていて、職業的には牧夫ではなくなっていた。何よりも、現代のヨーロッパには遊牧民など、ほとんどいない。しかし、牧夫が社会層として少数派になったとしても、重要なことは、ヨーロッパ文明は基本的に牧畜文化であり、肉食が維持されてきたという歴史的経緯である。肉食を続ける以上、動物の大量屠畜を避けられなかった。すでに初期遊牧の《ヒツジ》化の段階で、機能本位原理が誕生していたが、原インド・ヨーロッパ語族民において、イヌが《仲介者》に採用されることで機能本位原理が本格的に生成した。

第3章

《仲介者》という、組織編成史上最大の革新
―― 去勢ヒツジか、イヌか。それが問題だ――

はじめに―群居性草食動物の管理には、《仲介者》が不可欠―

　これまで見てきたように、遊牧民は、草原地帯（ステップ）で数百頭の家畜群（例えば、ヒツジ）を抱えて飼養する。家畜飼養を生業とする遊牧民家族を、一つの組織と見なすと、この組織には、三種の動物がいる。①ヒト、②《仲介者》、③家畜群（ここでは、ヒツジ）である。ヒトは、牧夫とその家族しかいない。牧夫の家族は、小規模（平均4人から5人）の親族組織からなる。しかし、この牧夫家族だけでは、遊牧組織は成立しない。遊牧組織が成立するためには、牧夫の親族組織の他に、当然、家畜の大規模な群れ（数百頭）が必要である。家畜なき牧夫の家族は、草原をうろつく浮浪者の一団にすぎない。

　しかし、人間だけで数百頭のヒツジの群れを思いのままに動かすことは不可能である。そこで、草原地帯における遊牧では、牧夫と家畜群の他に、もう一種の動物、すなわち、大量の家畜を警護・制御するために、牧夫の手助けをする《仲介者》が必要である。牧夫の指示に従って、家畜群を警護・制御するのが、《仲介者》の役割である。牧畜専業という遊牧において、牧夫は、多数のヒツジを飼育するために《仲介者》を開発した。《仲介者》なくして、群居性草食動物を飼育することは不可能である。アーノルド・トインビーが、《仲介者》

は遊牧民の天才的な発明だと述べていた（トインビー 1970：43）。従って、この組織には、《仲介者》の役割を果たす第３種の動物（ヒトでもなく、ヒツジでもない）が組織の構成メンバーとして、絶対に欠かせない。少数の支配者が多数の被支配者を管理するのは難しいので、遊牧民は、少数の牧夫で家畜の大きな群れを管理するために、イヌ、ウマ、ラクダそして誘導羊などの《仲介者》を利用する技術を開発したのである。

Ⅰ．遊牧三階層構造における《仲介者》の二つの類型
　―去勢ヒツジか、イヌか―

　典型的な《仲介者》は、①去勢牡ヒツジ・ヤギか、あるいは、②イヌである。しかし、同じ《仲介者》といっても、その組織編成原理上の意義において、両者は大きく異なり、原インド・ヨーロッパ語族民はイヌを《仲介者》とすることで、機能本位原理を観念化することに成功した。

１．去勢ヒツジ

　去勢は牡を人為的に減らして群れの混乱を回避し、併せて優生学上、優れた血統のみを残すことによって遺伝的に品種を改良するという機能を持っている。去勢には、さらにもう一つ重要な機能がある。牡の誘導羊の育成である。谷（1987）によると、地中海地域の牧夫は、種牡候補に残された子羊の中から、特に性格の良い牡を２、３歳の頃に選別し、去勢する。牧夫は、この去勢子羊には、固有の名前を付け、いつもペットのごとく連れ歩き、牧夫の口頭での指示を理解させるべく特別の訓練を施す。牧夫とこの去勢牡との間に親和性が生まれ、牧夫の指示を理解できるようになると、去勢牡は群れに中に放たれるが、ヒツジはその群居性から、その群れの先方にいる個体の行動に追随するという性質を持っているので、牧夫がその去勢牡に指示を出して、ある行動を取らせて誘導すると、残りの群れがそれに従って動くのである。

　かくて、セム系の遊牧民には、《仲介者》として去勢ヒツジ・ヤギを使用す

図表2-3-1　遊牧組織における《仲介者》
―去勢ヒツジか、イヌか―

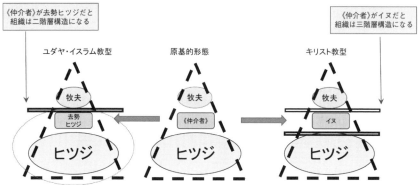

出所）筆者作成

ることが多い。《仲介者》が去勢ヒツジ・ヤギの場合、群れとなっている家畜であるヒツジとは同じカテゴリーに属している。従って、図表2-3-1において、左端の三角形「ユダヤ・イスラム教型」で示したように、この組織では、絶対の主権者である牧夫に対するのは、家畜群であるヒツジと《仲介者》である去勢ヒツジ・ヤギがくくられて一つになったカテゴリーである。この「ユダヤ・イスラム教型」では、去勢ヒツジ・ヤギはあくまでも「同輩中の第一人者」でしかなく、この組織では動物のカテゴリーはヒト（牧夫）とヒツジ（家畜）の二つしかない。この場合、《仲介者》は家畜の群れの先頭に立って、群れを率いる形態になるので、まさに、「同輩中の第一人者」という位置づけになる。かくて、《仲介者》として去勢ヒツジ・ヤギを使用した遊牧社会がセム系のユダヤ・イスラム教社会へと発展した。ここでの基本的な社会的枠組みは、二階層構造である。

2．イヌ（牧畜犬・警護犬）

もう一つの《仲介者》がイヌである。イヌは、もともとオオカミが手懐けら

第3章 《仲介者》という、組織編成史上最大の革新　109

れて、家畜化され、イヌとなった。オオカミはヒツジの恐ろしい捕食者である。ヒツジの群れは、恐ろしいイヌに追い立てられて、群れとして動かされる。図表２-３-１の右端の三角形「キリスト教型」で示したように、この組織では、《仲介者》は家畜の群れとは明らかに異なるカテゴリーに属しており、牧夫（ヒト）→《仲介者》（イヌ）→家畜群（ヒツジ）という、三種の動物が三層構造をつくっている。もちろん、イヌが、今日のヨーロッパで見られるような非常に洗練された技能を有する牧羊犬となったのは、歴史的に中世以降のことである。しかし、前４千年紀末、原インド・ヨーロッパ語族民が黒海・カスピ海北方ステップで大量のヒツジを飼養し始めたとき、すでにイヌが牧夫の傍らにいたのはほぼ確実である。この場合は、恐らく群れをオオカミなどの害獣から守るための牧畜犬・警護犬としての役割を果たしていた。

　《仲介者》としての去勢ヒツジは、初期遊牧組織において、家畜群のヒツジと同じカテゴリーに所属する。しかし、恐ろしい捕食者であるオオカミを祖先に持つイヌが、ヒツジと同じカテゴリーに入るはずはなく、全く別のカテゴリーに属する。イヌが《仲介者》になってこそ、三階層構造が成立する。

　それだけではない。《仲介者》として、去勢ヒツジと牧畜犬とを比較すると、自律性・独立性に際立った相違点がある。去勢ヒツジが、牧夫の完全な指示に従って、付和雷同的な行動を取るヒツジの群れを率いていくのに対して、イヌには一定程度の自律性があり、何よりも、一定程度の自由がある。なぜなら、牧夫の指示で群れを追い立てて管理するのは、牧夫からの庇護と餌の支給という対価があるからで、イヌは、牧夫からの対価に不満があるときは、いつでも逃げ去る自由を有しているからである。イヌを四六時中、鎖に繋いでおくことはできない。そんなことをしたら、《仲介者》の仕事ができなくなる。

　この初期遊牧組織において、牧夫は、いわば、主権を有する神であるかのように、ヒツジの運命を含めて、すべてを決定する全権を持っている。家畜であるヒツジは、いわば神の摂理に翻弄される被造物であるかのように、その生殺与奪の権を握る牧夫の完全な支配下にある。もちろん、家畜であるヒツジも、

図表2-3-2　牧夫・イヌ《仲介者》という、「契約」関係

牧夫・イヌ《仲介者》という、条件付き従属（「契約」）関係 ―遊牧民の組織編成原理の第3様式―	
非捕食関係	牧夫は、イヌと捕食関係にはない。
相対的な上下関係	イヌは、《仲介者》として、牧夫からの命令を受ける下位の立場にある。しかし、生殺与奪の権をにぎられているわけではなく、不満があれば立ち去ることはできるので、一定の自律性と自由は有している。
職能による採用	牧夫は、家畜群の警護・制御という、ヒトには不可能な職務をイヌができるという、いわば「職能」に目を付けて、イヌを《仲介者》に採用した。
「契約」関係	牧夫は、イヌに対して庇護・餌など、一定の便益を与える。その対価として、イヌは、牧夫の命令に従って家畜群の警護・制御という職務を果たす。しかし、気に入らなければ、イヌはこの関係を解消して、この組織から離脱できる。いわば、一種の「契約」関係にある。

出所）筆者作成

　去勢ヒツジも、この組織に完璧に拘束されていて、ここから逃げ出すことはできない。これに対して、イヌは、《仲介者》として、確かに牧夫から指示を受けるのでヒツジと同様に牧夫の支配下にあるように見えるが、しかし、この《仲介者》は、牧夫の庇護などの対価が気に入らなければ、立ち去るなどの一定程度の自由を有している。牧夫との関係は、対等ではないが、いわば「契約」関係であり、イヌは自分の意思で牧夫との関係を解消できる。《仲介者》としてのイヌは、牧夫から見れば、自己の支配下にある動物であるが、一方、ヒツジから見れば、イヌは自己の運命を握る神のごとき存在である。

　原インド・ヨーロッパ語族民は、前4千年紀以降、ステップから出発して四方に分散し始め、西方に進んだ部族がやがてゲルマン人、ケルト人、ローマ人など、現在のヨーロッパ諸国民の祖先の一部となった。彼らは、やがて1千年紀前半からキリスト教を受け入れ始めるが、ヨーロッパ人によるキリスト教受容の特徴のひとつが、「《仲介者》たるイエス・キリスト」という観念の受容であった。それは、「[イエス・キリストが体現する《仲介者》は]二つの極の双方から離れて立つ者である」（リチャードソン 1995：436）という規定に当てはまる。インド・ヨーロッパ語族は、すでに遊牧を開始してから、イヌという「半

神半獣」的な《仲介者》を抱えていたために、「半神半人」的な存在としてのイエス・キリストという観念は、むしろ、彼らにとって理に適っていた。

同じ《仲介者》であっても、ユダヤ・イスラム教の場合は、超越神と人との媒介となる「人」であり、複数存在した。しかし、キリスト教の場合は、「神の子」であり、「二つの極の双方から離れて立つ者」である。この違いは何に起因するのか。

『旧約聖書』に成文化された宗教的信念とそれに依拠する社会構造は、遊牧という生業に大きく依拠している。なぜ、前5000年頃に成立した遊牧がその後の人類の命運を決めたのか。それは、三層構造からなる社会構造をつくり、機能本位原理を案出したからであるが、その鍵は《仲介者》の存在、なかでも、イヌを《牧畜犬》化したことであった。この《仲介者》の差異こそが、遊牧三階級構造において、ユダヤ・イスラム教型とキリスト教型とを峻別したと考える。

Ⅱ. 《仲介者》のヒトへの適用

1. 《仲介者》開発という遊牧民の天才性とその人間管理技術への応用

牧畜という生業を、ヒトが人間管理技術へ応用することは、これまでさまざまの場面で言及されてきた。例えば、群居性草食動物の大量管理における《仲介者》の開発は、アーノルド・トインビーが「遊牧民の天才」のゆえんと述べていたが、他にもフーコーなど、何人もの人々から「人間管理技術へ応用された」と指摘されている。もちろん、奴隷管理にも応用された。それと同時に官僚制、さらに中世におけるキリスト教教会の機能もまた《仲介者》機能と言うべきであろう。ヨーロッパにおける最初の王朝であるフランク王国（ゲルマン人のフランク族が建国）がその後19世紀まで続くフランス王国の礎を築くことができたのも、村々の教区に教会があって、神父たちが《仲介者》として、村民たち（＝ヒツジ）の人心を掌握したからだと考えられる。

前章では、牧夫・家畜群の関係を《ヒツジ》化として見てきたが、《仲介者》

図表2-3-3　去勢牡・誘導羊と宦官との役割位置の同型性

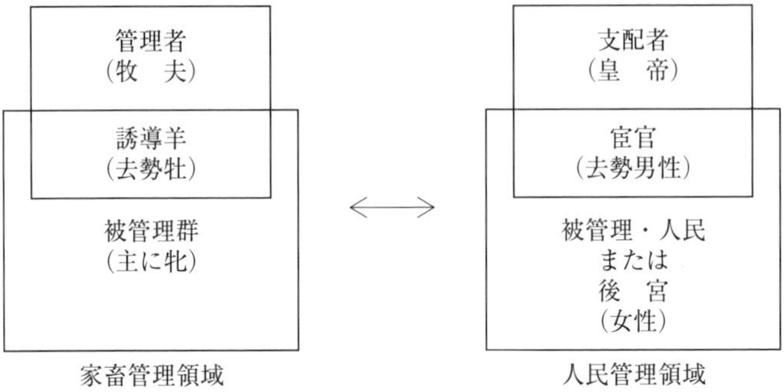

```
┌─────────────────┐              ┌─────────────────┐
│   管理者        │              │   支配者        │
│  （牧　夫）     │              │  （皇　帝）     │
│┌───────────────┐│              │┌───────────────┐│
││  誘導羊       ││              ││   宦官        ││
││ （去勢牡）    ││    ⟷        ││ （去勢男性）  ││
│├───────────────┤│              │├───────────────┤│
││  被管理群     ││              ││ 被管理・人民  ││
││ （主に牝）    ││              ││   または      ││
││               ││              ││   後　宮      ││
││               ││              ││  （女性）     ││
│└───────────────┘│              │└───────────────┘│
└─────────────────┘              └─────────────────┘
    家畜管理領域                      人民管理領域
```

出所）谷（1997：145）

もまた、家畜管理と人間管理の相似性という観点から検討できる。谷泰は、牧畜における《仲介者》という「遊牧民の天才」（トインビー）が生み出した傑作と、専制帝国における官僚組織との間に、きわめて類似した管理手法が見いだせると考え、「おそらく家畜管理技法としての誘導羊の利用が先にあって、それが人間領域に転用された可能性の方が高い」と見なしている（谷 1992：57-58）。牧畜と奴隷制がともに同じ地域で展開されているのならば、牧畜での管理手法を人民管理領域でも適用するのは、むしろ自然なことであろう。

2．管理手法としての《仲介者》

専制帝国において、多数の人々を支配するのに《仲介者》（宦官やイェニチェリなどの奴隷出自の官僚組織）を置いて安定的な統治体制を形成した王朝は長期間存続した。この遊牧民的な統治体制、あるいは、その人間管理技術の洗練性（「遊牧民の天才性」）を強調したのが、トインビーである。遊牧民による王朝の統治体制のキーワードは、《仲介者》、あるいはもっと直截的な表現では、《人間番犬》である。遊牧社会において、《仲介者》は、管理者である牧夫の補助者として、その意向を受けて、群れとしての大量の家畜を管理・統制する役目を担っている。《人間番犬》とは、遊牧民系の専制帝国にあって、《仲介

者》としての一連の職務を遂行する官僚たちである。シナの諸王朝における宦官やオスマン帝国における奴隷たちがその代表的な存在である。遊牧民による天才的組織経営には、「秘密」があった。ヒツジの群れを管理・監督するのに、リーダー羊やイヌなどを活用したように、被支配者の中から《仲介者》を選抜して、育成し、圧倒的大多数の被支配民族を治めたのである（トインビー 1970：43）。高度な人間管理技術に、家畜管理技術としての去勢と《仲介者》という技法が活用されていたのである。

　遊牧民による征服国家で例外的に長命だった帝国として挙げられるモンゴル帝国とオスマン帝国には、この《仲介者》育成システムが機能しており、奴隷や異民族から軍人や行政官を養成していた。例えば、オスマン帝国では、イェニチェリと呼ばれた親衛隊が皇帝を取り巻いて権力の中枢にいた。彼らは(1)両親がキリスト教徒かその子孫であり、(2)皇帝の奴隷としてこの機構に入り、かつ、いかなる富と権力をふるえる偉大な地位に昇ろうとも、全生涯を通じて皇帝の奴隷のままであった。彼らは皇帝に対する絶対の忠誠心を持っていたので、皇帝は彼らを信頼して高位・高官に付けた。

　独裁者たる皇帝が信頼できるのは血縁者だけである。しかし、血縁関係者だけで多数の被支配層を治めることは不可能なので、中間的な管理者が必要となった。そこで、例えば、テュルク系などの奴隷（マムルークと呼ばれた）を外部世界から導入するのである。《人間番犬》のシステムは、血縁と家柄を無視して支配層の一部を形成するのだから、人間を能力によって登用する遊牧民的な能力主義が敷かれていることになり、この限りで非常に革新的な制度であった。

Ⅲ．初期遊牧組織の組織編成原理――異種の動物の組織内への取り込み――

　かくて、400ないし500万年間続いてきたバンドという同質的な親族組織の傍らに遊牧組織という、異種の動物を抱えた、異様な組織が忽然と現れた。イヌが《仲介者》として採用されたとき、牧畜という生業の開始が持つ組織編成

原理史上の真の意味が現れ出た。そこで、遊牧組織における組織編成原理を、機能的分業という視角から、三つにまとめてみよう。図表2-3-4「牧畜社会の成立」には、バンドと対比した「初期遊牧社会」の組織編成原理の特徴を整理している。ここでは、それぞれ《疑似親族原理》と《機能本位原理》として対比させている。

1．機能本位の原則

　バンドにおいては、構成員は、そもそも選ばれているのではなく、血縁・婚姻によって、もとから組織内に「いる」。それに対して、牧畜社会での家畜群と《仲介者》（牧畜犬）は、それが果たすべき機能によって選択されている。

　すなわち、《牧夫》が、ヒツジやヤギなど、野生動物を家畜化したのは、それらが乳・肉・毛などを供給する機能を欲しかったからであり、イヌを牧畜犬にしたのは、《仲介者》（群居性動物の管理）という機能が必要であったからである。つまり、牧畜民は、まず何よりも、ヒツジやイヌなどが供給してくれる機能（あるいは、能力・適性など）が欲しかったから、それらに目を付けて、構成員として、この分業体制（つまり、組織）へと組み入れた。食糧供給源として、役に立たない動物を家畜化しないし、《仲介者》として機能しない動物を牧畜犬にはしない。

2．外部調達の原則

　バンドにおいて、何か新しい仕事が生じた際には、内部のヒトをそれに充てる。すなわち、内部調達である。一方、牧畜組織では、構成員獲得は外部調達による。

　走り廻ってヒツジを管理するのは、イヌにしかできない。牧夫の兄弟や子供など、既存のヒトをその職務に充てようとしても、任務遂行は不可能である。数百頭のヒツジを管理するのは、人間業ではないからである。牧夫の家族には、《仲介者》という職務を遂行するに足る能力・適性の持ち主はいない。そもそ

も、《仲介者》たる機能をヒトは持ち合わせていない。どうしても、イヌという（ヒトではないが）異種の動物にかかる任務を遂行させるしかない。

そこで、必要とあらば、家族外から、しかも、異種の動物の中からでも採用するのである。分業形成において、外部から適材を導入する。異質なメンバー

図表2-3-4　牧畜社会の成立—組織編成原理の分水嶺—

バンド（小規模親族集団）		組織構成員		原基的牧畜社会
小規模親族集団であるバンドでは、構成員は親族から成っているので、そもそも「選定」という作業はなじまない。選定する前に、誕生や婚姻によって、**もとから「いる」**のである。	選ばれるのではなく、もとから「いる」	選定基準	機能本位	《ヒツジ》の機能とは、乳・肉・毛など、有用な資源を供給することである。この役割をヒトが果たすことができない。牧畜犬の能力をヒトが果たすことはできない。この組織編成原理では、かかる機能本位で構成員を選定する。
小規模親族集団では、男女間、年齢間で仕事が振り分けられる。この分業は、**もとからこのバンド内にいる**構成員に仕事を与えるという、内部調達方式である。	内部調達	選定方法	外部調達	ヒトは《ヒツジ》にはなれず、牧畜犬にもなれない。必要な機能を果たせるのは、外部の動物である。そこで、ヒトとは異種の動物でさえ、**必要とあらば、組織の構成員として取り込む。**
親と子、本家と分家など、親族間の血縁的な位階制は存在する。しかし、基本的に、同じ親族内の「仲間」、あるいは「広義の家族」であり、相互に対立するような「階級」は存在しない。	親族（疑似的家族）	組織構造	絶対支配	《ヒツジ》は、牧夫とその家族の生活を支えるために、乳・肉・毛を供給する。牧夫の絶対的な支配下にあり、生殺与奪の権を握られている。この上下関係は絶対的である。《ヒツジ》が牧夫と「仲間」になることはありえない。牧畜犬も、牧夫の支配下にあるが、あくまで協力者であり、同列には位置しない。

出所）筆者作成

を抱える組織が形成されるにあたって、牧夫は、ヒトからなる原基的な組織の外から、メンバーを連れて来た。

　もちろん、《ヒツジ》についても、その能力・適性（肉・乳・毛を供出する）を担う者は牧夫の家族の中にはいない。家畜の機能の牧夫による活用こそが家畜化の目的なのである。

　ヒツジは、当然、動物である。そのうえ、《仲介者》は、何よりもまず牧畜犬である。イヌはヒトではない。ましてや、同じ部族、氏族、親戚、つまり、仲間に属する存在ではない。牧畜民は、自分の親戚ではないが、その能力を買って、イヌを採用し、訓練して、《仲介者》とさせたのである。分業を形成するには、たとえ異種の動物であろうとも、その能力・適性を基準に組み込む。異種の動物でさえ牧畜においては組織に組み込めたのであるから、戦争で捕虜にした異民族を、分業に組み込むのは、むしろ、自然の成り行きだった。

　イヌは、自分たちの親戚でもなければ同族でもなく、全くの異種の動物である。しかし、全くの外国人であろうが、異種の動物であろうが、その能力が職務に最適ならば、その能力を買って、彼を採用し、職務に就けるのである。人類誕生以来、400から500万年間、ヒトは組織といえばバンドしか知らず、つまり、血縁・婚姻でつくる親族組織しか知らなかった。牧畜民が開発した《仲介者》採用のこのシステム、これは、組織の外に、有能な人材を求めて、外の市場から採用するというシステムの原型と言うべきである。牧畜犬は、史上初の専門家（プロフェッショナル）と呼べるであろう。

3．絶対支配の原則

　バンドにおいて、親と子、本家と分家など、親族間の位階制は存在するが、子も歳を取ればやがて親になるように、この位階制は相対的・一時的・可逆的である。例えば、高校の学年のクラス編成で、成績順にクラス分けをするという区分は、次回の定期試験での成績によって来年度は再編成されるので、ここでいう、相対的・一時的・可逆的な位階制である。

それに対して、家畜群としての《ヒツジ》は、牧夫の家族のために生存させ、その生殺与奪の権は、牧夫が文句なく握っている。牧夫が命令し、《ヒツジ》はそれを受けるだけであり、しかも、最終的にはその肉を食うために殺すという、絶対的・一方的な関係が存在している。《牧夫》と《ヒツジ》との関係は、絶対支配の構造である。《ヒツジ》が優秀になったからといって《牧夫》と入れ替わるなどという互換性は微塵もない。《ヒツジ》はいくら努力しても永久に《ヒツジ》のままである。《牧夫》はヒトであり、《ヒツジ》は永遠に動物なのだから。牧畜犬も、《牧夫》と一定の親和性はあっても、《牧夫》からは一方的な命令を受ける関係である。牧畜犬が牧夫に指示することはありえないし、ましてや《ヒツジ》が牧夫に命令することはありえない。この分業体制における位階制は、上下関係がきわめて厳密に形成されていて、厳格な階級構造を形づくっているので、絶対的・恒久的・不可逆的という性格を持っている。

Ⅳ. ヨーロッパ・キリスト教世界における《仲介者》

1. 一神教における《仲介者》の重要性

　絶対神・超越神と、常人である信徒は直接交信できないのだから、神と人との間をつなぐ媒介となる者が必要である。その神と人との媒介となる者が《仲介者》である。啓示や救いの問題に関して超越的世界と人間の世界とを仲介する存在、あるいは、神と人との間に入って、何らかの仲介者的役割を果たす者といえよう。

　かくて、超越神が支配する一神教世界では、そもそも《仲介者》が不可欠なのであるから、《仲介者》的役割を果たした者は、数多くいた。「宗教史を見ると、啓示や救いの問題に関して超越的世界と人間の世界とを仲介する存在として多くの実例があったことが分かる…。まじない師、祭司、グールー、預言者、神王（sacred kings）、権現、大宗教の教祖など」。従って、絶対神・超越神を認める宗教には、なんらかの《仲介者》が複数存在することは、少しもおかしくない。ユダヤ教にも、《仲介者》は多数いた。「旧約聖書の宗教においては、

預言者、祭司、土師、王などはすべて、律法や犠牲の儀式などと同じく、イスラエルの聖なる神と罪に迷う選ばれた民との間を仲介するものである。これらの仲保者［《仲介者》と同意。以下、同様］は神の意志を民に知らせ、神の裁きと神の憐れみとを宣告し、民に向かっては神を代表し、神に向かっては民を代表する」(リチャードソン 1995：436)。

　つまり、ユダヤ教には、超越神と人との仲立ちをする者は数多くいたのであるが、しかし、キリスト教徒にとって、「イエス・キリストこそ真の仲介者である」。キリスト教界における標準的な解釈では、《仲介者》はイエス・キリストであり、その他にいない。『旧約聖書』で《仲介者》(ギリシャ語で、メシテース) は、神と人との仲介者的役割を果たす者、また、『新約聖書』でも神と人との間で取りなしをする者とされるが、「とは言え、冒頭に聖句［Ⅰテモテ 2・5］を挙げたごとく、仲介者のゴールはイエス・キリストにある。旧・新約のいかなる偉大な人物をもってきても、あるいは私たちの仲介の務めがいかに重大であるかを述べてみても、イエス・キリストこそ真の仲介者であるという一事の前には、一切が光を失ってしまう。…唯一のまことの霊なる神との間に、主イエス・キリスト以外の仲介者を設けことははなはだしい罪である」(宇田 1991：900)。「こうした仲保者としての役割のすべてがイエス・キリストにより引き継がれ、しかも最終的・永久的にまっとうされるとの教えが新約聖書の宗教の要をなす原理である。…［プロテスタントもカトリックも］基本的には、キリストが我々に救いをもたらすことのできた唯一無二の仲保者であるとする点で食い違いはない」(リチャードソン 1995：436)。

　すなわち、超越神を認める宗教では、《仲介者》は珍しい存在ではなく、複数、あるいは、多数存在しうるが、しかし、キリスト教界では、《仲介者》とはイエス・キリストのことだけを指しているのである。

2．イエス・キリストという、真の《仲介者》

　《仲介者》の意味することがユダヤ教とキリスト教とで異なっているとはい

え、《仲介者》論は、キリスト教界では、むしろ、お馴染みの枠組みであり、ヨーロッパ人の世界観に適合的な論理立てであろう。《仲介者》という言葉にキリスト教徒が込めた含意が肝心だと思うが、では、いかなる含意が込められているのであろう。

《仲介者》が果たす役割は、超越神と人との間の仲立ちであるが、しかし、キリスト教では、それに留まらず、「［トマス・アクィナスによると、］キリストは人間であることによってのみ神と異なる存在であり得るのであり、また完全なる人間としてのみ罪ある人間と異なる存在であり得るが、仲保者としての務めを果たすためには『二つの極の双方から離れて立つ者であることが必要である』からである」（リチャードソン 1995：436）。

すなわち、イエス・キリストは、「二つの極」、つまり、神からも、ヒトからも、ともに離れて立っている。神のように見えるが、神でもなく、ヒトの形を取っているが、ヒトでもないのだからこそ、《仲介者》となっていると、キリスト教界は考える。《神 → 仲介者 → ヒト》という、三階層構造において、最上位とも、最下位とも、双方の極から離れて立つ存在、そういう役割を果たせ

図表2-3-5　遊牧三階級構造のキリスト教化

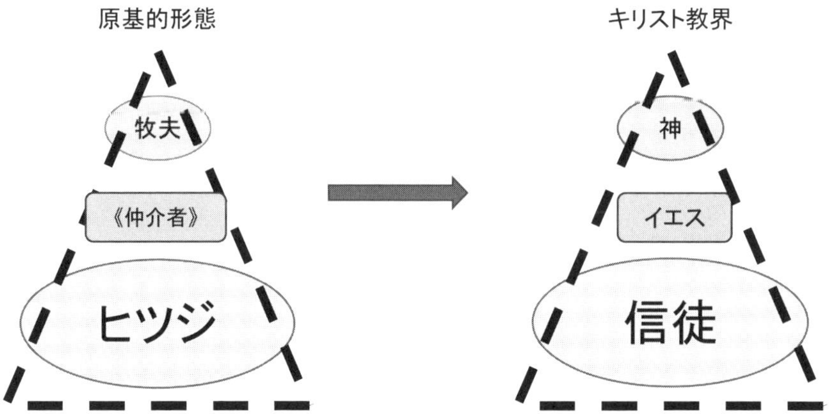

原基的形態　　　　　　　　キリスト教界

牧夫　　　　　　　　　　　神
《仲介者》　　　　　　　　イエス
ヒツジ　　　　　　　　　　信徒

出所）筆者作成

る者、それが、キリスト教における《仲介者》である。そうであるからこそ、キリスト教では、基本的に、そもそもイエス・キリストだけが真の《仲介者》として設定されている。

　一神教の神は人智を越えているから、そのままでは人は交信できない。神と人とをつなぐ《仲介者》が、一神教では不可欠になる。その場合、《仲介者》は、必ずしもイエス・キリストだけではなく、何人いてもいいし、しかも、人間であるというのが、ユダヤ・イスラム教の教義である。

> これこそがまさしく典型的なユダヤ教的態度なのである。／他方、人間のかたちをとった神を信じるキリスト教のほうは、少なくともこの世の諸物に関するかぎり人間中心主義的である、あるいはその傾向をもつ。ユダヤ教徒にとっては、イスラム教徒にとってと同様に、神が人になると想定することは冒瀆的なのである。なぜなら他宗教の多くの場合に、神は人になる如く、牛にもなれば、猿にもなるようにみえたからである。自然に対するキリスト教独自の態度は、大部分その人間中心主義から出てくる。たとえばカルヴァンの場合、神は「いっさいのものを人間のために造った」(『キリスト教綱要』第一編第14章22) ことを堅く信じて疑わない。カルヴァンの議論によれば、もし神が一日を選べば、その一日で世界の創造は完了したのである（パスモア 1998：18）。

　人間のかたちをとった神を信じるキリスト教は優れて人間中心主義的であるというパスモアの考えはその通りであろう。教義の中で、ますますイエス・キリストへの志向を強めようというのだから、人間中心主義を強化しようという発想であり、やはりキリスト教（西方のキリスト教）はリン・ホワイトが言ったように、「きわめて人間中心主義的」である。そもそもイエスを《仲介者》として規定した時、キリスト教が人間中心主義化への道を歩み始めた。

　さらにここで、パスモアが、「ユダヤ教徒にとっては、イスラム教徒にとっ

てと同様に、神が人になると想定することは冒瀆的」だと述べていることが重要である。ユダヤ・イスラム教徒にとって容認しがたいのが、イエスは「神の子」という設定、すなわち、「神でもあり、人でもある」という属性であろう。逆に、キリスト教徒にとって、「イエスが神であり、人でもある」という属性はどうしても守らなければならなかった。キリスト教徒にとって、この属性は、絶対に守らなければならない信仰の核である。キリスト教徒にとって、イエスがただの人間であってはいけないのである。

　なぜ、ユダヤ教から別れて誕生したキリスト教は、イエス・キリストに、かかる特異な属性を付与したのであろうか。なぜ、ヨーロッパ人は、1千年紀前半に、《異教》からキリスト教へと転向した際に、かかる特異な《仲介者》の属性を受け入れて、今日まで1500年間以上、その信条を維持してきたのであろうか。

　原インド・ヨーロッパ語族民は、前4千年紀以降、ステップから出発して四方に分散し始め、西方に進んだ部族がやがてゲルマン人、ケルト人、ローマ人など、現在のヨーロッパ諸国民の祖先の一部となった。彼らは、やがて1千年紀前半からキリスト教を受け入れ始めるが、ヨーロッパ人によるキリスト教受容の特徴の一つが、「《仲介者》たるイエス・キリスト」という観念の受容であった。それは、先に見た「[イエス・キリストが体現する《仲介者》は]二つの極の双方から離れて立つ者である」（リチャードソン　1995：436）という規定に当てはまる。インド・ヨーロッパ語族民は、すでに遊牧を開始してから、イヌという「半神半獣」的な《仲介者》を抱えていたために、「半神半人」的な存在としてのイエス・キリストという観念は、むしろ、彼らにとって理に適っていた。

　かくて、《仲介者》としてのイヌは、まさにフィンクがいう、「半神半獣」のケンタウロス的性格を持っている。この「半神半獣」的な《仲介者》こそが、「ヨーロッパ的世界秩序構築のための原型的パターン」（フィンク　1983：59）となった。ヨーロッパ思想において、折に触れて、このタイプの《仲介者》的な

発想が前面に出てくるのであり、社会的にも重要な役割を果たしている。ヨーロッパ人は、組織の中に《仲介者》がいないと落ち着かないと感じ、《仲介者》を「ヨーロッパ的世界秩序構築のための原型的パターン」と認識しているのは、まさに《仲介者》こそが、しかも、イヌを《仲介者》としたことが、彼らの遠い祖先、原インド・ヨーロッパ語族民が、前4千年紀に、黒海・カスピ海北方ステップで自己の部族的アイデンティティを確立する契機となったからである。

おわりに―機能本位原理の生成―

《仲介者》、とりわけ、イヌが《仲介者》として採用されたことが意味するのは、その者（イヌだが）が有する職能を基準に採用して、組織内へと当て嵌めるという専門職採用方式の開発である。牧夫は、自分たちヒトができない職能（《ヒツジ》の大群の管理・護衛）を基準に、外部からプロフェッショナルを連れてきたのである。ただし、組織内に組み込む際には、あくまでも「自分の部下」として、位階の面では下位に置いた。機能を決定したあとで、最適の人材をその仕事に当て嵌めるという、機能本位原理の誕生と言えよう。

分業形成のやり方としては、かかる外から連れてくる《機能本位原理》方式か、中から育てる《疑似親族原理》方式のいずれしかない。初期遊牧社会の形成によって、「外部から動物（人間を含む）をその能力・適性に応じて調達し、組織の中にしかるべき階級として組み込む」という方式が形成された。

《機能本位原理》という組織編成方式の利点は、《疑似親族原理》が持っていた組織拡大の固有の障害を克服して、組織の拡大が容易になったことにある。ヒトを外部から職能を基準に調達するという、この組織編成原理が発展して、今日まで生きながらえてヨーロッパ文明の底流に流れていると考える。ヨーロッパ社会における階級意識・階級闘争の現実が何よりもその残滓である。

フィリップ・スミスによると、人間が直接、かつ選択的、積極的に介入することが必要だった栽培・家畜化しがたい穀物と群居性の動物とに基づいた、近

第3章 《仲介者》という、組織編成史上最大の革新　123

東に由来する経済形態は、『介在者（インターベンショニスト）』（《仲介者》と同じ）というメンタリティを生むことになった。このことが、宗教と社会の領域に、牧夫とヒツジ、あるいは神と人という心的態度を際立たせることになったし、奴隷制に基礎を置いた生活様式へと、もう少し後には資本主義的な生産様式へと傾斜させることになった。その一方で、極東とオセアニアでは、飼育された群居性動物はほとんど重要性を持たなかった。ここでは農耕は、根茎栽培に強く依存していた。この農耕法では、挿し木のような栄養生殖によって作物を増やすので、近東とは一味違った、植物とのより深い関係が要求される。この結果として、人間の心的態度は、非介在者としてのものになり、また間接的である（スミス 1986：155；HAUDRICOURT 1962）。

　群居性動物の管理という牧畜文化に固有の技術・社会的慣行はヨーロッパ文明の特徴を考えるうえで重要である。征服した民を《人間家畜》として管理し、少数の支配者で多数の《人間家畜》を統御するために、《人間番犬》という仲介者の機能を発達させた。すなわち、オードリクール（HAUDRICOURT）のいうように《仲介者》というメンタリティは、大量の動物を管理する技術を発展させて、のちに、多数の人間を管理するヨーロッパ方式を生んだからである。

　ヨーロッパ文明と日本文明とを比較する際には、この牧畜文化の有無に留意すべきであろう。人間を管理する手法として、《人間家畜》と《人間番犬》の意義を強調したのがトインビーであった。彼によれば、遊牧民は、征服した民を《人間家畜》として奴隷にして、さらに、少数の支配者で多数の奴隷を管理するために《人間番犬》という仲介者の機能を発達させた。原インド・ヨーロッパ語族民において、イヌが《仲介者》として位置づけられたことは、機能本位原理が生成し、疑似親族原理とは別の新たな組織編成原理へと向かうきっかけになったのである。

第4章

原インド・ヨーロッパ語族民の生成と《三機能イデオロギー》
——狩猟採集民が農牧を習得して定住し、そして、遊牧を開始した——

はじめに

　今や国際的な意思伝達の道具となった英語を始め、世界中で話されているインド・ヨーロッパ語族に属する言語は、今からおよそ6000年前、黒海カスピ海北方ステップに棲息していた遊牧民の一団が話していた言葉がもとになって、その後、さまざまの時期にさまざまの場所で分岐して、今日に至った。祖語を話していた彼らは、原インド・ヨーロッパ語族民（Proto-Indo-Europeans）と呼ばれている。やがて彼らの子孫は、（本書で言う）《機能本位原理》を自家薬籠中のものにすることで、物質文明を案出し、自己の文明の流儀を世界に無理強いすることに成功した。それは、彼らが世界の覇者となることと同義であった。

　先史時代に遊牧という生業を開始したのは原インド・ヨーロッパ語族民だけではなく、セム系、チュルク系、モンゴル系など、さまざまの民族の遊牧民がいた。遊牧民は、メソポタミアの沖積平野などで灌漑農耕にいそしむ定住民とは異なり、史上最初に土地から離れて遊動的に暮らす人々であり、その限りで自然と切り離されていて、独自の合理的な考え方をする人々であった。すでに前章までで見てきたように、遊牧にこそ、機能本位原理の生成の起源があった。

遊牧民が土地から切り離された最初の人々であり、その限りで「合理的な」思考ができる人々であったとはいえ、インド・ヨーロッパ語族民以外の遊牧民も、同様の資質を持っていたのではないか。では、なぜ、インド・ヨーロッパ語族民が、他の遊牧民を差し置いて、世界の覇者となることができたのであろうか。

　まず、彼らこそが、ウマの家畜化に成功した人々であることが大きい。そして、何よりも、彼らが、疑似親族原理と比較しての初期遊牧組織の特異性を見てとり、そこから機能本位原理を抽出して、彼らの世界観をイデオロギー（社会についての共有観念体系）として練り上げることができたことが決定的であった。《三機能イデオロギー》という彼らの信念は、「世界は三つの階級からできており、われわれが主権者として、その全体を支配し、統括する」という、世界の成り立ちに関する共有信念である。同時に、この共有信念はイデオロギーとして、現実へと適用されるべきものであった。

Ⅰ. 農耕・牧畜のヨーロッパへの伝播と狩猟採集民によるその受容

　農耕牧畜は、ヨーロッパへ、いつ、いかにして、伝播したのか。すでに、本書第2部第1章「遊牧《社会》の成立」で見たように、メソポタミア周辺の草原地帯（ステップ）で、遊牧民が棲息し始めるには、その前史として、すでに長年月に渡る農牧文化の発展と成熟が必要であった。前8000年頃、中東の《肥沃な三日月地帯》で、ムギ作が始まり、さらに、ヤギ・ヒツジが家畜化されて、オリエント農牧文化が形成された。前6500年頃までに、アナトリア経由で、ギリシャに、そして、バルカン半島南部に農耕と牧畜が伝播して、農牧文化が花開いた。リトアニア出身の考古学者マリア・ギンブタス（1921-1994）は、ドナウ川下流域に展開したこの新石器農牧文化を、《古ヨーロッパ》と名付けた。ギンブタスによると、《古ヨーロッパ》では、バルカン半島南部の小規模集落に居住する農耕民が、母系制的な組織を有し、非戦闘的、母神中心の信仰を営んでいた。《古ヨーロッパ》の非インド・ヨーロッパ語族系の農耕民は、

後の青銅器時代に生成する原インド・ヨーロッパ語族民が、父系制であり、戦闘的な遊牧民であったことと、際立った対比をなしており、やがてステップから侵攻してくるインド・ヨーロッパ語族民によって征服されてしまうというのが、ギンブタスの《クルガン仮説》である（クルガンは、原インド・ヨーロッパ語族の墳丘墓）。

前5800年頃、農牧民が、黒海カスピ海北方ステップ、カルパチア山脈東の麓に到着し、それから2000年間、前3800年まで、狩猟採集民との接触が続い

図表2-4-1　西アジア農牧文化の生成からステップでの遊牧開始までの伝播経路

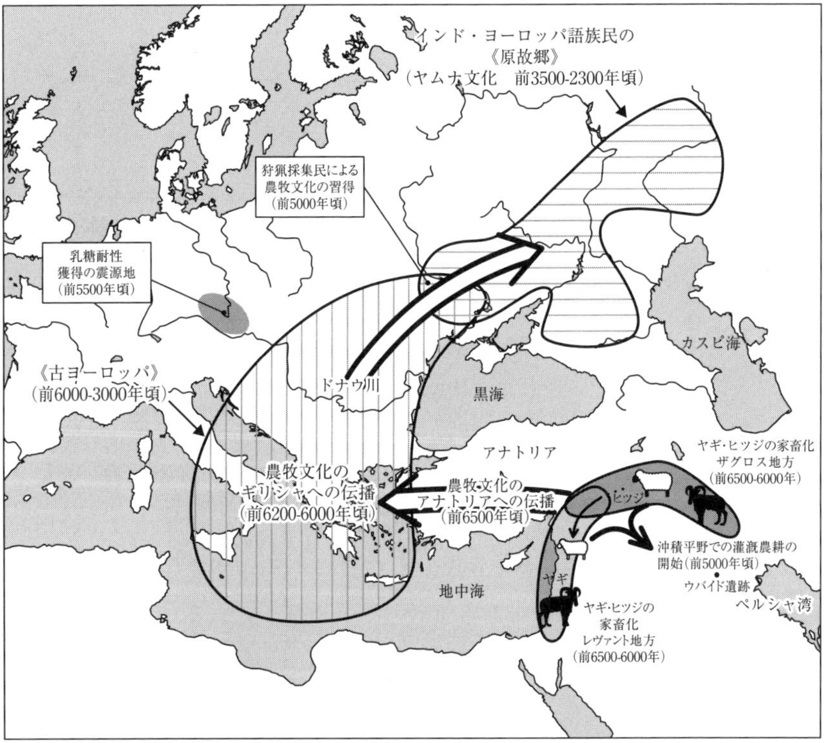

注）⇒農牧文化の伝播経路
出所）ギンブタス（1989）、藤井（1999）、ANTHONY（2007）から作成。

た。前5200-5000年に、ククテニ・トリポリエ文化が非インド・ヨーロッパ語族民による農耕文化として、《古ヨーロッパ》と黒海カスピ海北方ステップとの境界地域に成立した。前3000年頃まで存続して、他の《古ヨーロッパ》文化よりも1000年ほど長命であった。おそらく前5200年までは、農牧民と狩猟採集民との境界線は、ドニエストル渓谷だった。それより先には農牧は進出していなかったのであり、狩猟採集民は、食料生産に携わることなく、狩猟採集を継続していたらしい（ANTHONY 2007：158）。

Ⅱ．原インド・ヨーロッパ語族民の生成

1．スレドニ・ストグ文化(前4400〜3400年)—前期・原インド・ヨーロッパ語族民—

ククテニ・トリポリエ文化が定着したバルカン半島南部の北方には、黒海カスピ海北方ステップが広がっていて、そのステップと南方の平野との境界領域には、狩猟採集民が暮らしていた。彼ら狩猟採集民がククテニ・トリポリエ文化と接触することで、前5200年頃までに、農牧文化を習得して、初歩的な農耕と家畜飼育を開始した。彼ら狩猟採集民による定住的な農牧文化をスレドニ・ストグ文化（前4400〜3400年）と呼んでいる。スレドニ・ストグ文化の担い手は、アナトリアから渡来してきた農耕民とは異なる言語を話す狩猟採集民であり、彼らこそが原インド・ヨーロッパ語族民の先行的な人々（前期・原インド・ヨーロッパ語族民）であると考えられる。かくて、黒海カスピ海北方ステップで、前4500年頃になると、狩猟採集民が遊牧を開始した（ただし、この時期はまだウシ中心か）。原インド・ヨーロッパ語の祖語には、犂とか、ムギなどの農耕関係の一連の言葉があったことが確認されていて、原インド・ヨーロッパ語族民が生成した際には、遊牧民という性格と同時に、農耕民という性格も持っていた。原インド・ヨーロッパ語族民について、「半農半牧」と規定されるのは、定住して農耕にも従事していたからであろう。

ステップでの遊牧を可能にした技術革新の中でも、ウマの家畜化と騎乗の開始が大きな意義を持っている。ウマは、すでに新石器時代に農耕が開始される

ときには家畜化されていたという説もあるが、通常、ウマの家畜化に関する最古の証拠は、前4000年頃のもので、黒海北方のステップ地帯にあるデレイフカ村（ウクライナ）の遺跡とされている。この遺跡からは馬銜（ハミ）も見つかっているので、このスレドニ・ストグ文化の時代から、すでに人がウマに乗っていた（＝騎乗）。

かくて、メソポタミア周辺でのムギ作開始後、およそ3000年が経過して、ようやく前5000年頃、ステップ近傍の狩猟採集民が農牧文化を受容し、生活圏をステップに広げるために、遊牧的な適応を始めた。ちょうど、前5000年頃には南部メソポタミアで灌漑農耕が開始され、いよいよ沖積平野で人々の居住形態が都市化に向けて拡大する時期に当たっていた。つまり、農耕が開始され、ヤギやヒツジなどの中型の群居性草食動物が家畜化され、沖積平野での灌漑農耕が開発されたという状況が整って、そのうえで、狩猟採集民による農牧文化の受容の結果として、遊牧が生成した。

前5200年頃までにステップへのウシ飼育の導入が始まり、それと同時に、人口移動も始まった。スレドニ・ストグ文化こそ、初期の原インド・ヨーロッパ語がステップで話され始めた画期的な時期である。この文化の特徴は、(1)ステップ内部経済の熟成、(2)社会的ネットワークの熟成、(3)《古ヨーロッパ》との新しい関係の構築だと、アンソニーは総括している（ANTHONY 2007：240)。

2．ヤムナ文化（前3500～2300年）―後期・原インド・ヨーロッパ語族民―

前3500年頃までに、ステップの狩猟採集民が初期農耕と家畜飼育を習得していた。かくて、前4千年紀半ばから前3千年紀半ばまで、南ブーク川、ドニエストル川、ウラル川に挟まれたウクライナと南ロシアの草原地帯（黒海カスピ海北方ステップ）において、銅器・青銅器文化が台頭した。このヤムナ文化の担い手こそ、後期・原インド・ヨーロッパ語族民であり、この文化が展開した地域こそ、原インド・ヨーロッパ語族民の《原故郷 Homeland》と考えられ

第4章　原インド・ヨーロッパ語族民の生成と《三機能イデオロギー》　129

ている。

　ヤムナ文化民は、遊動生活を送り、ウマに乗っており、基本的に遊牧民であったが、同時に、川沿いの耕作地で、農耕も行っていた。元々の狩猟採集民が、ククテニ・トリポリエ文化との接触を経て農牧文化を受容したのち、家畜文化をステップの環境へと応用したのである。ステップ地帯で遊牧を営むためには、数々の技術革新が実現しなければならなかった。

　早期ヤムナ文化が、前3300年までに黒海カスピ海北方ステップの全体に拡散すると、地域間の変異が生じた。その結果、後期・原インド・ヨーロッパ語族民が各地に生息するようになった。その一環として、やがてドナウ川流域への遊牧民文化が拡散すると、《古ヨーロッパ》は崩壊していった。

　狩猟採集民が、先進的な農耕定住民と接触して、農牧文化を受容し、習得した。その結果、一時的に定住するが、その定住民の中から、ステップへ進出して、遊牧を開始する人々が出現した。

3．遊牧開始を可能にしたイノベーション

　前4500年頃に、ステップでの家畜飼育（＝遊牧）が開始され、原インド・ヨーロッパ語族民があえてステップでの遊牧に打って出たことは、遊牧と原インド・ヨーロッパ語族民の生成とが密接に結びついていたことを示している。遊牧が可能となったのは、緬羊の大量飼育という市場の要請を背景に、ウマの家畜化と騎乗、スポーク式車輪付きの荷車（wheeled wagon）の開発、そして、イヌの《仲介者》化という、一連の技術革新が実現したおかげであった。

　1）ウール（羊毛）製品という、市場創造型商品の出現

　メソポタミアの丘陵地帯で開始した農牧文化がアナトリア経由でギリシャに、そして、バルカン半島南部に伝播してくると、やがてステップ周縁部の狩猟採集民が農牧文化を学習・習得した。彼らは、定住して、半農半牧生活を送っていた。

　一方で、メソポタミアでは前5000年頃から灌漑農耕が開始されて、ムギの

生産力が増大し、人口集積が進んだ。都市での人口が増加した結果、都市住民からのウール（羊毛）製品に対する需要が生まれた。その新規の需要に応えるためにも、緬羊を大量に飼育して、都市にウールを供給することは、十分に理に適っていた。ステップのような広大で人口が極端に少ない地域でヒツジを大量に飼育することは、経営環境の選択という点ではきわめて合理的である。かくて、後に原インド・ヨーロッパ語族民と呼ばれる人々が、ステップに目を付けて、前3200年頃までに緬羊の大量飼育という遊牧を開始していた。

　ステップでの緬羊の大量飼育に乗り出したことは、技術的にも、経営面でも、すこぶる革新的であった。大量の家畜を飼って羊毛を商品として生産するには、焼き畑農業と同じように、人口希薄な地域に進出した方がいい。それゆえ、半農半牧であった原インド・ヨーロッパ語族民が、積極的にステップに進出して、そこで遊牧を開始したのである。それまで未開の地であった大河の間のステップがその条件を満たした。初期青銅器時代にはステップ周辺の未開の地に放牧されていたが、その後、ワゴン（スポーク式車輪付きの荷車）が大いに活用されるようになると、広大なステップの中に生活用品を抱えて分け入ることができるようになった。かくて、中期青銅器時代には、ステップでの遊牧が盛んになり、商品経済が発展し、ステップでの富の集積も進んだ。

　2）ウマの家畜化（前4000年頃のウクライナ）と騎乗の開始

　インド・ヨーロッパ語族民の《原故郷》の想定は、ウマの家畜化と結びついている。すなわち、ウマを家畜化できた少数の集団が機動力と戦闘力を得て、世界征服を果たしたという神話的なイメージである。この場合、ウマの家畜化が成功した地域としてウクライナが想定されているので、定説的見解によると、ウクライナを原故郷とするインド・ヨーロッパ語族民が、紀元前3千年紀から紀元前3世紀までに、ユーラシア・ステップから出発して古代農耕文明に侵入し、各地で征服者として君臨することによって、ほぼ今日に至るまでのユーラシア大陸における民族の地勢的配置を決定した。この好戦的な集団は、ウマだけでなく、二輪戦車・騎兵などの戦争・征服の新しい形態、軍人貴族などを携

第4章　原インド・ヨーロッパ語族民の生成と《三機能イデオロギー》　131

えてきた。かかるインド・ヨーロッパ語族民の来襲・征服・支配によって、相対的に少数の来襲者（多くの場合、半農半牧民的性格が強い）が相対的に多数の農耕定住者を征服し、支配するという二重社会の形成が進行したのである（サウアー 1981：170-171）。

　牧畜管理技術のうえでは、騎馬によって、群居性草食動物（ヒツジ、ウシ、ウマなど）の大群を管理できるようになったという技術革新が特筆される。例えば、ヒツジの管理は、あくまでも、イヌという《仲介者》の手助けがあることが条件だが、徒歩では100頭が限界だが、騎馬では1300頭を管理できるという。

　一方、軍事力としてのウマは非常に大きな戦力となった。前2000年頃までに戦争の武器としてウマが戦車の牽引として活用され始めた。それまでは野生の棲息地をウマが出ることはなかったが、これ以降、古代戦車（戦闘狩猟用の二輪馬車・チャリオット）牽引用の家畜として、広まり始めた。ウクライナ草原やカザフ草原で生活していたインド・ヨーロッパ語族民が、おそらくはメソポタミアの定住民から学んだスポーク付きの車輪を持つ二輪馬車を使用し始めたのである。この馬車には通常、2名の戦士が乗り、ひとりが操縦し、もうひとりが弓で矢を射る射手であった。軽くて丈夫なスポーク付き車輪を持つ馬車なら人間を乗せて長距離を移動できるので、定住民に対して圧倒的に優勢な戦力となり、インド・ヨーロッパ語族民が黒海北岸から南下し、西アジアの農耕定住地（メソポタミア、シリア、アナトリア）を襲撃する原動力となった。前2千年紀の前半（前2000〜前1500年）は、インド・ヨーロッパ語族民が二輪馬車で先進文明地帯を駆け抜けた時代であったが、定住民国家が自分たちも戦車を使用できるようになるまでは、主として歩兵からなる定住民の部隊が彼らに軍事的に反撃することはなかなかに困難であった。

　騎馬が確認できる最古の資料は、西アジアで前2000年よりも古いようである（川又 1994：147）。ウマに人が乗って作業ができるようになったことは、非常に大きな意義を持った。まず、騎乗によって大量の家畜を放牧して管理でき

るようになり、家畜を管理している人間集団はその管理下にある頭数に比例してその組織的規模を拡大できた。部族など、ある程度の規模になると、農耕定住社会とも交易などの恒常的な関係を持つことで、放牧経済では獲得不可能な産物（特に穀物など）を得られるし、条件が整えば、武力に訴えて農耕定住社会を襲撃し、略奪も可能となった。

　近代になって火器が本格的に採用されるまで、騎馬は武器としては最も効果的な役割を果たしていた。まず、何よりも軍隊が騎馬によってきわめて迅速に行動できるようになった。比較的少数の遊牧民が人口の多い農耕定住民を襲撃し、征服できたのも、騎馬が与える機動力のおかげであった。わずか15万人とも20万人ともいわれるジンギス・カーンの軍がユーラシアのほぼ全域にわたって大帝国を築くまでに各地で連勝できたのも、素早く移動できる機動力のおかげで局面局面では数的優位に立てたからである。遊牧民は日々の家畜管理作業で騎乗しているが、これはいわば軍事訓練を日常的に実施していることであり、弓矢の熟練と相俟って、農耕定住民に対して、遊牧民族はきわめて強力な軍事勢力として登場した。

　騎乗術は、鉄器時代になって、スキタイのような騎馬民族を通じてステップの外に伝えられた。専業の騎馬遊牧民が出現したのは、前10世紀から前9世紀頃と考えられるが、その出現の理由としては、騎乗の普及と簡単な骨組みの移動式の家（パオ）が開発されたことが挙げられる。遊牧民が騎馬民として有力になるにあたっては、騎乗術におけるいくつかの革新（轡・鐙・鞍・蹄鉄）が必要だった。前5世紀頃のスキタイ人になると、彼らは去勢牡馬を用い、かつ革製で輪になった鐙、鞍、そして蹄鉄に対応する革や藁製の保護物をつけていた。前2世紀にパルティア人によって蹄鉄が発明され、西暦紀元1世紀初めの匈奴による鉄鐙の発明によって、騎馬技術はほぼ完成した。

　騎馬は戦争のあり方も変えた。14、15世紀になって銃や大砲などの火薬を使用した火器が実用化されるまで、戦場においておそらく最大の威力を発揮した武器がウマである。騎馬は戦闘を変えた。騎馬以前のウマの活用は戦車であ

ったことはすでに見たが、戦車は工芸品であり、その製作には手間暇がかかるので、非常に高価であり、大量に揃えることは大きな財政的な負担となった。その製作技術も定住民のもので、遊牧民が大規模な工房を有していたとは考えられていない。従って、そもそもステップ地帯で放牧を生業とする遊牧民が大量の戦車を準備できたとは想定されていない。その点、騎乗の場合は、遊牧民は、日常で使用しているウマにそのまま騎乗して戦場に向かうので、戦車に比べて大量の兵力を容易に動員できた。

　ウマの家畜化と騎乗の開始の他、スポーク付き車輪を持つ荷車の開発のおかげでステップという広大な地域での遊動的な遊牧生活が可能になったこと、イヌを《仲介者》として採用することで、数百頭のヒツジを遊牧で飼育できるようになったことが重要である。

4. インド・ヨーロッパ祖語 (Proto-Indo-European Language)

　インド・ヨーロッパ祖語とは、インド・ヨーロッパ語族（印欧語族）の諸言語に共通の祖語があるとの仮定の下に、言語学的に再構築された言語である。しかし、文字の無い先史時代のことなので、祖語に関する直接の記録は全くない。口伝によって伝承された断片と歴史時代になってからの記録をもとに、19世紀から今日まで、比較言語学的な考察を重ねて、祖語として再構築された。

　言語学の研究成果として、祖語における基本的な語彙が再構築されている。再構築された祖語に加えて、考古学・比較神話学など、総合的に研究されて、それらの成果から、当時、原インド・ヨーロッパ語族民（祖語を話していた人々）がいかなる組織形態にあり、いかなる社会生活を送っていたのか、彼らの経済はいかなる状況であったのかなどがかなり明らかになっている。

　原インド・ヨーロッパ語族民の《原故郷》はどこかという起源に関しては、《クルガン仮説》が、ほぼ定説となっている。この考えによると、先に見たように、原インド・ヨーロッパ語族民は、前5千年紀半ばに、黒海・カスピ海北方ステップで生成し（スレドニ・ストグ文化）、前4千年紀末のヤムナ文化で、確立

した。従って、この言語が生成したのは、大まかに前5千年紀半ば（前4500年）であり、諸言語へと分岐して、それ自体が解消したのが前2500年頃と考えられている。

再構成されたそれらの基本的な語彙によれば、原インド・ヨーロッパ語族民は、父系制的な親族原理に基づく組織を有し、信仰する神々の最高位には「天の父 djéus patér」と「地の神」がいた。英雄詩や叙情歌謡を好み、「不朽の名声」あるいは「不滅の勇気」というようなお馴染みの、お約束の決まり文句が高らかに歌い上げられていた。集会などで、唱和したり、朗読することは、彼らの生活の重要部分だったようである。

気候面では雪が降り、ウシ、ウマ、イヌ、ブタ、ヒツジなどの家畜に依存する牧畜民であり、遊牧もしていた。個人の財産は、家畜の頭数によって測られていた。技術的には、初期青銅器時代に属していたので、道具や武器は青銅によって制作された。ただし、金・銀は、知られていた。ヒツジは、羊毛（ウール）を採取するために飼育され、布を織るために織布が行われていた。祖語が形成されたときには、木を輪切りにした硬い車輪を持つ荷車を使っていたので、まだスポーク付きのチャリオット（二輪の戦車）は使われていなかった。鉄器を使用していなかったので、彼らは新石器時代に属していた。

III．《三機能イデオロギー》という、世界観

1．《三機能イデオロギー》の生成

狩猟採集民が、先進的な農耕定住民と接触して、農牧文化を受容し、いったんは定住するが、やがて草原地域に繰り出して遊牧民として生業を営むというのは、何も、原インド・ヨーロッパ語族民だけに該当するのではない。彼らの他に、先史時代から、セム系、チュルク系、モンゴル系などの諸部族が、メソポタミア周辺の西方・南方の草原地帯や北方のユーラシア・ステップで生成して、遊牧を生業としていた。

では、他の遊牧民と比べて、原インド・ヨーロッパ語族民の特異性とは、何

第4章　原インド・ヨーロッパ語族民の生成と《三機能イデオロギー》　135

か。後の歴史的展開を考慮すると、ウマの家畜化に成功したことや、この語族に属する一部の人々がステップを出た後、現在の西ヨーロッパ地域を占拠して定着したことなどが重要な要因として挙げられる。しかし、中でも決定的であったのが、《三機能イデオロギー》の醸成である。

　《三機能イデオロギー》とは、デュメジルが提唱したインド・ヨーロッパ語族民の神話における神々の構造をもとにした世界観である。三区分イデオロギーとも呼ばれる。デュメジルは、インド・ヨーロッパ語族民（ギリシャ、アルメニア、ケルト、インド・イラン、バルト、ゲルマン、スラブ、ラテン）のそれぞれの神話に共通して、神々は、機能の違いによって、三つに、すなわち、《主権→戦闘→生産》に分類されると考えた。しかも、三つの機能は、たんに分類されるだけではなく、この順番に階層化されていることが重要であると、デュメジルは考えた。

　第一が、主権を担う神々であり、魔術と法的正義との双神によって担われる。インドのヴァルナとミトラ、北欧神話ではオーディンとチル。第二が、戦闘を担う神々であり、ヴェーダ神話ではインドラ、北欧神話ではトール。第三が、生産を担う神々であり、ヴェーダ神話ではアシュビン、北欧神話ではフレイ Freyr、フレヤ Freyja、ニョルズ Njord によって担われている。これら三つの機能は、それぞれ明確に分かれているうえに、階層化されている。

　つまり、デュメジルの《三機能イデオロギー》論によると、神々は、人間の社会で王と祭司たちが果す働きに対応する役割を演じる「第一機能」の神々と、戦士に相当する「第二機能」の神々と、生産活動に従事する庶民と相応する働きをする「第三機能」の神々によって構成され、各機能を代表するいくつかの主神格によって統括されていた。

2．《三機能イデオロギー》論に対する批判的見解

　デュメジル理論は、ロシア革命以降、社会科学で隆盛を極めて、主流的な学説となったマルクス主義から、激しい反発と批判を受けた。マルクス主義た

ちは、下部構造が上部構造を規定するという唯物史観からすると、社会が《主権→戦闘→生産》という三つの機能に分かれていて、イデオロギーが先行して決定され、イデオロギーが他の機能よりも上位に置かれているうえに、生産機能が最下層に位置づけられていることに我慢できなかった。

また、神話学・宗教学からも、激しい批判が執拗に投げかけられた。「インド・ヨーロッパ語族の各民族の神話には、必ずしも三つの神々が分類されるわけではない」こと、あるいは「三つの機能を有する神々は、インド・ヨーロッパ語族民の神話以外にも見られる」ので、《三機能イデオロギー》論は恣意的だというのがその批判の内容であった。

さらに、《三機能イデオロギー》論は、ナチのアーリア神話と結びつけられて、不当な人種的優越観を醸成するので不適切だと批判された。

上記以外にもさまざまの批判が根強く繰り返されてきたが、中でも最大の批判は、《三機能イデオロギー》論が想定している「原インド・ヨーロッパ語族民における三つの社会階級」が存在しないことである。《三機能イデオロギー》は各地のインド・ヨーロッパ語族民の神話から抽出されたが、その原形態は原インド・ヨーロッパ語族民がステップにいた時に抱いた共通の神話的観念である。その原型神話は、インド・ヨーロッパ祖語と同じく、原インド・ヨーロッパ語族民がステップにいた時に生成したはずである。しかし、原インド・ヨーロッパ語族民が生きていた時代は初期青銅器時代（前4千年紀）である。ステップにとどまっていたとき、原インド・ヨーロッパ語族民は疑似親族原理をもとに組織を編成していた。つまり、親族組織であり、階級は存在しなかったのである。

この「三階級論には現実的な実体はなかった」という批判は、《三機能イデオロギー》理論にとって、致命的な欠陥に見えた。デュメジル自身もまた、1950年頃までには、「《三機能イデオロギー》論は、社会的階級の裏付けはなく、神話の世界の物語である」との見解に修正していた。しかし、《三機能イデオロギー》は、本当にその実体を欠いていたのであろうか。

第4章 原インド・ヨーロッパ語族民の生成と《三機能イデオロギー》 137

3.《三機能イデオロギー》の社会的・経済的基礎

　《三機能イデオロギー》が核にあるような神話を共通の観念体系として懐いたとき、原インド・ヨーロッパ語族民は、まだステップにいて、遊牧を生業としていた。原インド・ヨーロッパ語族の部族がステップから出発するのは、前期青銅器時代になってからである。この時には、彼らは依然として親族原理のもとに組織を編成していた。従って、《三機能イデオロギー》という共通の観念体系を裏付ける現実的な「ヒトの三階級構造」は、当時はまだ存在しなかった。

　では、現実世界に、かかる共通の観念体系を醸成するような、何らかの「構造」は、本当に存在しなかったのだろうか。

　これまで本書で見てきたように、原インド・ヨーロッパ語族民は遊牧民として生成した。遊牧には、それを成り立たせる固有の「構造」(牧夫→《仲介者》→家畜群) があった。初期遊牧組織は、ヒトを含む三種の動物からなる三階級構造を有していた。これを組織として認めると、その「構造」には、驚くべき整合性・一体性・完結性が見られる。

　ジョルジュ・デュメジルは、《三機能イデオロギー》という仮説を、つまり、インド・ヨーロッパ語族民の諸神話のもとにある原神話では、神々は《主権→戦闘→生産》という三機能を担い、それらは明確に階層化されているという仮説を提起した。もちろん、デュメジルの仮説は、妄想だったのかもしれない。また、《三機能イデオロギー》が正真正銘の共通観念として原インド・ヨーロッパ語族民が懐いたとしても、彼らの純粋な思惟の産物でしかなかったのかもしれない。

　しかし、もし、デュメジルの仮説が正しく、かつ、その仮説に何らかの現実的な基礎があるとすると、それは、本書で言う「初期遊牧組織における三階級構造」以外にはありえないと思う。原インド・ヨーロッパ語族民が遊牧民としてステップで生成したときに、目の前にあったのは「牧夫→《仲介者》→家畜群」という「構造」である。その現実から彼らは《三機能イデオロギー》を醸

図表2-4-2 《三機能イデオロギー》の構造

出所）筆者作成

成し、それを原神話として表出した。

おわりに―疑似親族原理と機能本位原理―

　原インド・ヨーロッパ語族民には「ヒツジやイヌのような動物とひとつの組織をつくっている」という観念があって、それが共通の観念体系として《三機能イデオロギー》を醸成したという本書の主張は、どこか荒唐無稽のように映るかもしれない。しかし、ヒトは動物とはかけ離れた存在であるという認識こそ、「枢軸の時代」（ヤスパース）以降の「文明」の産物である。「枢軸の時代」以前のヒトが、われわれには理解しがたい動物観を懐いていても、少しも不思議ではない。何よりも、ヒツジやイヌのような動物を同じ組織に抱え込んだからこそ、彼らはよそ者を取り込む仕組みを案出したのであり、階級社会の形成へと邁進したのである。

　原インド・ヨーロッパ語族民は、その後、ステップを出て、紆余曲折はあるが、他部族・他民族の征服と支配に向かった。図表2-4-3には、初期遊牧組織から《三機能イデオロギー》を醸成してイデオロギー化して、そのイデオロギーを現実の社会組織として実現していく過程が図式化されている。

第4章 原インド・ヨーロッパ語族民の生成と《三機能イデオロギー》 139

図表2-4-3 《三機能イデオロギー》の生成と現実への適用

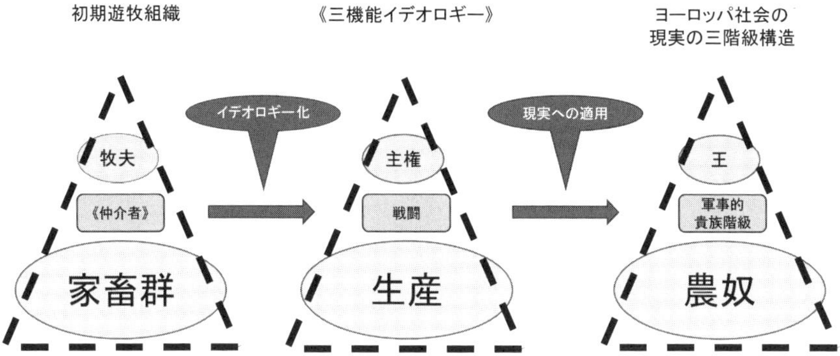

初期遊牧組織　　　　　《三機能イデオロギー》　　　ヨーロッパ社会の
　　　　　　　　　　　　　　　　　　　　　　　　　現実の三階級構造

（イデオロギー化）　　　　（現実への適用）

牧夫　　　　　　　　　　主権　　　　　　　　　　　王
《仲介者》　　　　　　　　戦闘　　　　　　　　　軍事的貴族階級

家畜群　　　　　　　　　生産　　　　　　　　　　農奴

出所）筆者作成

　原インド・ヨーロッパ語族民によって、初期遊牧組織における三階級構造がイデオロギー化されたことは、機能本位原理を生成することで、疑似親族原理から機能本位原理が分離するきっかけとなった。機能本位原理は、非常に効率的な原理なので、きわめて競争力が大きい。しかも、やっかいなことに、疑似親族原理というその対抗原理の存続を許さない。やはり、《三機能イデオロギー》の生成は、その後のヒトの組織の歴史で大きな分岐点になったと思う。

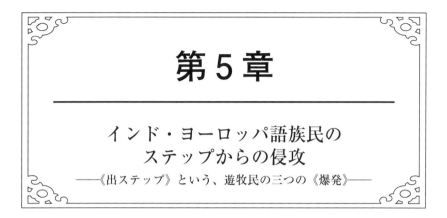

第5章

インド・ヨーロッパ語族民の
ステップからの侵攻
——《出ステップ》という、遊牧民の三つの《爆発》——

はじめに——世界の覇者となったインド・ヨーロッパ語族民——

　現代世界の言語分布状況を見ると、インド・ヨーロッパ語族に属する言語を母語としている人々が約30億人で、世界人口の46％を占めている。これに加うるに、それらを公用語としている人々も膨大な数に上るので、現代人の言語として圧倒的に第一の普及を誇っている。地理的にも、地球全体の広大な領域が、インド・ヨーロッパ語族の言語を母国語・公用語としている諸国によって覆われている。

　いわゆる《新世界》（南北アメリカ）における英語・スペイン語・ポルトガル語の定着は16世紀以降のヨーロッパ人による侵略と征服の結果である。その一方で、《旧世界》に限定しても、ヨーロッパの主要な言語（英仏独西伊露語など）をはじめ、インドの主要言語、イラン系の言語を含むインド・ヨーロッパ語族が、東はロシア極東から西は大西洋岸まで、北はスカンディナヴィアから南は南アジアまで、広範な領域を占めている。

　19世紀にこれらの言語間に系統づけられた一連の関係が建てられ、起源となった原インド・ヨーロッパ語が祖語として想定された。現在の定説的な見解では、この祖語を話していた集団は、今から6000年ほど前にウクライナ・南

第5章　インド・ヨーロッパ語族民のステップからの侵攻　141

図表2-5-1　インド・ヨーロッパ語族の世界への拡散

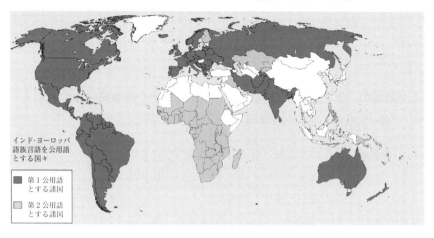

ロシア草原（黒海カスピ海北方ステップ）で生成した遊牧民であり、やがて前4千年紀から前3千年紀にかけて四方に拡散して、進出した各地で支配者として君臨し、被征服民に彼らの言語を押しつけることで、インド・ヨーロッパ語族の言語を拡散し、定着させた。言語の拡散とは、実効支配の拡大である。つまり、インド・ヨーロッパ語の拡散とは、インド・ヨーロッパ語を担った人々が、各地に拡散する道程で、すでにそこに住んでいた人々と戦い、彼らを征服して支配下に入れて、現地の支配者として君臨し、原住民と混交しつつ、彼らの言葉を奪い、当然のように自己の言語を押しつけてきた過程でもある。

　多数のよそ者を取り込んで、自己の支配下に組み込んでいくという、この肥大化過程は、必ずしも暴力を用いた強圧的な征服ばかりではなく、概ね平時における平和的な交易・交渉を通じた日常の付き合いの結果として、地元民が納得ずくで帰順することによって実現してきた。しかし、もちろん、それと同時に、時至れば、その征服・支配の過程は、必要に応じて、彼らインド・ヨーロッパ語族民の圧倒的な軍事力を背景にした断固たる軍事的・物理的な制圧であり、征服・支配につきものの暴力や奸計、その必然的な結果としての大量の殺

戮によって彩られている。

　かくて、過去6000年間におけるこの語族民の歴史は、もともとは比較的小規模の遊牧民集団による世界征服・他民族支配の過程にほかならない。なぜ、どのようにして、かくも壮大な世界征服・他民族支配が実現したのであろうか。

Ⅰ．最初の《出ステップ》—原インド・ヨーロッパ語族民の旅立ち（前4500年～前2500年頃）—

1．《原故郷》からの旅立ち（前4500年～前2500年頃）

　今から6000年ほど前（紀元前4000年）に温暖化が頂点に達した（ヒプシサーマル期）。この地球的規模での温暖化によって、海水が膨張するとともに降雨量が増大したので海面が上昇した。日本でも、縄文海進と呼ばれる現象である。前章でも見たように、その温暖化期間の末期、おおよそ紀元前4000年には、後に原インド・ヨーロッパ語族民と称される一群の人々が黒海・カスピ海の北側のステップ地帯（《原故郷》Homeland）で生成していた。繰り返すが、この時点で、今のヨーロッパには、すでにインド・ヨーロッパ語族民とは別の人々が、原始的耕作・牧畜も片手間に行う狩猟採集民として疎らに暮らしていた。

　原インド・ヨーロッパ語族民の《原故郷》における生業は、農耕も行っていたが、主として牧畜だった。インド・ヨーロッパ語の語彙の研究から、インド・ヨーロッパ語族民は、海にも、森にも関係がない土地で暮らしており、初歩の農耕を知っていたが、明らかに牧畜を営む人々であったことが分かっている（シュラーダー 1977：29）。

　インド・ヨーロッパ語族民がかくも世界中に拡散して広大な語族圏を築いたのは、まず何よりも、彼らが遊牧民であったからである。農耕民が、先祖代々一定の土地に定住して生活を営むのに対して、遊牧民は家畜の草を求めて広く移動する。しかも、彼らは、遊牧民であると同時に、交易に長けた人々であり、活発に移動した人々であった。すでに見たように、ステップで彼らが行った遊牧は緬羊飼育と密接に結びついていた。メソポタミア下流域での都市化の進展

第5章　インド・ヨーロッパ語族民のステップからの侵攻　143

による人口増加が羊毛に対する新たな需要を生んだ。原インド・ヨーロッパ語族民のステップでの遊牧こそ、交易を目的とする積極的な「企業」活動であった。橋本萬太郎によると、インド・ヨーロッパ語の中で、最も共通要素の多い単語が数詞であり、親族名称よりも数詞の方が安定しているのは、インド・ヨーロッパ語族民が地中海を中心に広く移動して、彼らの間で活発な通商が行われていて、むしろ「通商民型」であったことを示唆している（橋本 2000：39）。

　原インド・ヨーロッパ語族民は、前4500年から前2500年頃までのおよそ2000年の間に、いくつかの部族ごとに分かれて、ステップから旅立っていった。図表2-5-5「ユーラシア・ステップを震源とする遊牧民の三つの《爆発》」で見るように、これまでステップから出て、遊牧民が平野を襲撃した大規模な波（これを《出ステップ》と呼びたい）は三つを数えるが、原インド・ヨーロッパ語族民のステップからの旅立ちこそ、トインビーの言う「遊牧民の《爆発》」の史上最初の事例であった。

2．近接地域への進出—青銅器時代前半（前3500年～前2500年頃）—

　青銅器時代になるかならぬか、非常に早い段階で、前4000年頃までに、すでに黒海南方のアナトリアへ進出したインド・ヨーロッパ語族民（アナトリア系）がいた。

　次いで前4千年紀には、東方のステップ伝いに進出した部族が、定着してアファナシェボ文化を打ち立て、さらに、トカラに進出した。また、南方のコーカサスでは、インド・ヨーロッパ語族民によってマイコップ文化が形成された。

　しかし、前4千年紀の末期に起きた大きな移動こそが、特筆すべき出来事である。何と言っても、早くから農牧文化で栄えていたドナウ川下流域へインド・ヨーロッパ語族民が進出したのである。インド・ヨーロッパ語族民の浸透によって、やがて前1700年頃に《古ヨーロッパ》は崩壊する。その後、割合に早く、前2500年頃までに、ケルト系とイタリック系が分岐して、それぞれ

北西方向と西へと進んだ。

3．本格的な侵攻──青銅器時代後半（前2500年〜前1000年頃）──

前2500年頃までに原インド・ヨーロッパ語族民が話していたインド・ヨーロッパ語の祖語は消滅した。《原故郷》とそこから出て定着した各地のインド・ヨーロッパ語族民は、それぞれ祖語から分岐した「子言語」(daughter languages)を話すようになった。これ以降、現代語に連なるインド・ヨーロッパ語の各言語は、祖語そのものからではなく、各地の「子言語」を祖語として発展した。図表2-5-2「インド・ヨーロッパ語族民の《原故郷》からの拡散（前4500年から前1千年紀にかけて）」では、前2500年頃に祖語が消滅した時点におけるインド・ヨーロッパ語族民の各地への浸透状況を図式化している。

バルカン半島南部にまず前3500年から前2800年にかけてドナウ河下流域に進出したインド・ヨーロッパ語族民は、そこから分岐して活発な動きを示し

図表2-5-2　インド・ヨーロッパ語族民の《原故郷》からの拡散
（前4500年頃から前1千年紀にかけて）

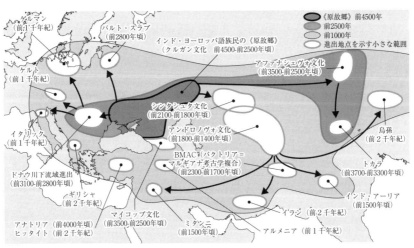

出所）ANTHONY（2007）の記述をもとに作成した。

た。前1千年紀までに、北方へゲルマン人が、西方へケルト人とイタリック人が、それぞれ移動していった。

　紀元前2000年頃からのインド・ヨーロッパ語族民の各地への侵入が記録に残っているが、初期の記録で著名なのが、アナトリアにおけるヒッタイト人とインダスにおけるアリーア人である。ヒッタイトは、前2千年紀にアナトリアに進出したが、鉄器文明で有名である。ヒッタイトは、先住民を征服して王国を建国したが、さらに小アジアから紀元前17世紀にメソポタミアに侵入して前1595年頃セム系のバビロン第一王朝を倒した。ヒッタイトは、南東に近接するメソポタミア文明を吸収して楔形文字を学び、ヒッタイト語の粘土板を多数残した。歴史的にみて、インド・ヨーロッパ語で書かれた最古の文献である。

　一方、インド・ヨーロッパ語族の分派であるインド・イラン語族民からさらに分派して、前1500年頃南アジアへ侵入してきた言語集団があった。これがインド・アーリア語族民であり、前3000年頃からインダス川流域で高度の文明を築いていたドラビダ系と言われる人々を征服し、牧畜を主として農耕を従とする半定着の生活を始めた。後に彼らは、バラモン教を成立させて、厳格な身分制度であるカースト制を有する社会をつくりあげていった。

4．鉄器時代初頭（前1000年頃）

　青銅器時代が終わり、いよいよ鉄器時代が始まる前1000年頃は、ヤスパースの言う「枢軸の時代」の始まりの時期に当たる。この時期までに、インド・ヨーロッパ語族民の周辺地域への侵出によって、トインビーの言う遊牧民の爆発理論による第一次民族配置が確定した。

　記録に残る史上最初の騎馬民族がスキタイである。この民族の起源は、おそらくインド・ヨーロッパ語族に属するイラン系民族だとされている。西はカルパチア山脈から東はドン川に至る黒海北方の草原地帯（ギリシャ人のいうスキュティア Skytia）地方に居住していた。ことに前6世紀から前3世紀にかけて、この地方に強大な遊牧国家を建設した。ヘロドトス『歴史』によれば、スキタ

イ人は農耕をせず、生計は家畜に頼っている。家畜にひかせる車両住宅（住車）で移動の生活をし、町や城を築かない。人々はウマに乗って弓を使う（騎射）という。

> スキュテイア［スキタイ］民族は、他の点では私もあまり感心しないのであるが、ただ一事——それも人間に関わりのある事柄の中で最も肝要な事だけは、われわれの知る限り他のいかなる民族も及ばぬほど見事に解決しているのである。最も肝要な一事というのはつまり、彼らを攻撃する者は一人として逃れ帰ることができず、また彼らが敵に発見されまいとすれば、誰も彼らを捕捉することができないようにする方法を編み出した事である。それも当然で、町も城塞も築いておらず、その一人残らずが家を運んでは移動してゆく騎馬の弓使いで、生活は農耕によらず家畜に頼り、住む家は獣に曳かせる車である——そのような民族にどうして戦って勝つことはもとより、接触するだにできよう（ヘロドトス 1972：32）。

ここには、騎馬遊牧民の特徴が端的に描写されている。組織が軍隊的であり、日々の生活が軍事訓練のような性格を持っているので、規律正しく、機動力に富んでいる。また、メンバー全員が戦闘員であり、精神面でも強い性格を有している。また、彼らの襲撃の目的が人間・家畜・財宝の捕獲にあり、土地の占領ではないので、彼らの来襲の際に逃げようとしても彼らは追いかけてくるし、逆に反撃しようとしても、彼らは不利と見るや迅速に撤退してしまうのである。

II．ステップ遊牧民による農耕定住民の襲撃

1．農耕定住民に依存する遊牧民

遊牧民と農耕民とは必ずしも敵対関係にあったわけではなく、通常は、互いに必要なものを両者の接点で交易するという補完関係にあった。ステップで遊

牧民的な適応が見られた前 5000 年頃に、メソポタミア沖積平野で灌漑農耕が始まり、それによる人口集積が都市化地域における遊牧民が供給する物産品に対する需要を惹起した。遊牧という生業そのものが都市の需要を当てにしていたし、遊牧民こそ彼らの生活必需品を農耕民に依存していた。遊牧民は主として畜産物（肉、皮、用益用のウマなど）を、農耕民は農産物・食糧（穀物、野菜、果実など）や工芸品（織物、雑貨、金属製品など）を交易していた。

遊牧民は集団として定期的に移動していたが、数世紀ごとに農耕地帯に進出して農耕民を襲撃した。歴史家トインビーはこれをステップからの《爆発》と呼んだ。歴史時代に入ると、ユーラシア・ステップの南東にはシナ、南にはインド、南西にはメソポタミア、西には南ヨーロッパというように、近接する文明地域には豊かな農耕地帯が広がっていた。ステップ地帯で遊牧民が有能なリーダーのもとに部族の統合を成し遂げると、ほぼ公式行事のように農耕地帯に侵入した。数百年ごとに突如として遊牧民がステップから飛び出し、定住農耕民を襲撃する原因として、(1)カリスマ的リーダーの出現の他、(2)気候の変化（乾燥化）、(3)農耕都市文明が生み出した物資に対する渇望感の増大などを挙げることができる。すなわち、金銀珠玉の財宝、穀物などの食糧、あるいは、労働力（＝商品）としての奴隷を求めて、定住民を襲撃したのである。

この数世紀ごとの遊牧民の《爆発》こそ、歴史に大きな影響を及ぼした。農耕定住民に大きなインパクトを与え、遊牧民は征服者となって定住民を支配し、一大帝国を建設したし、逆に、遊牧民の襲撃に対抗するために定住農耕民自らを国家形成に向かわせた。

2．ステップからの進出地点—遊牧民による農耕定住民の襲撃 (1)—

遊牧民が《爆発》して、ステップから出て農耕定住地帯を襲うにあたっては、地理的・自然的条件からいくつかの特定の経路が存在している。また、遊牧民はこれらの経路を伝って平地に侵入する際には必ずしも一気に最終地点にまで到達したのではなく、節目節目で留まる地域があった。トインビーに従って、

図表2-5-3　遊牧民の《暴発》の進出経路（1）

震源地番号	進出開始ステップ	進出線	→Ⅰ→	→Ⅱ→	→Ⅲ→	→Ⅳ 最終到達地
①	ウクライナ・南ロシア草原（黒海・カスピ海間）		エンバ川			
			カマ川			
			ヴォルガ・ドン川	クリミア		
				ドナウ川下流	ギリシャ（トラキア）	
					ギリシャ（テッサリア）	
					ハンガリー	
			ヴォルガ川下流			
②	カザフ草原（カスピ海・パミール高原間）	シル・ダリア川	イラン東北部	パンジャブ	ガンジス川流域	
			イラン南部	タール砂漠	マハシュトラ（デカン高原）	
			イラン西部	アナトリア		
				シリア・エジプト		
				イラク		
③	モンゴル高原（天山山脈・大興安嶺間）	万里の長城	タリム盆地			
			チベット			
④	満洲（大興安嶺・朝鮮間）		東方大平原	黄河・長江流域	インドシナ・ビルマ	
		遼東の柵	山海関			

出所）トインビー（1970b：274-288）。ただし、一枚の表にまとめたので、大幅に簡略化した。

　これらの経路を示したのが図表2-5-3「遊牧民の《暴発》の進出経路（1）」と図表2-5-4「遊牧民の《爆発》の進出経路（2）」（筆者によってかなり簡略化されている）である。
　これらの図を見ると、ステップ地帯から出撃した遊牧民たちが、草原から出撃した後、峡谷や河川沿いなどの「通路」を通ってユーラシア大陸のほぼ全域を駆けめぐったことが分かる。ユーラシア・ステップは、いわば帯状の回廊であるから、遊牧民にとってこの回廊上の東西方向の移動はさほど困難ではないので、その時々でこの回廊の西（ハンガリー）から東（満洲）までいくつかある「出口」のどこからでも出撃した。

第5章 インド・ヨーロッパ語族民のステップからの侵攻　149

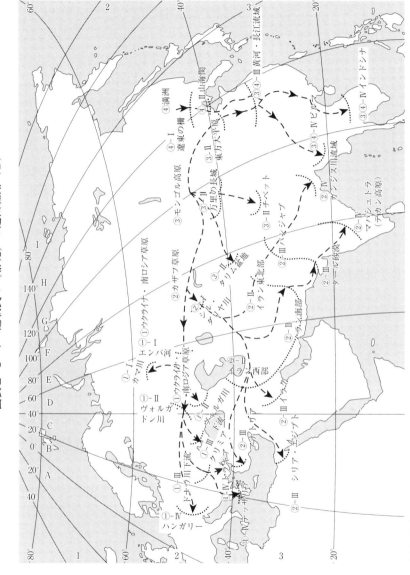

図表2-5-4　遊牧民の《暴発》の進出経路（2）

出所）図表2-5-3と同じ。

3．ステップからの進出経路――遊牧民による農耕定住民の襲撃 (2)――

　ヒツジやウシなどの家畜化が前 6000 年以降、西アジアで開始されると、牧畜技術は黒海北方の草原地帯（ウクライナ草原）に伝わり、そこから徐々に東方の草原地帯（つまり、カザフ草原→モンゴル草原→大興安嶺）へと伝播した。ステップ地帯において、牧畜の先進地域は西（ウクライナ草原）にあり、そこから東に行くほど後進地域となっていた。このときの部族配置は、非常に大まかな枠組みを設定すると、西からインド・ヨーロッパ語族民が主としてウクライナ草原に、テュルク語族民がカザフ草原に、モンゴル語族民がモンゴル草原に、そして大興安嶺間にツングース語族民が生息していた。その後の歴史をみると、最初の三つ（これに 17 世紀に清を建国した満洲族を加えると四つ）の語族集団が、時代を追って、西から順に《爆発》して、ステップ地帯を出撃して定住地帯を襲っていった。

Ⅲ．遊牧民の三つの《爆発》

　ユーラシア大陸のステップから数百年おきに起こる遊牧民の《爆発》には、トインビーによると、大きく三つの波があった。第一が前 4 千年紀から起きたインド・ヨーロッパ語族民の波、第二が前 3 世紀から後 4、5 世紀にかけてのチュルク語族民の波、そして、最後が 13 世紀以降のモンゴル語族民の波である。これに、17 世紀のツングース語族民による清朝設立の波を加えて、第四波とすることも可能であろう。かかる遊牧民の農耕定住地帯への襲撃を資料の図表 2-5-5「ユーラシア・ステップを震源とする遊牧民の三つの《爆発》」によって模式化してみた。

　先に見たインド・ヨーロッパ語族民による周辺地域への侵攻（前 4000 年頃から）が、遊牧民による三つの《爆発》の第一波であり、ユーラシア西部における民族配置を決定した。第二波が、前 3 世紀から起きたチュルク語族民による周辺への侵攻であった。テュルク語族民との確執は、フン族の侵入によるゲルマン人の大移動を引き起こしたが、6 世紀にはヨーロッパにおけるゲルマン人

の優位性が確立して終わった。その時点で、ユーラシアの西部における第二次民族配置が確定した。

13世紀以降のモンゴル族の勢力拡大によるモンゴル帝国の形成が、遊牧民の《爆発》の第三波である。モンゴル軍の侵攻によって、西ヨーロッパも一時危機に陥ったが、最終的にそれを撃退することができた。

《仲介者》を活用した帝国として、トインビーが挙げたのが、オスマン帝国とモンゴル帝国である。モンゴル族との確執・オスマン帝国との確執を経て、これらの有力な敵対勢力を退けて、16世紀以降、ヨーロッパ人による《新大陸》の征服が実現して、モンゴル族による遊牧民の第三の《爆発》終息後の第三次民族配置が確定した。

おわりに―ユーラシア・ステップからの遊牧民の出撃―

前4000年以降、原インド・ヨーロッパ語族民は、次々に《原故郷》を立ち去って、周辺地域へと押し出していった。これが、トインビーの言う遊牧民の第一の《爆発》であったが、青銅器時代の遊牧民は、まだ組織立った軍隊ではなかったのであり、組織的な攻撃は、鉄器時代になって実現した。

第一の波において、インド・ヨーロッパ語族民は、メソポタミアやインダスのような当時の文明の中心地域にも侵攻したが、最終的に西ヨーロッパを占拠し、開発できたことが、その後の歴史的展開に裨益した。西ヨーロッパの地で、豊富な森林資源を活用して、鉄工業を発展させただけでなく、独自の農牧文化を定着させることができたからである。

第二波のチュルク語族民、第三波のモンゴル語族民と比べて、インド・ヨーロッパ語族民は、まず最初に先行してステップ外の広範な地域に、侵攻して、定住し、定着できたことが彼らの先行者利得を生んだ。

それだけでなく、インド・ヨーロッパ語族は、臨機応変に、三つの仕組みを使い分けて、支配地域を拡大していった。先住民が対等である場合には《ゲスト・ホスト関係》を締結し、「新大陸の発見」以降のインディオのように先住

図表2-5-5　ユーラシア・ステップを震源とする遊牧民の三つの《爆発》

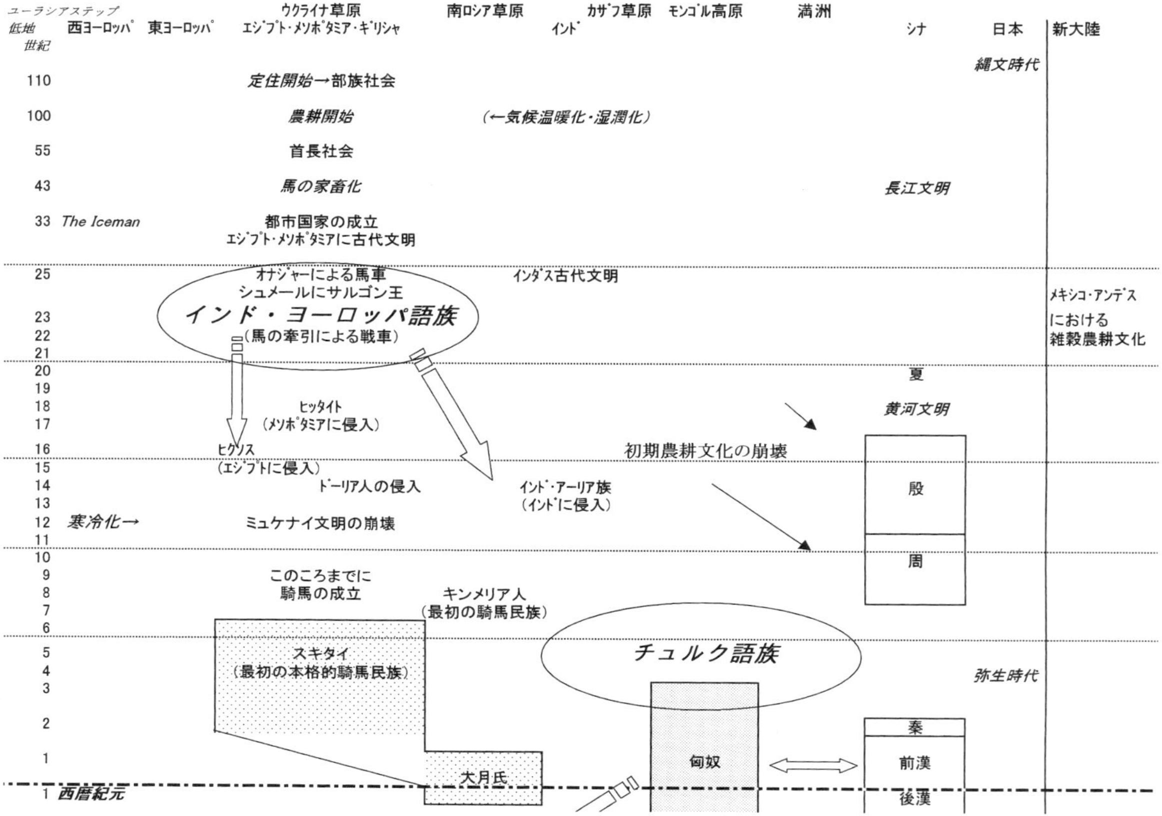

ユーラシアステップ
低地
世紀
西ヨーロッパ
東ヨーロッパ
ウクライナ草原
エジプト・メソポタミア・ギリシャ
南ロシア草原
インド
カザフ草原
モンゴル高原
満洲
シナ
日本
新大陸
縄文時代
110
定住開始→部族社会
100
農耕開始
(←気候温暖化・湿潤化)
55
首長社会
43
馬の家畜化
長江文明
33
The Iceman
都市国家の成立
エジプト・メソポタミアに古代文明
25
オナジャーによる馬車
シュメールにサルゴン王
インダス古代文明
メキシコ・アンデス
における
雑穀農耕文化
23
22
21
インド・ヨーロッパ語族
(馬の牽引による戦車)
20
夏
19
18
17
ヒッタイト
(メソポタミアに侵入)
黄河文明
16
ヒクソス
(エジプトに侵入)
初期農耕文化の崩壊
15
14
ドーリア人の侵入
インド・アーリア族
(インドに侵入)
殷
13
12
寒冷化→
ミュケナイ文明の崩壊
11
10
周
9
8
このころまでに
騎馬の成立
キンメリア人
(最初の騎馬民族)
7
6
5
4
3
スキタイ
(最初の本格的騎馬民族)
チュルク語族
弥生時代
2
秦
1
匈奴
前漢
大月氏
1
西暦紀元
後漢

第5章　インド・ヨーロッパ語族民のステップからの侵攻　153

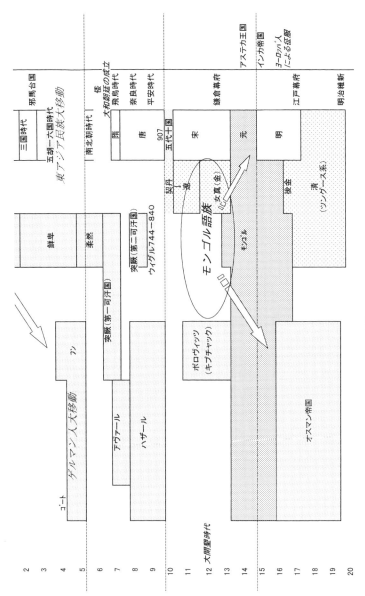

出所）各種資料より著者が作成。三つの《爆発》がそれぞれ楕円 ◯ と矢印 ⟶ で示されている。

民の民度が低い場合には容赦なく《家畜化》し、さらに、先住民がそれなりに高度の職能を有する場合には、征服後に Patron-Client Relationship（主人・従者関係）に組み込んで懐柔した。被征服民を取り立てて、彼らの専門技能を活用するすべを知っていたのである。

　結局、インド・ヨーロッパ語族民は、後発の諸遊牧民（まず、第二波のチュルク語族民、次いで、第三波のモンゴル族）との確執に打ち勝ち、世界の覇者への道を歩んでいくこととなった。

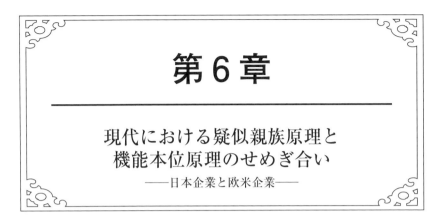

第6章

現代における疑似親族原理と機能本位原理のせめぎ合い
―― 日本企業と欧米企業 ――

はじめに ―疑似親族原理は、日本でこそ、生き延びてきた―

　これまで本書第2部で見てきたのは、彼らインド・ヨーロッパ語族民がウクライナ・南ロシア草原（黒海カスピ海北方ステップ）を出撃して、四方に散らばり、征服と支配への旅路に出発した最初期の過程であった。その後の人類史は、いわば彼らインド・ヨーロッパ語族民の後継者たちによる世界征服の過程であり、機能本位原理の拡散過程でもあった。機能本位原理は、効率的で、きわめて競争力が大きいので、各地で疑似親族原理を圧倒し、粉砕してきた。しかし、だからといって、疑似親族原理をこの世界から根絶させることはできなかった。そもそも家族という人間にとって本源的な組織はずっと継続してきたし、組織はひとたび形成されると、いわば慣性の法則が働いて、内部で疑似親族原理をそれとなく育むからである。

　つまり、疑似親族原理は依然としてさまざまの分野で生きているし、それなりに変容して、機能本位原理といろいろな局面で軋轢を繰り広げている。では、現状は、どうなっているのか。実は、われわれの身近なところでも、その事例には事欠かない。なぜなら、疑似親族原理は、何よりも日本の伝統と社会の中でこそ、息長く、奇跡的に生き延びてきたからである。

いわゆるグローバリゼーションの最中、日本企業が遭遇する機能本位原理の怒濤のような圧力こそ、その両者の軋轢の典型的な事例である。本章では、日本企業と欧米企業との対比で、現代における疑似親族原理と機能本位原理のせめぎ合いの一端を見ていこう。

Ⅰ. 日本企業と欧米企業との違い

1.「新卒一括採用」は外国人には理解不可能？

日本企業では依然として大学生の「新卒一括採用」が常態化している。すなわち、新卒者（次年度に卒業する在学生）を、一括して（大企業なら、場合によっては、数百人単位で）、定期的に（毎年）、1年の特定の時期に（卒業1年前の春から夏に）採用するという採用制度がごくごく正規のシステムとして機能している。

就業経験もなければ、そのスキルが証明されているわけでもない在学生を、一括して卒業前に採用するという、この日本型採用システムは、われわれ日本人には当たり前の慣行である。しかし、試みに外国企業人に、かかる大学生の「新卒一括採用」について尋ねてみるとよい。アメリカ企業の事業本部長なら、「まだ卒業免状も持っていない、つまり、技能・技術が証明されていない在学生という未就業者を、持ち場も決めずに、1年前にまとめて予約して雇うなど、なんと不可思議な採用制度か。ありえない」と言うに違いない。

「新卒一括採用」は、定型的な作業しかさせない労働者ならともかく、大卒など高学歴者に関する限り、日本以外の国では、ほとんど理解不可能な採用形態である。ここにもまた、「日本の常識は世界の非常識」という事例がある。なぜ、大学生の「新卒一括採用」は、世界基準では異様な慣行に見えるのであろうか。

それは、日本と世界（特に、欧米）とでは、「人と仕事の合体の仕方」、すなわち、組織編成原理が正反対だからである。なぜ、正反対なのか。それは、日本型が原基的組織（バンドという親族組織）の根幹部分を保存しているのに対

して、すでに本書で見てきたように、欧米型がおよそ7000年前に出現した初期遊牧組織の末裔、すなわち、遊牧の生成とともに、原基的組織から分離した派生型だからである。

2．欧米企業と日本企業における職務体系の違い

　欧米企業の働き方とその仕組みの特徴として、位階制を挙げられる。言論の自由など、広範な自由が保証されている欧米社会では「意外なこと」と受け止められるかもしれないが、例えば、アメリカ企業では、厳然たる位階制（ヒエラルキー）が敷かれていて、その仕組みは、概ね、(1)職務限定、(2)権限集中、(3)上意下達というように、特徴づけられる。

　アメリカ企業では、入社の際に、その人物が何をするべきかがあらかじめ明確にされている。すなわち、その個人の職務が明確に限定されている（職務限定）。特に「管理する人」と「管理される人」との区別は厳格である。その最も典型的な事例が、事業本部長（general manager）という職位に表れている。事業本部長とは、企画・研究開発・生産・営業・経理会計・人事・総務まで、まさにすべてのことに全権を持って（generalに）指揮・命令する（manage）職務にある人物である（権限集中）。事業本部長にすべての権限が集中しているので、その事業本部長が決定する政策・方針は絶対的である。つまり、事業本部長が命令を発して、部下はそれに従う以外に取るべき行動はない（上意下達）。事業本部長は、人事を含む権限を有しているので、事業本部長の命令に逆らう部下は、馘首の運命が待っている。

　アメリカ企業のように、職務限定・権限集中・上意下達という特性を持つ組織では、新卒を定期採用して教育する（「新卒一括採用」）という考えなど全く脳裏にない。企業経営とは、本社が必要に応じて即戦力を会社の内外から集めて組織を運営して、利潤を極大化することだと思っているだけである。

　このように多数の部下の馘首権をひとりの人物（事業本部長）が有するという組織は、われわれ日本人にはほとんど理解不可能な世界である。日本の会社

図表2-6-1　欧米企業・日本企業における職務体系の違い

	欧米企業	日本企業
職務	限定的・排他的・個体化	融通
権限	集中・排他的	共有
意思決定	上意下達	合意形成

では、上司は部下の人事評価はする。人事部は、もちろん、上司による人事評価を参考にするので、上司が人事権を持っていると考えがちである。しかし、それは事実ではない。上司に部下の馘首などの人事面での決定権はなく、人事権は人事部が握っている。甚だしい場合には、その上司自身の異動などの際には、部下たちの「評判」「評価」が参考にされるので、「日本企業では、上司の人事権を部下が握っている」などと、揶揄されることもあるくらいである。アメリカ人からすれば、「これでは組織の規律が存在しない。そもそも組織の体をなしていない」ので、人事の「下克上」状態・「無礼講」状態とでも形容すべき異常な仕組みであろう。このような日本企業における人事の「下克上」状態と切っても切り離せないのが、大学生の「新卒一括採用」慣行である。

3．戦略が先か（欧米企業）、ヒトが先か（日本企業）

かかる組織運営の違いを、例えば、キャメル・ヤマモト（山本成一）は企業戦略という観点から、次のように表現している（『朝日新聞』平成25年5月3日）。

アメリカ型においては、まず経営幹部が企業の戦略を決める。最高幹部が理想とする将来をイメージする。あり得べき理想に至る道筋が戦略である。それを実現する手順を決めて、職務（個々の仕事内容）を確定する。その確定した職務を実現するにふさわしい人材を労働市場で募集して採用して、彼（女）を当て嵌める。この仕組みでは、理念を出発点にして、職務を決めていることが決定的に重要である。決定の順序を時系列にしてみると、「戦略→職務→人」となっている。

このアメリカ型を、キャメル・ヤマモトは「必要な材料をあらかじめ決定し

た上で、レシピを手に、市場に買い出しに行く」と秀逸な比喩で描いている。

　一方、日本型でも、もちろん、戦略はある。しかし、現状のリソース（＝人材や設備）を確認の上で、その現有の能力で実現できるであろう戦略を決める。将来の理想は、あくまでも現実の延長線上にある。まず現状のリソース、すなわち、人材・設備を見極めて、その人材に対して、必要な教育・訓練を施して、将来の目標を実現してゆく。キャメル・ヤマモト風に私が戯画化すると、日本型では、「まず冷蔵庫を開けてみて、中にある材料を確認する。もちろん、必要ならば市場に行って補うが、基本的には冷蔵庫の中での材料で、本日、これから作る料理を決める（レシピを作成）」というイメージである。決定順序を時系列にしてみると、「人 → 職務 → 戦略」となっている。

　直ちに付け加えておこう。日本型では、冷蔵庫をほったらかしにしておくのではない。定期的に食材を、しかも、高品質で新鮮な素材を補充しておくのである。日本型において、事前の食材選びは、きわめて重要である。この冷蔵庫に補完する食材選びこそが「新卒一括採用」にほかならない。

4.「ヒトとサプライヤーを入れ替えて機能させる」という、欧米系企業

　欧米企業と日本企業との違いは、例えば、自動車メーカーや部品メーカーが新興諸国に進出して、現地生産を開始するという、「新しい仕事」に直面したときの対応形態に、際だった相違がある。具体的な事例を、タイにおける自動車産業に見てみよう。欧米型では、きっちりとしたシステムを構築することで、ヒト・サプライヤーが入れ替わっても恒常的に機能する仕組みを作って対応する。システムとは、「ヒト・サプライヤーを入れ替える」ことで、企業経営を機能させる仕組みであると言える。

　春日剛ほか（2003）によると、タイに進出した欧米メーカーの経営手法の特徴は、企業活動のあらゆる側面において、《システム化》に取り組んでいるところにある。つまり、全般管理、人事・労務管理、調達、購買・物流、製造、出荷・物流、販売・マーケティング、サービスなどにおいて、人が入れ替わっ

図表２-６-２　企業戦略・人材採用における日本型とアメリカ型

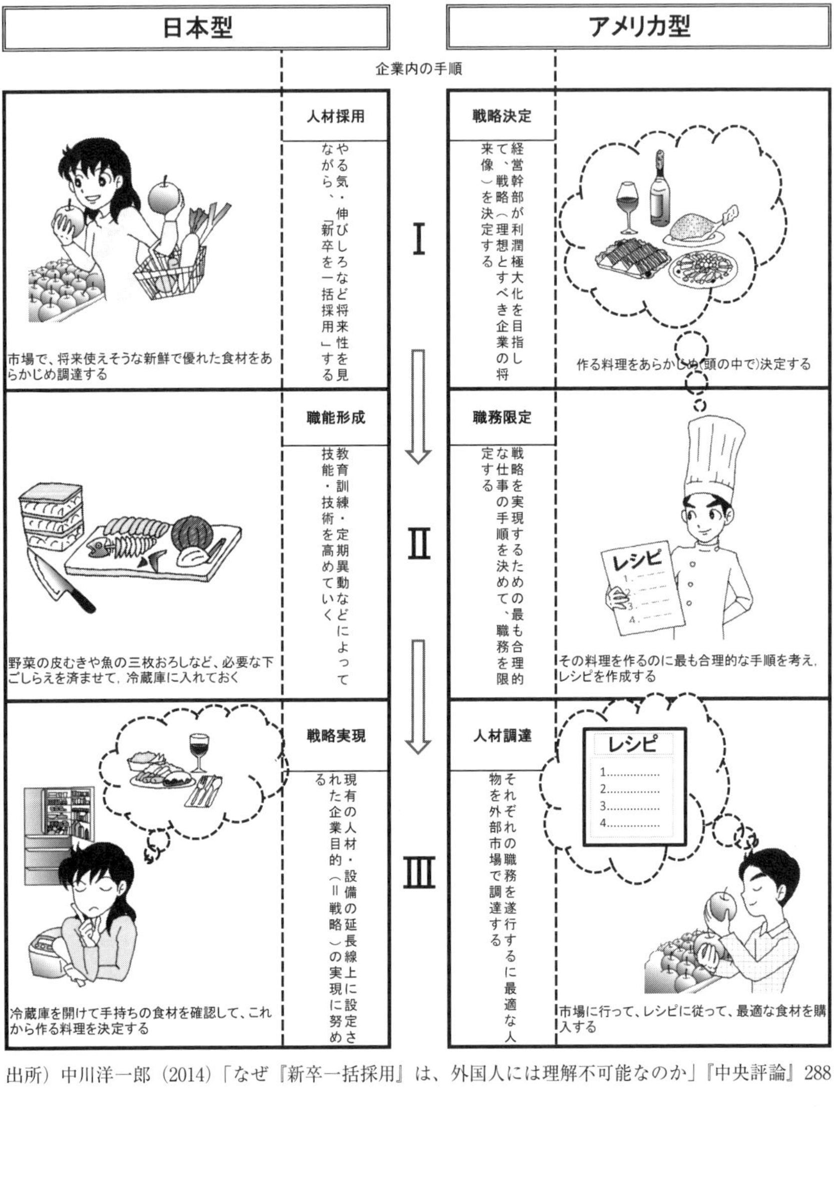
日本型
アメリカ型
企業内の手順
人材採用
やる気・伸びしろなど将来性を見ながら、「新卒を一括採用」する
市場で、将来使えそうな新鮮で優れた食材をあらかじめ調達する
戦略決定
経営幹部が利潤極大化を目指して、戦略（理想とすべき企業の将来像）を決定する
作る料理をあらかじめ(頭の中で)決定する
Ⅰ
職能形成
教育訓練・定期異動などによって技能・技術を高めていく
野菜の皮むきや魚の三枚おろしなど、必要な下ごしらえを済ませて，冷蔵庫に入れておく
職務限定
戦略を実現するための最も合理的な仕事の手順を決めて、職務を限定する
レシピ
1.
2.
3.
4.
その料理を作るのに最も合理的な手順を考え，レシピを作成する
Ⅱ
戦略実現
現有の人材・設備の延長線上に設定された企業目的（＝戦略）の実現に努める
冷蔵庫を開けて手持ちの食材を確認して、これから作る料理を決定する
人材調達
それぞれの職務を遂行するに最適な人物を外部市場で調達する
レシピ
1..............
2..............
3..............
4..............
市場に行って、レシピに従って、最適な食材を購入する
Ⅲ

出所）中川洋一郎（2014）「なぜ『新卒一括採用』は、外国人には理解不可能なのか」『中央評論』288

第 6 章　現代における疑似親族原理と機能本位原理のせめぎ合い　161

ても事業継続に支障が生じないような《しくみ》の構築こそ、《システム》化である。《システム》化の理由として、人材の流動性が非常に大きい欧米系部品メーカーにおいては、生産の安定性を維持するために、世界各地の人種・文化・教育水準が違う従業員が激しく入れ替わっても、短期間に一定の業務を遂行できる《しくみ》の構築が必要であったからだと述べている。

　この点で、日系部品メーカーと欧米部品メーカーとを比較すると、経営手法において鮮やかな対比が見られる。「日系メーカーは各個人のノウハウ・経験に基づいた『ものづくり』を重視し、生産工程の隅まで人的にコントロールすることで高い QCD レベルまで追求している。これに対して、欧米系部品メーカーは、QS9000/ISO などの管理システムにより生産活動をコントロールしている」(春日ほか 2003：18)。つまり、春日剛たちは、タイにおける欧米部品メーカーと日系部品メーカーとの間に存在する経営手法の違いを、経営手法の中に《システム》が組み込まれているか否かであると見ている（春日ほか 2003：22)。

　このように《システム》とは、新しい状況、なかんずく新しい仕事への対応を「人の入れ替え」によって行うことであると定義とすると、この《システム》が円滑に機能するためには、何よりもまず、あらかじめ仕事の内容（職務）が厳密に決定されていなければいけない。そうでないと、誰が最適な人材かを決定できないからである。さらに、この仕組みでは、最適な人材は、往々にして、外部から調達することになる。社内に最適人材がいればいいが、最適人材が必ずしも社内にいるとは限らないし、むしろ、いないことの方が普通であろう。従って、広く世間から、つまり、できるだけ募集の範囲を広げて人材を求めた方が、あらかじめ決められた職務に最も適する人材を発見して、採用できるからである。

　マネジメントの特徴は、「ヒトが入れ替わっても、経営目標を達成できる仕組み作り」あるいは「ヒトを入れ替えることで、効率を高める仕組み」であるとしたら、その特徴は以下の三点にまとめられる。

　(1) 職務の限定と個体化。すなわち、仕事の内容（つまり、職務）をあら

かじめ厳密に決める必要があること。
（2）限定された固有の職務に最適な人材の採用。
（3）人材が仕組みに適合しているかどうかの検証・評価と、その結果としての雇用継続あるいは不適な人材の馘首。

5．「人とサプライヤーを育てる」という、日系企業

　では、現地生産の開始という「新しい仕事」に直面した時に、システム化を推進する欧米メーカーに対して、日本企業は、いかなる対応を取るのか。

　1997年に起きたアジア経済危機は、タイの自動車産業に大きな打撃を与えたが、タイに進出していた日系自動車メーカーや部品メーカーも深刻な危機対応に迫られた。この1997年危機を境に採用した日系メーカーによる危機対応の軸のひとつが、タイを輸出基地に変貌させることであった。その際に採用した危機対応策が、現地のローカルメーカーからの調達の拡大であった。しかし、純ローカルメーカーからの調達増大には大きな困難があった。品質その他、要求する水準に達していなかったのである。そこで、日系企業は、仕入れ先サプライヤーを育成することで、この課題を克服しようとした。これは、新しい状況に直面した時に、日系メーカーが採用する行動様式を典型的に表している。新しい状況に対して、ヒトとサプライヤーの育成によって対応しようとするのが、日本型であり、設備の設計から金型製作まで現地化することによってコスト低減を目指していた。日系メーカーでは、当然のように社内の人材育成を心がけている。「ヒトを育てる」ことは「コストとは思っていない。[社内の人材育成は] 当然 [のこと] だと [思う]。絶対に費用より効果の方が大きいから。絶対それは間違いない」（日系大手部品メーカーD社）というように、人材育成に確固たる信念を持っている。

　かくて、日系メーカーは仕入れ先（サプライヤー）対応を大きく転換させて、地場メーカーの育成へと大きく舵を切った。欧米系メーカーにおける《システム》化が、「人の入れ替えで機能させる仕組み」であるとすれば、日系メーカー

における「ヒトとサプライヤーを育てる仕組み」をどのように規定できるだろうか。日本型組織では、「あらかじめ決められた人々」が「技能・技術を育成しつつ」、「職務を入れ替える（＝高度化する）」ことで機能させていると言える。

例えば、トヨタ生産方式における多能工化・多台持ち・U字型ラインなど、単純な一つの作業から、複数の職務を受け持つように訓練される。先に見たように、「育てる」とは、まず、高度な職務を付加的に担うことができるように訓練することである。高度な職能を発揮できるように訓練することについて、中川多喜雄が「日系メーカーでは従業員の職能的側面にまで降りてくる」という、非常に興味深い指摘をしている（中川多喜雄 1984：103）。ヨーロッパでは、企業は、個々の従業員の職能的側面に、原則として、関与しない。職能は、企業の外で形成され、社会的な評価を受けて、公的な資格として認定されるからである。企業は個々の従業員が有する職能資格に変更を加えない。

欧米の部品メーカーと日系の部品メーカーとの決定的な違いは、前者が管理システムで管理するのに対して、後者は現場での管理に重点を置いていることである。

システムとは、ヒトの確定に先行して、制度・機構・慣行を確定することであるから、欧米系部品メーカーで言うマネジメントとは、《システム》において、ある職務（＝仕事）に、職能的に相応しい人を選択すること、選択した後で仕事を遂行させて、成功ならばあらかじめ決められた賃金（＝対価）を支払うし、仕事を完遂できなければ馘首することを意味する。すなわち、職務遂行の正否を前提にして、「人の入れ替え」を決めているのである。その結果、業務・仕事・職務の定型化が容易であるから、その分だけ標準化が進展している。

Ⅱ．「ヒト←仕事」か、はたまた、「仕事←ヒト」か

どうやら組織の組み立て方とその運営の仕方で、日本と欧米とでは決定的な違いが存在するようである。何が、どう違うのか。

組織の中で、人は何らかの仕事をしている。「人が仕事をする」という最終的な形態に至るには、人と仕事がいわば合体するのである。その合体過程（本書でいう組織編成原理）には、実は、二通りの仕方がある。人が先に決まってからその人に仕事が割り振られるやり方と、その逆に、仕事を決めてから、その仕事に人を割り振るやり方である。この二つの過程を attribution（以下、《割り振り》）という言葉を使って、図式化してみよう。
　「仕事 ← 人」(左から右へ、「あらかじめ仕事を確定してから、その仕事に人を割り振る」と読む）という《割り振り》は、まず仕事を決めてから、その仕事に対して人を動かして配置する仕方である。先ほどから見ているアメリカ企業（グローバル化企業）における分業形成の仕方は、職務をまず限定してから、その職務に最も適切な人を外部市場から連れてくるのであるから、まさしく「仕事 ← 人」という配置である。
　日本型の雇用形態として、新卒一括採用、企業内訓練、年功序列、企業内組合などが特徴である。まず、「新卒一括採用」において、就業未経験の学卒者を一度にまとめて採用する際の選定基準は、彼（女）らの「今、何ができるか」という固有技術・技能だけではない。現状で持っている能力はもとより重要だが、もっと重視されるのが、潜在能力あるいは将来性・適性（将来、何ができるか）である。
　「やる気はあるのか」、「新規のプロジェクトに参加して、他の社員と一緒にやっていけるのか」などと人事面接では探りを入れられる。つまり、日本企業における採用人事で、選定基準が「現在」以上に「将来」に重きを置いていることは明らかである。
　潜在能力・やる気で選定した人々に対して、企業内で教育訓練を施して技能・技術を高めていく。もちろん、この企業内訓練は闇雲に実施するのではなく、企業で必要とされている持ち場にふさわしい技能・技術である。固有技能とともに、管理技能・管理技術も修得を目指す。技能・技術が修得されれば、それによって上位の職種へと昇進する。社内研修・教育と内部昇進がセットに

第6章　現代における疑似親族原理と機能本位原理のせめぎ合い　165

図表2-6-3　組織編成原理という視角からみた日本型と欧米型

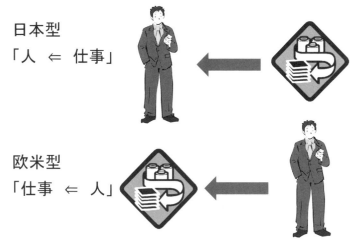

出所）筆者作成

なっている。

　年功序列も、「歳を重ねれば闇雲に昇進する」のではなく、社内で過ごした期間と修得した技能・技術と管理能力が一致するというのが大前提である。「人は誰でも訓練を受ければ、その分だけ技術能力が上がる」という信念が共有されている。これはある種の「性善説」であり、人間みな能力的にはそんなには変わらないという「人間みな兄弟・姉妹だ」という信念の発露である。

　このように見てくると、日本企業では、新卒一括採用によって、まず人を確定して、その人々に対して、企業内研修・訓練を施すことによって、徐々に高度の職務を与えていっている。従って、本章で言う《割り振り》仮説を援用すると、まず人を確定してから、その後に仕事を与えていくという、「人 ← 仕事」（左から右へ、「まず人を確定してから、その確定された人に対して、仕事を与えていく」と読む）という《割り振り》が行われている。

　新しい仕事（状況）が出現したときに、その対処の仕方でその組織の原理・原則がわかる。日本型は「人 ← 仕事」（人をまず決めてから、その人に仕事を

図表2-6-4　組織編成原理における正反対の《割り振り attribution》

企業とは、人と職務とが出会う（合体する）場である		仕事（職務の集合）	最終的な形態において、日本型も欧米型も、いずれの企業でも、人は職務を担って働いている。見かけは同じ。しかし、その形成過程が真逆である。	人
基本組織（日本型）	理念・手順・時間の流れ	まず「人」を確定する	次いで、「人」を教育・訓練によって技術・技能を向上させつつ、次々に「職務」（仕事）を与えてゆく	
派生型組織（欧米型）	理念・手順・時間の流れ	まず、戦略を確定して、最も合理的に「職務」（仕事）を限定する	次いで、個々の限定された「職務」に対して、最も適任と見なされた「人」を外部調達して、当該の「職務」に当て嵌めてゆく	

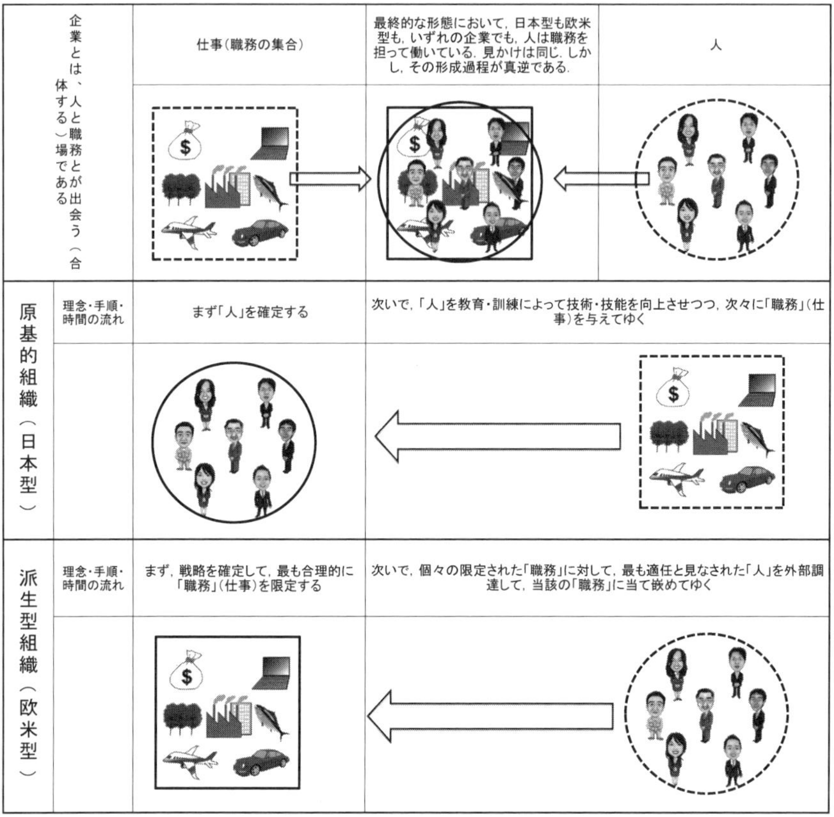

出所）中川洋一郎（1994）「分業における attribution の方向逆転（人員配置から職務付与へ）―フランス社会の後進性と日本社会の先進性に関する覚え書き―」『経済学論纂』（中央大学）34（5・6）、317頁の原図をもとに修正のうえで作成した。

割り当てる）であるのに対して、欧米型は「仕事←人」（仕事をまず決めてから、その仕事に人を割り当てる）という、組織編成原理を持っている。すなわち、欧米型と日本型とでは組織編成原理が正反対である。日本型は疑似親族原理で編成されているが、欧米型は機能本位原理で編成されている。疑似親族原理では、新しい状況が生じて新しい仕事が発生したとき、現有の人々が新しい

職能を身につけて、その仕事を担うほかない。一方、機能本位原理では、機能を主眼にして、まず仕事を確定して、《システム》を整合的・合理的に確立した上で、その《システム》における個々の仕事に最適の人を社の内外から探してきて配置するので、きわめて効率的であり、競争力が大きい。

　すなわち、欧米企業と日本企業とでは、組織編成原理、すなわち、《割り振り》の方向が正反対なのである。

おわりに──グローバル化と日本型企業システム──

　かかる日本型企業システムは、グローバル化の流れの中で、押し流され、消滅する運命にあるのだろうか。つまり、日本型システムは崩壊して、欧米社会から育ってきて、いまや世界標準となったグローバル化された基準（機能本位原理）が、やがて日本の企業でも全面的に採用されて、支配的になるのであろうか。本章での《割り振り》図式を援用すると、グローバリゼーションによって、日本企業は、従来からの「人←仕事」の働き方から、グローバル基準である「仕事←人」への正反対の転換を強いられているのであろうか。

　しかし、私の考えでは、日本型はそれほどたやすく消え去ることはない。当面思いつく第一の理由が、日本企業の高い生存力である。世界における長寿企業というデータによると、世界最古の企業は、日本の金剛組である。それ以外にも、例えば、2008年、世界で創業200年を超える企業5586社中、日本は3146社と全体の56％も占めていた。もちろん世界一である。次に来るのは、ドイツで837社、オランダ222社であるから、日本が断トツに1位である。中国で150年を超える企業はわずかに5社だし、韓国に至ってはゼロである。長寿企業が多いというのには、もちろん、日本の「人←仕事」システムに長寿の根拠があるからである。「長ければ良いというものではない」かもしれないが、しかし、長いだけでなく、日本には優れた現代的な産業が存在する。

　例えば、日本の自動車産業は、世界で2500万台ほどを日本ブランドとして生産していて、これは全世界の自動車生産およそ8000万台の約3割に上る。

この数字を見れば、「自動車産業は、日本の御家芸だ」という主張は、あながち思い違いとはいえない。この業界では、グローバル化された企業が存在して、依然として、世界のトップランナーの一角を形成している。トヨタ、ホンダやデンソーなど、グローバル化の世界の中で、日本型システムを維持しており、技術蓄積・技能形成という点では、非常に優れている。これらの企業は、グローバル化の嵐の中で日本型の仕組みを維持しており、その日本型システムこそが、日本のメーカーの競争力の源泉となっている。日本型システムが気圧されているように見えて、実は技能・技術集積がものを言う分野では非常に優れているのである。

　日本型が容易に消え去るとは思えない本当の理由、それは、組織編成原理の二大対立において、日本型（疑似親族原理）が「本家」の系統にあって、欧米型（機能本位原理）はむしろ派生型だからである。

　これから就職する学生にとって、グローバル化にさらされている日本企業の命運が、大いに気がかりであろう。本章では、グローバル化企業と日本企業という対比を考えるうえで、人と仕事の出会い方（組織編成原理）という視角があることを提起した。かかる大学生の「新卒一括採用」方式を維持していること自体、日本の企業システムがグローバル化企業システムとは原理的に違うことを強く示唆している。これこそ、日本社会が容易にグローバリゼーションに溶融しようとせず、独自性を維持しようとしていることの証左である。長嶋茂雄さんなら、「大学生の新卒一括採用が維持される限り、わが日本型システムは、永久に不滅です」（重語御免！）と言うかもしれない。

　この章で私が明らかにしようと目指したのは、「現代における疑似親族原理と機能本位原理のせめぎ合い」である。一人ひとりの学生が体験する「就活」も、私の考えでは、「文明の歴史」の大きな流れの中で、対立・対抗する二つの原理の間で行われている壮絶なせめぎ合いの「一こま」なのである（少し大げさだが）。それに気を巡らせてもらえれば、本書を書いた私の密かな願望も叶えられようというものである。

第1章

都市国家の形成と崩壊
——メソポタミアにおける灌漑農耕（前5000年〜前1500年）——

はじめに—史上初めての都市化とその破綻—

　今から1万年ほど前に、《肥沃な三日月地帯》で、定住していた狩猟採集民が初歩的なムギ栽培を開始した。気候のうえでは、寒冷・乾燥期のヤンガードリアス期の末期にあたる。その後、2000年から3000年ほど温暖化傾向が続いた。この間、初期農耕民は、狩猟採集も続けていたが、農耕開始から2000年ほど経つと、畑に近づいてきていたヤギ・ヒツジなどの草食動物を馴化していった。

　特に、ヒプシサーマル期と呼ばれる温暖化の最盛期（前5000〜前4000年）から下降期にかけて、農耕が丘陵地帯からチグリス・ユーフラテス両川の流域にまで広がってきた。

　とりわけ、ヒプシサーマル期終了後の寒冷化・乾燥化が進んだ前3500年頃になると、沖積平野で人口が増加し、集落が大規模になってきた。史上初めて、都市が誕生した。都市には、農村集落ではまだ分化していなかった経済活動（例えば、祭祀、手工業、商業など）に従事する専門的活動が見られた。都市の誕生は、歴史の分水嶺と言えよう。

　しかし、メソポタミアで発達した都市も、その繁栄は1500年ほどしか持ち

こたえられなかった。その崩壊のきっかけこそ、寒冷化・乾燥化によってステップ地帯を離れた遊牧民の来襲であったが、しかし、古代文明の破綻、その真因は、別の所にあった。乾燥地帯に出現した巨大な人口集積は、恐ろしく資源浪費的であり、周囲の森林を破壊し尽くしてしまったからである。

I．寒冷化と農耕民の沖積平野進出（前5000年頃）

1．乾燥化による沖積平野への進出

　ヤンガードリアス期の寒冷化・乾燥化が終息すると、それからの2000から3000年間は、温暖な時期と寒冷な時期が入れ替わるという不安定な期間が続いた。それでも前6000年頃を頂点にして前後1000年間ほどは、非常に温暖な時期となった。ヨーロッパでは、場所によっては（デンマーク北部の最寒月の海面温度）、今の気温から5から6℃も高かったという報告もある（鈴木2000：47）。この温暖期を、ヒプシサーマル（高温の意）期と呼んでいる。

　ヒプシサーマル期が終焉して、前5000年頃（研究者によって年代確定はかなり異なる）に寒冷化・乾燥化の時期が訪れた。完新世（1万年ほど前から現在まで）に小氷河期は4度到来したが、図表3-1-1「過去1万4000年間の気候変動と文明史との関係」では、この時期を完新世の第一の小氷河期という意味で、T1と呼んでいる。この小氷河期（T1）を境に、それまで西アジアの丘陵地帯（《肥沃な三日月地帯》）でムギ類やマメ類を栽培していた原始的農耕が、チグリス・ユーフラテス両川の流域にまで広がってきた。この前5000年頃の寒冷化・乾燥化によって、西アジア全体でも干魃の害が発生したのではないか。天水だけに依存している農耕は、天候不順にきわめて脆い。《肥沃な三日月地帯》では、干魃が頻発して、初期農耕民たちは生存の危機に瀕した可能性が高い。

2．平野での灌漑農耕―ウバイド文化の成立―

　現在のイラクに該当する両河川の広大な流域はメソポタミア（両河川の間と

いう意）と呼ばれている。そこには、上流からもたらされる堆積物によって覆われた沖積平野が広がっている。乾燥化でそれまでの天水農耕が不可能になって、初期農耕民たちは水のある場所（「大河のほとり」）へと追われるように、豊かな水を湛えた両河川の流域である沖積平野に足を踏み入れてきたのであろう（鈴木・山本 1978：2-33）。かくて前 5500 年頃から、メソポタミア南端部、チグリス・ユーフラテス両川の下流域に、農耕定着民によるウバイド文化（前 5500 年～前 4000 年）と呼ばれる古代文明が生まれた。

ウバイド第 3・第 4 期（前 5000～前 4000 年）には、かつての自給自足的な小集落が他の地域と盛んに交易を行うような村落へと発展して、特定の有力者の主宰する特別な位置づけを持つ宗教的な空間として祭祀場（＝神殿）さえ有する大規模な集落さえ出現するようになった（小泉龍人 2001：58-60）。青銅を精錬するには錫が必要であるが、錫は産地も限られていて、貴重品であった。それでも前 3500 年頃には、錫の溶融を行って、錫を 10％から 15％含む青銅の硬質合金もできるようになっていた。やがて古代文明の特徴でもある青銅器を専門的に製作する職人集団も形成されてくる。つまり、この時期頃までには、すでに初歩的な金属精錬技術が確立していて、鉱石から銅・鉛などが溶融され、ハンマーを用いた打ち出し製造・加工によって、道具や装飾品が製造されていた。例えば、アナトリア南部、チャタル・フユックでは、農耕・家畜飼育

図表 3-1-1　過去 1 万 4000 年間の気候変動と文明史との関係

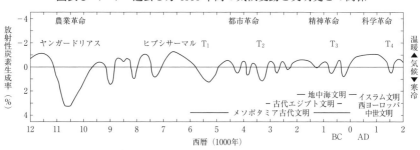

出所）小泉　格（2007：71）

も行っていた狩猟採集民が銅を精錬していた。ウバイド文化では、前4千年紀後半には、ナツメヤシ、コムギ、ロクジョウオオムギなどを栽培し、ヤギ、ヒツジ、ウシ、ブタを飼育し、銅を鋳造していた。とはいえ、金属器は貴重品であり、人々はまだ石器を常用していたようである（三浦 2001：A60）。

　前4000年頃までには、上記のように、河岸地域の灌漑が組織的に進展して、ウバイドの集落も前3500年頃まで続いた。完新世2度目の寒冷化・乾燥化（図表3-1-1のT2）の時期が訪れたのが、この前3500年頃である。厳しくなった気候環境に追い立てられて、新しい農耕方法である灌漑農耕によって定住が可能になった沖積平野（「大河のほとり」）へ人口が集中してきた。

3．沖積平野には広大な沃野が展開していた

　古代文明が発展したのは、いずれも大河川の沖積平野であった。そこは、(1)地味が肥えていたし、(2)灌漑によって、水が豊かであったし、(3)土地が平坦で、降水量が少なかったので、土壌流出が起きなかった、という利点を持っていた。特に、(3)の利点が大きいので、メソポタミア平野における灌漑農耕は、開始した当初はきわめて理に適っていたのである（カーター＆デール 1975：18）。この沖積平野で河口の肥沃な泥と出会った人々は、そこにムギを蒔けばこれまでの何十倍もの収穫を得られることを知った。前2370年頃、オオムギの栽培において、1粒を蒔いて得られる収穫量は76.1倍だったという記録が残っている（前川 2005：169）。

　山間部での天水農耕が点在的であったのに対して、沖積平野で展開した灌漑農耕では、耕作地を線的・平面的に拡張できるので、広大な耕作地が入手できた。しかも、栽培地がまだ手つかずであった場合、豊穣な堆積物のおかげで沖積平野は沃野を提供してくれたので、生産力は急激に増加した。灌漑農耕による穀物生産の余剰こそ、都市誕生の要因であった（松本 1996：35）。

　サウアー（1981）などが主張するように、西アジアと同様に東南アジアでも古くから農耕が行われていたが、そこでの栽培の対象となったのは、イモ類な

ど根菜類であった。穀物とは異なり、根菜類は栄養繁殖によって増やされる。また、実が柔らかいので、保存が難しい。それに対して、種子植物である穀物は、大量に収穫した際には、保存して、余剰を十全に活用できる。ムギやコメなど、蓄積可能な穀物こそ、余剰生産物として、直接農耕には携わらない人口を生みだし、都市文明を開花させることができたのである。穀物農耕こそ、文明社会成立の必須の基礎であり、旧大陸については、メソポタミア、エジプト、インダス、シナという、穀物を基本農作物とする犂農耕圏においてのみ都市文明が発生した（伊東ほか 1974：89）。

　チグリス・ユーフラテス両川に限らず、乾燥地域の河川は流量の季節的変動幅が大きい。そのために、季節的に氾濫する氾濫原が形成されることが多いので、乾燥地域は河川さえあれば、その流域は潜在的に灌漑農耕の適地になりやすい。つまり、氾濫原は自然灌漑農業の適地であり、少々の灌漑設備工事を行うことで灌漑農業の飛躍的発展が可能となる。乾燥地域の氾濫原は乾季のクライマックス期にも牧草や水に恵まれていることが多いので、氾濫原が家畜の「避難場所」となって、牧畜を営むことができる。つまり、雨季には氾濫原の外で牧畜し、乾季には氾濫原に戻るという、季節的移牧による牧畜が乾燥地河川の周辺で成立する。このような河川があることで、季節的利用しかできない周囲の広大な乾燥地域が豊かな牧地へと変容するのである。しかも乾燥地域の河川はきわめて富栄養の水に恵まれているので、肉が多くて美味の魚が豊富でもある。それは、乾季になると、水が残っている河川・湖沼などに家畜や野生の動物たちが多く集まってきて水を飲み、草を食べるが、同時に、多量の糞を排泄するからである。それが魚の餌となる。チグリス・ユーフラテス両川は、その流域に農耕面だけでなく、牧畜でも、漁業でも、大きな豊かさを与えていた（嶋田 2005：13）。

Ⅱ．メソポタミアにおける都市国家の建設（前 3500 年頃から）

1．灌漑によって複雑な人間関係が生じた

《肥沃な三日月地帯》で行われてきた農耕は、天水農耕であった。自然の降雨だけで成り立つ天水農耕では、一般に、気候の変化に翻弄されるので、不安定であるし、点在的である。また、特別の灌漑施設は必要ないので、複雑な人間関係も生じない。ここでは個人の能力に依存する部分が大きい。ヨーロッパでの農耕も基本的に天水農業であるので、この点に関しては同じ傾向にある。

これに対して、メソポタミアなど、降雨量が少ない乾燥地帯や、東南アジア・南シナの水稲耕作地帯など、栽培に特別の治水施設を必要とする地域では、灌

図表3-1-2　古代メソポタミア時代区分

年代 (紀元前)	時代区分	時期区分			年代 (紀元前)
		レヴァント～北シリア	北メソポタミア	南メソポタミア	
539年	ペルシア時代	アケメネス朝ペルシア			539年
1200年	鉄器時代	（海の民）		新バビロニア 新アッシリア	1200年
2000年	青銅器時代		ミタンニ 古アッシリア	カッシート 古バビロニア イシン＝ラルサ ウル第三王朝	2000年
3000年			ニネヴェ5	アッカド 初期王朝 ジェムデット・ナスル	3000年
4000年	銅石器時代			ウルク ウバイド	4000年
5500年			ハラフ		5500年
6000年	新石器時代	土器新石器 先土器新石器B（PPNB） 先土器新石器A（PPNA）	ハッスーナ	サマッラ	（ウバイド） ↓
8000年					
11000年	終末期 旧石器時代	ナトゥーフ			
18000年	旧石器時代				

出所）岡田ほか（2002：13）

漑施設に多大の資材・人材が必要になる。その灌漑施設の建設・維持管理に特別の人的機構が成立し、集落規模も大きくなる。全体を統制する仕組みができてくると、個々の農民はその統制の下で農耕に従事しなければならない。古代社会では、かかる統制者は、集落の規模が数百人というように小さければ、親族の長(おさ)がなるであろうし、都市と呼べるくらいの規模（人口が2万から3万人）になれば、往々にして専制的な王や領主となる。

　大規模灌漑設備の建設・管理と国家の生成とを結びつけようとする説は、生産力の発展に類似した有力な考え方といえよう。この考えによると、メソポタミア、エジプト、インダス川流域など、初期国家が建設された地域では、大規模な灌漑施設が建設されて、農耕における生産施設が強力な権力によって建設・維持されていたが、これは比較的小規模な首長制社会では負担が大きすぎて建設・管理ができない。それには大規模な公共事業を実施できるような中央集権的な権力が必要であるので、灌漑施設の建設・管理という機能が権力集中の必要性を生じさせ、国家を誕生させたという説である。

2．巨大な余剰生産物が都市を産んだ

　前3500年頃から、沖積平野における集落が大規模になり、メソポタミア古代都市文明が確立してくる。このような人口集積を基礎に、沖積平野で8つの強大な古代都市が建設され、互いに覇を競うようになった。それらの都市国家は、ウル、ウルク、ラガッシュなどであり、神殿とジグラット（聖塔）を中核にして、周囲には城壁が築かれていた。都市の周囲には広大な沖積平野が広がるばかりであり、天然の障壁がほとんどない。そのため、周辺の異民族、遊牧民や他の集団から自衛するために、環濠城塞化する必要があった。外敵から都市を防衛するために軍事指導者が選ばれ、やがて恒常化して王になった。

　それまでのウバイド期の集落は、農耕・牧畜を生業とする人々によって形成されていて、その規模は親族集団で構成される人々が組織できた大きさであった。しかし、農民が自分の必要とする以上に生産できるようになって余剰生産

物が大きくなると、社会はその分だけ多くの非農民層を養える。その結果、余剰生産物を交易するために取引に専門的に従事する商人や決済のための両替商、手工業、軍人など専門的な職業が形成されてくる。この過程が長期間持続すればするほど、社会の階層分化が進み、専門的な職業人とともに、著しい富と権力を有する特別の階級さえ出現してくる。この社会分化が進んで、社会集団がもはや親族関係では維持できなくなるほど大きくなると、血縁関係を超えた組織、すなわち、地縁組織が必然化してくるのである。かかる大きな規模となった地縁組織を安住させるような器が都市であった。

　平坦な地に肥沃な土壌があり、過少な降雨量のおかげで土壌流出がないメソポタミア平原には、灌漑農耕によって余剰生産物がムギの膨大な備蓄として出現した。突然出現した富の塊である余剰生産物は、周辺に住まう半農半牧の諸民族の耳目を驚かせ、さぞかし垂涎の的になったことであろう。隙があれば、その巨富を奪おうと狙うのは当然である。

　都市住民はそのことを知悉している。だからこそ、農耕による余剰生産物のおかげで成立し、その維持も依然として農耕に依存しているにもかかわらず、都市は農耕からは屹立した存在となった。前4千年紀後半になると、メソポタミアでの集落には本格的な防禦施設としての周壁や堡塁が登場してくる（小泉龍人 2001：165）。都市は、出身母体の農耕活動とは区別された存在として、いわば農耕を否定し、それとは峻別していた。従って、西アジアを発祥の地とするこのムギ・ヒツジ文明において、城壁は都市が都市であるための絶対条件であった。城壁によって、都市の本質が、都市住民にとって、(1)外敵からの安全・防衛、(2)非農村であること、(3)明確に区分された空間にあることを表している（日端 2008：64）。生まれたばかりのメソポタミアの都市は、乾燥地帯を起源とする文明において、都市のなんたるかを明らかにしている。

　いずれの都市国家でも、耕地は城壁の外に日帰りのできる範囲にあった。一般平民の暮らしは比較的豊かで、たとえ貧しくとも住宅・庭園・農地・家畜を所有していた。平均して、シュメール人の住宅は日干し煉瓦を積み重ねた小さ

な一戸建であり、厳しい砂漠性気候を緩和するために、中庭（パティオ）に向かってドアを開けていた。暑い時期、暑さを避けるために、夜は屋上で眠ることが普通であった。前2000年頃のウルの人口は、20万から36万人と推定されている（三笠宮 1976：102-103）。

　社会生活では、シュメール人が王・貴族・市民となって奴隷を活用して、青銅器を使用し、楔型象形文字を使用していた。この地域での農耕では、家畜の力を活用して、犂を使用した耕作方法が行われていた。その結果、ムギ類を中心とする農業生産が盛んになって、生産量も増大してくると、大きな余剰も生まれるようになった。その余剰のおかげで、農耕以外の職業、例えば、祭祀を司る神官、建築関係の石工、煉瓦工、船舶を作る船大工や艤装職人、さらに商人や軍人などの専門職が生まれ、社会的分業が進んだ。

Ⅲ．人類史上の真の分水嶺―メソポタミアの沖積平野における二大原理間のせめぎ合い（前5000年頃〜前2000年頃）と遊牧民の勝利―

　かくて、前5000年頃、農牧結合経済が《肥沃な三日月地帯》から平野と内陸の2方向へ拡散して、メソポタミア沖積平野における灌漑農耕と内陸ステップ地帯における遊牧が誕生した。前5千年紀から3千年紀における数千年間、両地域の人々は、緩やかな交易、文化的な反発、あるいは、小競り合いという、宥和と諍いとがない交ぜになった異邦人同士の関係を続けていたことが記録に残っている（大沼・西秋 2010）。前5000年頃から前2000年頃までのこの3000年間は、組織編成原理の歴史において、小規模親族組織に起源を持つ《疑似親族原理》と、遊牧組織に起源を持つ《機能本位原理》との、いわば小競り合いの期間であったと言えよう。

　やがて、前2000年頃、セム系遊牧民のアムル人が沖積平野に大挙して押し寄せ、新たな覇者として、各地に王国を創建した。いわゆる「アムル時代」の到来である。アムル人のメソポタミア制覇こそ、後者の《機能本位原理》の最初の勝利を意味していた。

第 1 章　都市国家の形成と崩壊　179

1．古代メソポタミアにおいては、《疑似親族原理》が支配的であった（前 5000 年頃～前 2000 年頃）

　ウバイド文化とは、およそ前 6 千年紀から前 5 千年紀にかけて、東南アナトリア、北シリア、メソポタミア、南西イランなどに展開していた灌漑農耕文化であり、数百人程度の小集落が形成されていた。このウバイド期に後続して、前 4000 年頃からのウルク期では、南メソポタミアを中心に都市化が進み、都市計画性・行政機構・祭祀施設という特徴が現れてくる。ウルク後期（前 3300 年頃）になると、はっきり都市というシステムが形成された。都市国家はジェムデット・ナスル期（前 3100 年）に出現し、初期王朝時代（前 2900 年頃から前 2350 年頃）に成熟した都市国家社会が分立していた。

　フランクフォートの古典的書物を読む限り、この時期のメソポタミア経済は神殿共同体によって司られていたので、以下に見るように、まさに本書で言う《疑似親族原理》が支配的な経済であった（フランクフォート 1962：67-123）。

　古代メソポタミアにおいて、経済の単位となっていたのが、神殿共同体であった。神殿が再分配の管理をしていたので、農産物と他の物資のかなりの量が神殿の倉庫を経由して、分配された。その管理のために文字が開発された。カール・ポランニーが描写した「財が一点に集中し、そこから出ていく」という、再分配システムの典型的な事例であった。

　神は都市と人々の所有者であったので、都市民間には身分の格差はほとんどなく、全男性成人からなる集会で都市神のもとで開催され、長老の指導のもとに万事を決めていた。神殿の共有地では、神官を含むすべてのヒトが労働していた。神殿の土地の一部がいわば公共の共有地になっており、そこでは、実際、すべてのひとのためにすべてのひとが、つまり古代人の言葉でいえば、神に仕えるすべてのひとが働いていた。

　誰でも、みな自活するための割り当ての土地と、配給の両方をもらっていた。誰でも、みな共用地や運河や堤防の仕事をした。有閑階級はいなかった。確かに、配給量は平等ではなかったし、割り当てられた仕事にも軽重はあったよう

だが、しかし、原則としては、共同体の全員が平等であった。

きわめて興味深いことに、誰もがまず農民であり、そのあとで副業的に専門的な職務に就いていたのである。すなわち、「農民は、一つの別個の階級でも、社会制度としての階級でもなかった。神官であろうと、商人であろうと、職人であろうと、市民のひとりひとりが、自分とその扶養家族の生活を維持するために割り当ての土地を耕やしている事実上の農民であった。ひとたび種子が蒔かれて取りいれが終ると、専門の技術をのばしたり、教えたり、利用する時間はじゅうぶんにあった。…メソポタミアの都市には組合や専門技術が存在していたが、それにもかかわらず、全体としての住民は耕作を第一の仕事としていた」（フランクフォート 1962：94-95）。それは、まず何よりも、人びとが神殿の一つに所属して、人びとは「○○○神の民」と呼ばれて、職能によって区別されなかったからである。「まずわれわれは、相互につながりを持ちながらも、別個の二つの社会組織を区別して考えなければならない。政治的構成単位は都市であるが、経済的・宗教的構成単位は神殿共同体である。各神殿は、その神殿の所有者である神の財産として土地を持っていた。各市民は、神殿の一つに所属し、神殿共同体全体—役人、神官、牧者、漁夫、庭師、石工、商人、そして奴隷もこの中にいる—は『○○○神の民』と呼ばれていた。観念的には、一つの神殿共同体が各都市の最初の中心であったと想像することができる」（フランクフォート 1962：86）。

先に図表2-3-4「牧畜社会の成立—組織編成原理の分水嶺—」（本書117頁）で見たように《疑似親族原理》においては、機能を優先して外部からメンバーを連れてくるのではなく、まず親族の中から選ぶ。都市国家の住民は皆が農民であり、そのうえで専門的な技能を発揮して、神官その他の「専門家」として働くのであった。すなわち、メソポタミアの都市国家においては、まさしく《疑似親族原理》が支配的であった。

2．アムル人の定住社会への浸透とウル第三王朝の崩壊（前21世紀）

このような都市化の過程で、流通が盛んになり、モノとヒトが動くようになると、徐々に他地方出身の「よそ者」が都市の中に居住し始めるようになった。交易が発展し、「よそ者」が居住し始めると、モノとヒトの管理の必要性から文字が出現し、行政機構も整えられた（小泉龍人 2001）。出身の違う「よそ者」同士が居住することを可能にするような空間、それが都市であったが、当時、「よそ者」に対する警戒心と反発はかなり強かったようである。

当時のメソポタミアの文書で、この「よそ者」の中でも、とりわけアムル人

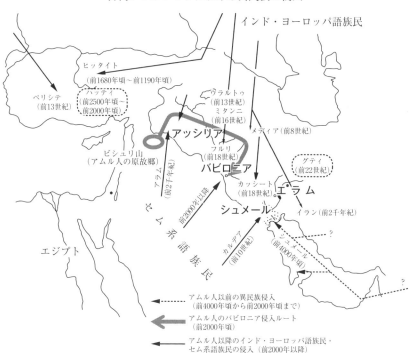

図表3-1-3　アムル人のバビロニア侵入（前2000年頃）
—古代メソポタミアにおける異民族の侵入—

出所）アムル人のバビロニア侵入経路は、中田（2006）による。それ以外は各種資料から、筆者作成。

(シュメール人は彼らをマルトゥと呼んだ) に関する記述が増えてくる。マルトゥ (アムル) は、本来、メソポタミアの西の地名で、レヴァント (現代のシリア) のビシュリ山が故地と想定されている。アムル人は、最古のセム系遊牧集団 (北西セム系) であり、シュメール人やアッカド人と区別される外来の人々、すなわち、「よそ者」であった。

　都市内に居住する「よそ者」としてのアムル人もいた一方で、シュメール人・アッカド人にとって、メソポタミアの都市の外、遠く山岳地帯にいる遊牧民のアムル人は、その深刻な脅威となっていた。アムル人は屈強な族長に率いられた遊牧民であって、当時、領域内に盛んに侵入して、彼らの家畜に食わせる草地を求めて、農耕地を蹂躙していたからである。前3千年紀には、農耕民であるシュメール・アッカド人と、遊牧民であるアムル人との間に一方では日常的な交渉、交易関係を持ちながら、他方では、深刻な対立を抱えていたのであり、シュメール・アッカド人はしばしばアムル人征伐のために遠征し、防御のための長城を建設していた (中田 2006：リベラーニ 1995)。

　前6千年紀末から、バビロンにおいて遊牧民アムル人による王朝 (歴代の中でも有名な王が、バビロン第1王朝のハンムラビ) が成立する前2000年頃まで、沖積平野において、初期農耕集落への内陸ステップ初期牧畜社会からの漸次的な浸透がおよそ3000年間続いた。前5000年頃に《肥沃な三日月地帯》での初期農牧結合経済から北 (遊牧) と南 (浦漑農耕) へ、2方向の発展が見られたことは画期的であった。この3000年という期間は、その後の組織編成原理の帰趨を決めたという点で、人類史上の真の分水嶺になっているからである。

3．《機能本位原理》の最初の、しかし、つかの間の勝利
—アムル時代 (前2000年頃〜前1595年)—

　ウル第三王朝の崩壊 (前2004年) は、東方からのエラム人の侵入によるが、その後の混乱の中で次々に都市国家 (イシン、ラルサ、バビロン、マリなど) を征服して、支配者として、君臨したのはいずれもアムル系の人々であった。

中でも、ハンムラピ（あるいは、ハムラビ）によるバビロン王朝の建国が特筆される。ハンムラピもアムル人、すなわち、セム系遊牧民であった。ハンムラピは自らを「アムルの王」と称しており、ハンムラピ法典で知られる「目には目を、歯には歯を」の同害復讐原理はアムル人の習俗から導入された。

アムル人の王朝建国の前 2000 年頃から、ヒッタイトによって前 1595 年頃にバビロニアが崩壊するまでの前 2 千年紀前半の 400 年間は、メソポタミアにおける「アムル時代」と呼ばれることもある。組織編成の原理史上、この「アムル時代」は、格別の意義を持っている。

メソポタミアにおいて、ウル第三王朝の時代まで、基本的に神殿共同体が経済の単位であり、個人の財産としては家屋くらいであった。しかし、新しいアムル人支配者たちは、王や神殿の所有地を分割して、付与あるいは無期限に貸与し、人民からは税金と強制労働を免除した。どうやら、アムル人は、大規模農家、自由な市民、勃興する商人から成る新しい社会を作ろうとしていた。この社会の仕組みは、その後末永く生き続けることになる（サウアー 1981：172；クレンゲル 1983）。すなわち、ウル第三王朝まで、《疑似親族原理》のもとにあった経済を、アムル人たちは解体して、《機能本位原理》のもとに再編成しようとしていたのである。

しかし、「アムル時代」は長くは続かず、やがて北方からのインド・ヨーロッパ語族民のメソポタミア侵入によって蹴散らされてしまった。

アムル人の諸王国の建国は、《機能本位原理》の初めての勝利であり、政治的・社会的・経済的構造の面でメソポタミアに深刻かつ持続的な影響を及ぼした。もっとも神殿共同体だけが国の経済生活を管轄していたのではなくなったが、しかし、神官たちは依然として神々のサービスを遂行し、信者たちの福祉を取り扱っていた。アムル人の権力下にあっても、引き続きメソポタミア文化は色濃く残ったのである。

もちろん、遊牧民王朝に付きものの事例であるが、彼らの支配は永続化しなかったために《機能本位原理》が社会の組織原理として支配的にならなかった。

短命であったのは、トインビーが言うように《仲介者》機能を果たす仕組みをまだ構築できなかったからであろう。しかし、これ以後、今日まで続く《疑似親族原理》と《機能本位原理》との確執の時代へ突入したのである。

Ⅳ. 生態系の破壊による都市国家の崩壊（前1500年頃から）

1. レバノン杉の森は消滅した

少なくとも紀元前3千年紀には、高山が南北に走るレバノン山脈に香柏（通称はレバノン杉）の広大な森があった。成長すると高さ40m、幹廻り10mにもなるレバノン杉は、腐食や昆虫に対して強く、耐久性に優れ、風格漂う高級な建材となった。『ギルガメッシュ叙事詩』では、シュメールの都市国家ウルクの王ギルガメッシュが、レバノン杉の森の番人、フンババを退治して、それ以降、自由に香柏を切り出すことができるようになったと言い伝えられている。神々しいまでの美しさと気品を醸しだし、強靱さを備えたレバノン杉は、古代にあっては力の象徴とさえなっていたのである（金子1990：2-7）。

しかし、あれほど繁茂していた杉の森林も、今では、保護林が5haほど残るだけである。中腹以下の地域は、全山一様のはげ山か、灌木が散在するだけの乾いた地肌が露出している。豊かな褐色の森林土壌は、今では浸食によって赤色の風化土壌や剥き出しの石灰岩盤に変わってしまっている。最初の都市文明は、その開始以来、1000年ほどで、レバノン杉の広大な森林をものの見事に破壊してしまった。一体、何が起きたのだろうか。

都市建設と、それによる資源の浪費こそが、その原因であった。前3000年頃までにこの地域で集落の大規模化が始まり、大がかりな都市建設が実施された。住宅を建設するために大量の煉瓦を製造した。交易が盛んになるにつれて、木造船舶の建造が進んだ。その結果、森林の伐採が進んだ。なかでも杉は、優れた材料として、例えば、船のマスト、大型建築物に重用されてきた。樹高40から50mにもなるレバノン杉は、当時、25万haも展開していた。森林消滅の要因がいくつか挙げられるが、とりわけ巨大な寺院、宮殿、城壁用の焼き

レンガを製造するための燃料用薪材の伐採や船や家をつくるための建材の採取、農地にするための森林開発などが続けられたことによっている。

2．大量の土砂とその塩化化合物

かくて、メソポタミアにおいては、特にチグリス・ユーフラテス両川の上流から流れてくる大量の土砂が灌漑溝を埋めてしまうという悩ましい問題が生じていた。従って、灌漑溝を常時浚渫しなければならず、そのために大量の人的動員が不可欠であった。カーターとデール（1975：53）は、動員されたのは、奴隷たちであり、安定的に奴隷を確保できていたうちは灌漑溝も浚渫されていた。灌漑溝が機能している限り、メソポタミアに文明は栄えることができたと述べている。一方、フランクフォート（1962：88-89）は、共同体の全員が平等であったという、古代世界には例を見ないのが、初期都市国家だったのであり、身分の高い者も低い者も、毎年、賦役として堤防や運河の修理・保全の労働に従事したと書いている。

しかし、いずれにしろ、次々に来襲する遊牧民系の人々は、支配者に収まっても、十分な灌漑溝管理の知識を持っていなかった。また、管理する意思もなかった。やがて灌漑溝は十分に浚渫されなくなり、大量の土砂で閉塞されるようになった。しかも、チグリス・ユーフラテス両川が上流の山岳地方から運んでくる水には、多量の塩化物が含まれていた。灌水してそのまま放っておくと耕地は塩害化してしまうので、適切に排水しなければならなかったが、浚渫が滞ったのと同じように、不断の戦乱と専制権力の頻繁な交替、灌排水システムの管理への怠慢によって、脱塩作業は継続的に実施されなかったのである（中島 1977：203）。

森林を伐採して、耕作地・牧草地へ転化するか、あるいは、ヤギ・ヒツジを放牧する。山はやがて土壌の保有力を失い、降雨によって土壌が流出し、それが下流の沖積平野にある灌漑溝を埋める。その一方で、灼熱の太陽の下、塩化物を多量に含んだ水で灌水された耕地は、排水が不十分になると、急速に塩害

化していった。かくて、メソポタミアの都市国家は、「森」と「土」と「水」の健全性を急速に失った。

　メソポタミアでわれわれが見る灌漑農耕は、灌排水作業という微妙な管理バランスの上に乗っているシステムである。それでいてこのシステムの維持には、膨大な人手が必要であった。その管理システムが破綻すると、再生できないような形式での《自然の収奪》へとたちまち変わってしまう。メソポタミアの都市文明は、わずか1500年しか持たなかった。この物質文明は、環境の消耗が激しいので、自然はそれに耐えられない。永続化せずに、破綻へと向かって歩む文明である。文明の崩壊は、土壌の浸食によって起こる。土壌という自然が文明の勃興期に、食糧を提供し、余剰生産物をふんだんに与えてくれたおかげで発展できたのだが、その土壌が劣化して、作物を栽培できなくなってその文明は崩壊するのである（カーター＆デール 1975：20）。

3．追い打ちをかけたフェニキア人の交易

　フェニキア人が今のレバノンに定着したのが、前2500年から前2000年頃で、やがて地中海を股にかけて航海する有能な貿易商・船乗りとして知られるようになった。その当時は、レバノン杉を始め、後背地のレバノン山脈には木材や森林作物などの天然資源が豊かに存在していた。フェニキア人は、その資源を商品として活用し、エジプトやメソポタミアとの交易に活用した。青銅製の斧を使って森林の伐採に乗り出し、まず建築や造船に必要な木材を使用した後、余剰分を輸出したのである。エジプトやメソポタミアには木材が徹底的に不足していたので、フェニキアの杉材は大いに持て囃された。例えば、前10世紀のイスラエルのソロモン王は、上顧客であって、彼の宮殿や寺院へ、また、ほかの富裕なユダヤ人の住宅へ木材を供給するために、当時フェニキアの森林では15万人が働いていた（カーター＆デール 1975：83）。

　フェニキア人が住んだこの土地（フェニキア）は、もともと可耕地が不足する山国である。そこで伐採された森林の跡地は、穀物を栽培するために耕地に、

あるいは、ヤギを飼うために牧地に転用された。きつい急斜面に次々に耕地と牧地がつくられていった。フェニキアは地中海性気候の地域である。冬になると大量の降雨があり、険しい傾斜地にできた耕地をたちまち浸食し始めた。しかも、フェニキア人はもともと遊牧民であったので、急斜面での農耕作業は好まず、生計の拠り所として進んでヤギを飼った。ヤギは食欲旺盛のうえに、どんな急斜面も苦にしない。若木を始め、芽や葉など、草木があるとヤギが食い荒らす。もちろん、風に吹かれて飛んできた種から芽生えた苗木は、芽を出すやいなやヤギの餌食となり、枯れてしまう。家畜（特に、ヤギやヒツジ）を放牧しているところでは森林は再生しない。

　フェニキア人は食糧獲得のために、森林を伐採して、木材という商品を輸出するとともに、ヤギを放牧して家畜として飼った。伐採と放牧による土壌流出が自然を破綻させたのである。

4．乾燥地帯の灌漑ムギ文明に永続性はなかった

　メソポタミアにおける土壌劣化をもたらした第一の原因は、灌排水システムの管理不全である。メソポタミアの地では、灼熱の太陽による水分蒸発が盛んである。年間降雨量が200mm以下という乾燥した気候なので、灌漑した水分は急激に蒸発してしまう。灌水のかけ流しのままだと急激な水分蒸発が塩害をもたらして、農地を塩害化させて、不毛な地に変えてしまう。乾燥地の灌漑においては、劣悪な管理が土地の不毛化を促進する。灌漑耕地の塩害防止には、土壌の中の滞留水や地下水を、地表から蒸発する前に、排水溝から放流する必要がある。すなわち、灌排水のバランスと灌排水による洗塩こそが耕地の不毛化を防ぐのである。排水作業を怠ると耕地はたちまち塩化するが、メソポタミアの低地地方は水はけが悪いので、排水作業はかなりの難事業であった（中島1977：55, 80）。ウル第三王朝（前2100年～前2000年）の時代には、生産力は大幅に低下して、播種量の30倍が標準と定められていた。上記の前2370年頃の事例に比べて、播種量に対する収穫量は40％にまで低下していた。しかも

塩害化が進んで、もはやコムギは栽培できず、塩害化に比較的強いオオムギしか栽培できなくなっていた。耕地の塩害化が進むことで国力が低下したが、その一方で、国力低下による灌排水システムの管理不行き届きのために、さらに一層耕地の塩害化が加速化した（前川 2005：170）。

　土壌劣化の第二の原因は、土壌がもともと浸食を受けやすい性質だったことにある。ユーラシア大陸、とりわけ西アジアは広い石灰岩地域によって覆われている。この地域には牧草がよく育つので、農業生産力が大きい。しかし、土壌層が薄く、その下に硬い岩石があることが多い。従って、往々にして石灰岩地域がそうであるように、浸食されやすいという性質を持っている。かつて良好な畑や肥沃な牧場があって、そこに古代文明が栄えていたような多くの高台の斜面が、今では母岩である石灰岩が裸出して、あばら骨のように光っている。これは積年の土壌浸食の結果である。この地域は、繰り返し干魃に襲われたので、そこで暮らす農耕民も牧畜民も長く安寧な時期を過ごすことはできなかったのである。土地は洪水と風による浸食によって、ますます赤肌にされてきた（サウアー 1981：182）。

　第三の原因が、牧畜、とりわけヤギとヒツジの放牧にある。たびたび言及しているように、ヤギとヒツジは放牧されると、辺りの草や木の根を根こそぎ食い尽くしてしまう。放牧地では植物は再生できないのである。

　土壌劣化を引き起こす背景的な理由としては、農耕民・牧畜民が行う生業そのものを挙げなければならない。そもそもムギ栽培と牧畜という生産形態が、自然環境に対して破壊的な影響を及ぼしている。ムギは、生産拡大がかなり容易な穀物だからである。すでに見たように、ムギは乾燥地帯を原産地としている。従って、ムギ耕作には、水稲耕作のような大量の水を必要としない。ムギ栽培は、かなり不利な条件の土地でも、例えば、傾斜地のような悪条件の土地や、乾燥地帯でも、可能である。その結果、人口が増加して食糧がさらに多く必要になるとき、耕地を拡大することは（収穫逓減の法則下にあるとはいえ）比較的手軽である。ムギ耕作人の耕地拡張意欲はきわめて高い。もし耕作地に

できない土地があれば、その場合には、そこを牧草地にすればよい。牧場にして家畜を放牧するのである。その結果、この農牧結合生産システムでは、可能な限りの土地が生産へと振り向けられていく。進出の対象には森も入る。ムギ栽培や牧草地に転換できる土地が不足する場合には、森を耕地や牧草地に振り向ければよい。森を潰して得られた木材は、建築や造船の材料となるし、工業活動に必要なエネルギーを供給してくれる。かくて、この西アジアに起源を持つ農牧結合生産システムは、森を食い潰し、限りなく耕地・牧草地へと転換していくという性向を兼ね備えているのである（梅原・安田 1995：5）。

V. 前 1500 年頃の寒冷化・乾燥化と北方異民族の来襲

前 2000 年頃までに、メソポタミア都市国家において余剰生産力の衰退による国力の低下は防衛力の低下を招き、平地で活動していた農耕民の周辺地域にいた諸民族が続々と沖積平野に侵入してきた。侵攻してきたのは、最初はセム族、ハム族、さらにインド・ヨーロッパ語族民であった。彼らの祖先たちは農耕民がすでに平野で耕作していた頃、周辺地域で狩猟採集民として定住していて、徐々に農耕や牧畜の技術を習得したらしい。セム・ハム・インド＝ヨーロッパ語族民など、次々に王朝を建てた人々は、政治組織を確立し、法典を作成し、戦争と征服を行い、都市と商業を振興したという点で大きな特徴を持っていた。神学・哲学面でも大きな印を残した（サウアー 1981：172）。

そのような状況下、前 1500 年頃に西アジア周辺の気候が大きく悪化した。どうやら赤道西風が急激に南下したらしい。それに伴い寒帯前線の冬の位置も南下したようである（鈴木・山本 1978：56-57）。その結果、気温が急低下した。その時の気温低下は 2℃ を越えたという。東方のインダス川流域においては年間数百 mm の降水量減少があった。農耕生活に入っていたところでは、2℃ の気温低下とそれによる降水量の減少は大きな打撃を受けたに違いない。後背地にあって降雨に依存していた天水農耕地帯では、農耕は壊滅的打撃を受けたことであろう。「大河のほとり」の灌漑農耕地帯では、降雨量の減少によって

河川の水が必要な灌漑水量に達しなくなったかもしれない。気候悪化は、さらに塩害化によって農地の荒廃を加速化させて、不毛の大地へと変えていった。前3000年頃に成立したメソポタミア古代文明は、およそ1500年ほどで破綻したのである（鈴木・山本 1978：33, 65）。

　この前1500年頃の寒冷化・乾燥化は、ユーラシア・ステップ地帯でも深刻な環境悪化をもたらした。すでに前4千年紀には、黒海北方（今のウクライナ）の草原地帯で、インド・ヨーロッパ語族民の集団が形成されていたが、この気候悪化を契機に、ステップ地帯に棲息する遊牧民の大規模な移動が引き起こされたのである。前2千年紀の中葉に、インドへはアーリア人、ギリシャへはドーリア人、西アジアへは遊牧民のスキタイ人が移動した。シュメール人の王朝はヒッタイト人によって終焉を迎えた。これ以後1000年間、世界的な動乱時代を迎える。この1000年間に東洋では釈迦や孔子、西洋ではギリシャ哲学やモーセやキリスト誕生となり、この時期を人類にとっての「精神革命」と呼ぶ人々も多い。

　かくて、古代メソポタミア文明は、寒冷化・乾燥化によって始まり、寒冷化・乾燥化によって幕を閉じた。

　古代メソポタミア文明の崩壊は、このように前1500年頃の急激な寒冷化・乾燥化によって誘発された遊牧民の来襲がきっかけとなった。しかし、崩壊の基底的な原因として、このメソポタミア文明のよって立つ基盤がすでに持続性を持っていなかったことが挙げられる。灼熱の太陽を受ける西アジア乾燥地帯における灌漑農耕は、土地への過度な負荷をかけ、塩害を発生させた。持続性に欠けた農耕文明の崩壊は不可避であった。

　ヒトも動物として生態系の一員である以上、その生存のためには、「森」と「土」と「水」を必要としている。それらが構成する自然的秩序の中へとうまく同化し、循環の中に溶け込むのが、持続性の条件であろう。ヒトが生態系を悪化させることが許されるのは、自然の持つ扶養力の範囲内である。その極限を超えるほど都市が肥大化したとき、ヒトがつくり上げてきた人工的世界は、

逆に自然界に飲み込まれてしまう。そして、ヒトを排除した自然の世界へと回帰してしまう。それが自然の遷移というものであろう（平野・堺 1995：182）。

おわりに―メソポタミア文明は、のちの諸文明の崩壊要素が一式一揃いで出現していた―

　蓄積を持たない「手から口へ」の狩猟採集生活を脱して、《肥沃な三日月地帯》でムギの天水農耕を始め、沖積平野で灌漑農耕を開始したとき、人類は、史上初めて穀物という余剰生産物を手に入れた。その後の歴史は、煎じ詰めれば、この余剰生産物の争奪戦である。農耕開始から今日まで、余剰生産物の獲得・分配・消費をめぐって繰り広げられたのが、人類の経済史である。ある社会が、宗教・経済・政治・文化・軍事をどれほどの規模と水準で実現できたかは、もっぱら自分たちが自由にできた余剰生産物の量と質によって決まってきた（ポンティング 1994a：92）。

　かくて、メソポタミアには、後年、その後継文明として、最終的に世界を制覇するヨーロッパ物質文明に至るまでの一連の物質文明、その構成要素が、しっかりと揃っていた。すなわち、ムギ（穀物）、ヒツジ（群居性家畜）、奴隷（動力・エネルギー源）、そして、砂漠地帯の周辺にあった森林（収奪対象の資源としての自然）である。灌排水システムという、絶妙な管理が機能しなくなると、たちまち土壌を劣化させて、メソポタミアの灌漑農耕システムは破綻した。その後に生起した諸文明は、本質的にメソポタミア文明の後継者であった。これらの後継諸文明は、メソポタミアの破綻を回避しようと、それぞれに打開策をとった。後継の諸文明の歴史は、「土壌の劣化という《自然の破綻》から、いかにして逃れるか」という強迫観念によって駆り立てられた歴史であり、破滅を回避するための「知恵と才覚」の歴史でもある。しかし、それは同時に、「知恵と才覚」だけで破綻を回避できないのなら、暴力に訴えて、破綻を回避しようとした歴史でもあった。

第2章

古典国家の成立
―― 古代ギリシャ・ローマにおけるポリス・植民地・奴隷
(前8世紀〜後2世紀)――

はじめに

メソポタミアでは、史上初めての都市国家が紀元前3000年（今から5000年前）頃にシュメール人によってつくられ、紀元前1500年頃に崩壊した。崩壊のきっかけは、遊牧民を出自とするヒッタイト人の北からの侵入であった。しかし、基底的な破綻理由は、灌漑農耕システムそのものにあった。乾燥地帯での灌漑農耕は灌漑網の整備と維持管理に決定的に負っていたが、度重なる遊牧民の来襲による権力の交替によってそれが失われたとき、余剰生産システムの持続性が欠如し、文明は永続化しなかったのである。

次にユーラシア西部で誕生した文明が、ギリシャであり、その後に、ローマであった。ギリシャ・ローマの経済システムは、メソポタミアでの破綻を回避できたのであろうか。

Ⅰ. 地中海の特殊性

地中海性気候は、夏の灼熱の乾燥と冬の降雨という対比に鮮やかに彩られている。夏は亜熱帯高圧帯に入るために、乾燥して、暑く、晴れた気候になる。冬は亜寒帯低圧帯に入るために、かなり寒く、偏西風の影響を受けるので、雨

がちである。この気候帯のほとんどの地域で、年間降水量は 600mm を超える。つまり、乾燥地帯ではないので、植物栽培は可能である。しかし、植物の成長が望める夏に乾燥し、冬という気温の低い時期に水分が多いということは、農耕にとって決して好ましくはない。ケッペンの世界気象地図を見ても、地中海性気候は、本家の地中海を除くと、カリフォルニア州（北アメリカ大陸）、チリ（南アメリカ大陸）、西オーストラリア州（オーストラリア大陸）というように、各大陸西海岸のごく一部に限定されている。世界で広汎に見られて、馴染みのあるような気候ではない。だからこそ、ブローデルの言うように、「一風変った気候で、植物の成育には向いていない」（ブローデル 1990：19）。

　植物の成長期の夏に水がなく、水があるときは冬で寒いという、かなり異色な気候の下にあるので、ギリシャを含む地中海性気候帯では、低い気温下でも乗りきれる冬の作物として、コムギ・オオムギ（「秋播・夏期乾燥型」）が採用された。これは、気候面では適っていた。さらに、乾燥地帯に強い植物として、ブドウとオリーブがこの地域に導入された。一方では、夏期の乾燥に対する手段として灌漑施設が、また、冬期の多すぎる水に対する対策として、排水施設が整備された。これは、マラリア対策でもあった（岩片 1988）。

　かくて、地中海式農業生産方式とは、灌漑と排水の水利設備の整備で環境を整える一方で、乾燥した暑い夏・雨の多い冬に適うような作物の導入、つまり、秋蒔きコムギとブドウ・オリーブの栽培によって特徴づけられる。

II．ギリシャ

　ギリシャにあって、メソポタミアにはなかったもの、それは、ポリス（前8世紀以降、自由市民の共同政体）、商品作物、商業活動、そして、洗練された奴隷統治技術であった。沖積平野で、大河の流域に位置していたメソポタミアの古代都市は、大規模灌漑設備によって水が潤っていた。しかし、島であったり、山がちで小さな盆地が点在するギリシャでは、大規模な灌漑設備は地形的に展開が不可能であった。ギリシャの農業は、降雨によって水がまかなわれて

いた天水農業であり、灌漑設備は、あっても小規模であった。

1. エーゲ文明（前 2000 年頃から前 1200 年まで）

　ヘラス（ギリシャの古名）の地には、すでに前 5000 年には東方から移ってきた人々の痕跡が残っている。前2千年紀の初め（前 2000 年）頃に、島多き東地中海に画期的な海洋文明が成立した。エーゲ文明である。古代ギリシャ最古の文明であるエーゲ文明を構成する三つの文明として、ミノア文明（前 2000 頃～前 1400 年頃）・ミケーネ文明（前 1600 年頃～前 1200 年頃）・トロイア文明（前 2600 頃～前 1200 年頃）が知られている。舞台となったヘラスは、本土のペロポネソスにしても、背後に山を背負う、どちらかと言えば恵まれない狭小な土地であった。あるいは、エーゲ海に散在する、大陸から切り離された島であった。しかし、海岸線が複雑なだけに、多くの良港に恵まれていた。海洋に面しているので、交易には適した土地であった。しかも、乾燥した夏・雨がちの冬という、作物の栽培には不利な気候も、オリーブとブドウの栽培には、打ってつけであった。これらの作物から、オリーブ油を搾り、ブドウ酒を熟成させて、港から積み出せば、価値の高い商品として遠くの地まで送ることができ、この地に富をもたらした。幸運なことに、近接の地には、メソポタミアとエジプトという当時の最先進文明圏があった。それらの地域との交流は、ギリシャの地に、交易による富だけでなく、技術や文化をも、もたらしたのである。

　ミノア文明（別名クレタ文明）は、クレタ島で前 2000 年頃から栄えた。当時、島内では豊かな農地があり、自給自足はもちろん、輸出も可能なほどの収穫物があった。雨水に依存する農業を基盤に文明を築いた最初の人々であった（カーター＆デール 1975：74）。何よりも、カシやナラの豊かな森林に恵まれていたので、これらを建材として輸出する一方、製陶と冶金のための燃料としても利用した。当時の島内の都市クノッソスの人口は 8 万人、広さ 2 km 四方で、宮殿を中心に住宅が取り囲んで、繁栄を極めていた。しかし、その繁栄は長く続かなかった。人口急増に伴い食糧輸入が急増したが、その輸入に必要な外貨

を獲得するために、輸出用の燃料用木材の生産を増加させるほかに手段はなかった。島内の森林資源への負荷はさらに高まり、乱伐は加速化した。その乱伐によって引き起こされた農地劣化は、いずれの文明末期の様相と共通していた。その後に起こった地震と北の島サントリーニ島の大噴火による津波は、この文明の衰退に拍車をかけた（岩片 1988：193-199）。

　前1600年頃までに、北方からインド・ヨーロッパ語族民の一団がヘラスに進出して、ミケーネに定着していた。前2千年紀前半から、北半球では気候の悪化が顕著だったことが、彼らの南下を促したのではないかと見られている。彼らは農耕・牧畜を生業にしていたが、先住民のミノア文明の影響を強く受けて、果樹（ブドウ・オリーブ）栽培と海洋貿易という「エーゲ的生活」に変容を遂げた。彼らインド・ヨーロッパ語族民が形成した文明を、ミケーネ（ミュケナイ）文明という。ミケーネは、やがてミノア文明との覇権争いに勝ち、地中海の覇者になった。ミケーネには、20から30の小王国が分立していて、王国内の物資はいったん恒常的な中央調整機関に集積され、そこから再分配されていくという、首長制社会に典型的な「再分配システム」が機能していたと考えられる（周藤 2007）。しかし、生業とした果樹栽培の傍ら、ミケーネ人たちの牧畜が狭い国土を疲弊させていった。山に放牧したヤギ・ヒツジたちはどんな急斜面でも草があるならば登っていって、草ばかりか、木の芽までも食い尽くして、森林を荒廃させたのである。

　これら三つの古代文明は、前1200年頃に、唐突に崩壊し、エーゲ文明は終焉した。伝統的には、ミケーネ文明の崩壊は、インド・ヨーロッパ語族民の一員であるドーリア人の来襲が原因であるとされている。また、気候悪化が原因という説もある。さらに、最近の説では、ドーリア人の制覇はミケーネ社会の再分配システムそのものの崩壊後のことだとも言う。かくて、この崩壊（「前1200年の破局」）の原因は、必ずしも明確に確定されているわけではない（中井 1994）。かくて、前2500年頃までにインド・ヨーロッパ語族民は、その原故郷（黒海北側）から各地への拡散していったが、その一部であるドーリア人が

ペロポネソス半島にまで南下して、この地を支配するようになった。

2．古代ギリシャ文明の誕生（前8世紀）とその植民地・交易

　前8世紀に、ギリシャ世界は、構造面でも空間面でも、劇的な変化を遂げた。その結果として誕生したのが、古代ギリシャ文明であり、政治体制としてのポリス（都市国家）であった。ポリスは、山岳によって隔てられた盆地が数多く存在するギリシャの国土に、最盛期に1500もあった。すでに見たように、ギリシャの農耕は、大河のほとりに展開したのではなく、降雨を主体とする分散的な小規模農業であった。それでも鉄器使用によって、ムギの生産性が大きく向上する一方、冬の降雨に適した果樹栽培を発展させ、それがオリーブ油とブドウ酒という、競争力のある商品作物獲得に貢献していた。ポリスの時代になっても、エーゲ文明の頃からオリーブ油・ブドウ酒という国際商品を輸出して、富を蓄積するというギリシャの経済構造は変わらなかった。

　狭隘な国土でムギ栽培を続け、家畜を放牧し続けると、その生産力には限界があるので人口増加に対処できないし、何よりも生態系が荒れてしまう。しかし、ギリシャ人たちは、家畜の飼育をやめることはできなかった。ギリシャ人はもともと穀類（コムギ・オオムギ）・マメ・果物・野菜に依存し、肉は副食に過ぎなかったが、前8世紀半ば頃から肉食の習慣が見られるようになってくる。ギリシャ人の酒好き、御馳走好きは饗宴（シュポシオン＝シンポジュウム）ということばも生んだ。彼らは大いに飽食を楽しみ、議論に励んだのである。

　ギリシャの国土は良好な港に恵まれているので、ギリシャ人は、交易によって事態を打開する道を選んだ。植民地の開発と手工業の展開である。

　植民地の開発によって、人口増加による食糧不足を解決しようとした。前8世紀初めまでの第一次植民地拡張は、エーゲ海（小アジア沿岸）に限定されていたが、前8世紀半ば以降の第二次拡張は全地中海に広がった。あくまでも食糧不足解消が目的であるから、コムギ栽培・牧畜が中心の農業植民地であった。

同質の気候を持つ地中海沿岸一帯にギリシャ人の農耕活動が一気に展開した。地中海沿岸の植民地は、本土よりも肥沃であったので大量の余剰穀物を生み出し、ほどなく本国へ逆輸入されるほどであった。さらに、広大な牧野には、ウシやヒツジが放牧され、その良質の毛は、遠くミレトス（アナトリア半島西端部にあった古代都市）まで送られて、そこの羊毛工業を支えた。穀物だけでなく、原材料も植民地から入り、逆に、オリーブ油・ブドウ酒や手工業品が本土から輸出されるという貿易が確立すると、商業活動も活発になってくる。ポリスの形成と植民活動が時期的に一致し、海外展開がポリスの体制を強化すると同時に、ポリスの発展が海外へのギリシャ人の進出を支えた。

　奴隷を活用した手工業も発展し、アテネを始め、ポリスは、これらの商品を輸出して、交易を盛んに行った。人口増加による食糧への需要増大を、オリーブ油・ブドウ酒および手工業品の輸出によって穀物を獲得することで補った。前600年以降のアテネは、商工業に依存する傾向を強め、植民地や諸国からの食糧や原材料を大量に輸入する一方、対価として加工製品を輸出し、船舶による輸送業・貿易商を営み、外貨を稼いでいた。当時、ギリシャの多くのポリスでは、食糧供給の3分の1から4分の3をエジプト、シリア、黒海地域からの輸入に頼っていた（カーター＆デール 1975）。

3．古代ギリシャ文明の崩壊（前2世紀）

　この古代ギリシャの経済システムは、(1)天水によるムギ耕作、(2)後背地への家畜放牧、(3)果樹栽培、(4)植民地からの穀物輸入、(5)家産的経営における商品生産という特徴を持っていた。

　ギリシャでは一部の地域を除いて天水農耕が行われ、灌漑による弊害（塩害）を避けることができた。しかし、もともと狭隘な国土であるので、耕地や家畜を飼育するための土地を山間部に求めた。山がちの地形を持つギリシャでは、メソポタミアの平野とは異なり、農耕・牧畜を展開するためには、急な傾斜地にせざるをえなかったのである。青銅器時代（前4千年紀からエーゲ文明の時

代まで)を通じて、森林伐採が行われた。森林開発は、落葉系のカシ林を切り開いて農耕地を拡大していこうという営みであり、もともと乾燥地帯を起源とするムギは、ギリシャの傾斜地に展開された耕地でも育成できた。しかし、それは南アルゴリス地方(ペロポネソス半島北東部)各地での大規模な土壌流出を引き起こした。そして、この地域における前期青銅器時代の文化は深刻な後退を強いられた。

鉄器時代(前1200年以降)に入って、伐採された森林の跡地が、耕地のほかに、ヤギとヒツジの放牧地としても、利用されるようになると、人間による自然環境への圧力はさらに一層強化された。ギリシャのような山がちの国土で、ヤギ・ヒツジを放牧すると、深刻な森林破壊を招来する。家畜は若芽を食い尽くすので、森林の再生が妨げられ、農耕地やオリーブ園などに利用されなくなった土地は、マキ(灌木林)や松林が従来からの森林に取って代わっていく。

さらなる悪条件として、ギリシャには、メソポタミアの乾燥地域と違ってそれなりの降雨があった。地中海性気候に特有の「冬の豪雨」が傾斜地における表層土壌を洗い流し、せっかく開墾した耕地と牧草地を荒廃させた(カーター&デール1975：114)。表面土壌が喪失して、土壌の劣化が急速に進んだことによって、メソポタミアと同様に、古代文明は、ギリシャでも、自然環境に破壊的な影響を及ぼした。ポリスが成立する前8世紀頃からしばらくは、南アルゴリス地方でも、農耕やオリーブ栽培が盛んに行われたが、しかし、ヘレニズム期(前334~前30年)に入ると、農耕地は放棄されてしまった。放棄された農耕地は、マキ化したり、松林となり、やがて大規模な土壌流出をもたらしたのである(中井1996：118-119)。

自国内での土壌劣化に対して、ギリシャでは、商業が発展していたので、交易によって穀物供給を国外に確保することに活路を求めた。さらに、地中海沿岸に植民地を次々に建設して、ムギの代替供給地域を獲得し、ギリシャ本土での土地への負荷を凌いだのである。しかし、海外の領土を獲得して植民地にし、その土地を開発して資源を得ようとしても、「一時的な方便」に過ぎない。自

国における土壌を含めた天然資源の保全こそが、高い生活水準維持の条件となっているからである（カーター＆デール 1975：113）。結局、ギリシャの国土の荒廃は、オリーブ油などの商品輸出や代替となる穀物輸入によっても解消されず、今では、石灰岩が剥き出しとなった荒涼とした国土が残された。「森林の荒廃と土地の流亡」によって、古代ギリシャ文明は破綻した（岩片 1988：ⅲ）。

Ⅲ．ローマ

1．古代ローマの農業と牧畜（前1200年頃から前2世紀まで）

　イタリアは、ギリシャと同じように、地中海性気候帯に属しているので、夏の乾燥と冬の降雨という特徴を持っているが、しかし、より西に位置しているので降雨期間が長く、耕作可能な土地は一段と広く、しかも肥沃である。夏の暑く厳しい乾季が問題だが、対策として灌漑を施せば、一年中耕作可能となる。従って、イタリアは、農作物の栽培にはその分だけギリシャよりは恵まれている。

　前2000年頃から、インド・ヨーロッパ語族民がイタリア半島に進出してきた。古代ローマ人の祖先となったラテン人とサビエ人もインド・ヨーロッパ語族民だが、彼らの侵入は前1200年頃と想定されている。彼らが鉄器をもたらした。もともと牧畜と狩猟採集を生業としていたが、イタリア半島に定着する頃から農耕も開始し、農民だった先住民と混交しながら、牧畜と農耕を営んでいた。

　エトルリア人の3人の王が最後の王制を敷き、ローマは、前509年に共和制となった。さらに、前270年に、イタリア半島を統一する。

　この時点でのローマは、重装歩兵である農民が中小土地所有者であり、農業社会の基礎を形成し、一方では、ラティフンディウムという大土地を所有し、あるいは、商品貿易に従事して富を蓄積した上層階層を支配層とする社会であった（森田 1976：43-47）。3回にわたるポエニ（フェニキアのこと）戦役は、このような社会のあり方を大きく変えた。小規模農家へ大きな打撃を与えて、

彼らの没落と土地の投げ売りを招来し、大規模土地所有成立のきっかけとなったのである。

第一次ポエニ戦役（前264～前241年）の戦勝によって得たシチリアから、本国へ大量のコムギが供給され始めた。このシチリアの安価なコムギに小規模農家は競争できず、コムギ栽培を放棄し、牧畜・オリーブ油・ブドウ酒製造に向かった。第二次ポエニ戦役（前218～前201年）では、多数の農民が戦死したうえに、国土は荒廃した。戦場から無事に帰還しても、小規模農家は奴隷依存の大規模プランテーションと競争できなかったので、自作農民たちは没落し、流民化した。為政者たちは、ローマに流れ込んだ流民たちを海外支配によって獲得する富によって養おうとしたため、社会の階層分化は固定化されてしまった。第三次ポエニ戦役（前149～前146年）は、この社会的混乱を決定的に推し進めた。ポエニ戦役をきっかけとしての中小農民の没落は深刻化し、その多くが土地を手放さざるをえなくなった。

2．奴隷制の発展と衰退

大土地所有者は、これらの土地を買い占めて、牧畜に振り向けたり、商品生産プランテーションにした。これらのプランテーションでは、それまでの戦争で得た捕虜を奴隷として使い、オリーブ油・ブドウ酒を商品生産した。三つのポエニ戦役が終結した前2世紀半ば、ローマの農村は、奴隷制の大規模農場と牧畜経営で形成されていた。この場合、奴隷制大農場が、穀物生産をしていたのではなく、商品生産を目的に、オリーブ油・ブドウ酒生産のための果樹園と製造所から成っていたことが特筆されるべきであろう。

一方、都市には奢侈品・武器などを生産する奴隷制作業所（エルガステーリオン）が存在していた。ギリシャ・ローマ世界における奴隷制のいわば古典的形態は、都市国家の標準的な市民（＝小土地所有者）による小規模奴隷所有であるとすれば、奴隷制大農場も、奴隷制作業所（エルガステーリオン）も、いずれも古典的形態を拡大し、誇張したものと言えるであろう（橡川1955：29）。

第 2 章　古典国家の成立　201

　しかし、それまで本土からのオリーブ油・ブドウ酒の輸出先であった属州が、この頃から生産地へと育ち始めた。彼の地ではイタリア製品の輸入代替から、逆に本国へその製品を送り込んでくるようになった。そうなると、奴隷制農場におけるオリーブ油・ブドウ酒の大規模生産を繁栄の基礎としていたイタリアの諸都市は、深刻な打撃を受けた。前 1、2 世紀以来、奴隷制農業の中心地であり、世界史的にも珍しい奴隷制社会を現出させていたイタリアは、こうしてまず遠隔地の穀物畑から小作制に切り替えられ始め、奴隷制経営は次第に衰退する方向にあった（森田 1976：56-57）。果樹園や製造所での労働が単純労働で、比較的奴隷制に適しているのに対して、穀物栽培は、大地に対する細かい配慮をもって手間暇かけた作業が必要であるので奴隷制には向いていない。紀元 1 世紀頃から温暖化の時期になると、穀物生産が伸びてきた。そのため穀物生産には相応しくない奴隷制から小作制へと切り替えられて来た。この点からも、大規模奴隷制は衰退に向かった（木村 1975：90-91）。そして、前 27 年、500 年にわたる共和制が終焉し、帝政時代が始まった。

Ⅳ．古代社会における奴隷

1．『旧約聖書』における奴隷

　ゾイナー（1983：45）によると、人間は動物を飼い慣らして家畜化するように、他の人間を家畜化する。それが奴隷だ。しかも、古代から、である。『旧約聖書』には、奴隷に関する記述が多い。ユダヤ民族を始め、メソポタミア、パレスチナを含む古代西アジアの世界で、奴隷の存在が日常的であり、経済活動に組み込まれていたことは、そこからもうかがい知れる。『旧約聖書』における奴隷の記述から、赤井信行が当時の奴隷を以下のように分類している（赤井 1994：51-53）。

　(1)捕虜…「男女の奴隷を表す最古のシュメール語は、古代バビロニアにおける最初の『奴隷』が、捕虜になった外国人であることを示している」（メンデルゾーンの古典的研究『古代近東の奴隷制』）というように、捕虜すなわち戦争の

捕虜と敗残者側の一般住民が戦利品として通例奴隷の身分となる慣行が存在した。戦争の捕虜のうち、とりわけ男は皆殺しにされ、女性（及び子供、家畜）が戦利品として捕獲、特に内縁の妻とされた。(2)購買…奴隷は、他の所有者あるいは一般の商人から容易に購入しえた。銀30シェケルが平均的な奴隷の価格とされた。1シェケルは銀9グラムから17グラムと推計されている。ということは、現在の銀価格（平成29年6月、1ｇ60円）に換算すると、30シェケルは1万6200円から3万600円となる。安かった。(3)出生…奴隷を両親として生まれた子供は、「家で生まれた奴隷（僕）」となった。(4)賠償…もし有罪を宣告された盗人が弁償できず、彼の受ける罰金や彼が与えた損害を支払うことができなかったならば、このための資金は自らを奴隷として売却することによって調達されなければならなかった。(5)債務不履行…支払能力がなくなった債務者は、しばしば債権者によって、彼らの子供たちを奴隷として売却することを強制されたり、直接債権者に奴隷として取り上げられた。(6)自己売却…貧困から逃れるために自発的に自らを奴隷に売却し、他人に頼ることは、古代オリエント地域においても広く知られていた。(7)誘拐…当時、多くの誘拐が横行していた。

また、紀元前3千年紀からの遊牧民（インド・ヨーロッパ語族民）の《爆発》の第一波においてすでに奴隷が発生していたことが記録に残っている。例えば、古代インドでは、モノとみなされ売買贈与の対象とされる人間をダーサ（女性はダーシー）と呼んだ。ダーサという語は、アーリア人のインド来住初期に彼らに敵対した先住民の呼称であったが、そうした先住民が征服されたため、この呼称に「奴隷」の意味が加わり、後にはもっぱら後者の意味に使われるに至った。またメソポタミアでも紀元前3千年紀末から奴隷の記録が残っていることは、すでに第2部第2章「《ヒツジ》化という、牧夫天性の行動様式」で見た。メソポタミア、ギリシャ、ローマなど、古代社会では、奴隷は日常的にどこにでもいた。

2. 古代社会における奴隷：家内奴隷と労働奴隷

　古代社会においては、二種類の奴隷がいた。家内奴隷と労働奴隷である。

　家内奴隷は、自由人市民によって所有される少数の奴隷が、奴隷主である自由人の家族に包摂されている場合である。家内奴隷は、「ファムロス」(「家人」)としばしば呼ばれており、奴隷主である自由人の家父長制関係のなかに従属し、さながら非血縁家族として取り込まれている存在であった(赤沢 1982：34)。ファムロス (famulos) は、そのまま欧米語に取り入れられて、現代では、家族 (family：英語の場合) を意味している。古代ギリシャ・ローマ人の認識では、一つの家庭の中には奴隷がいるのが当たり前であった。ほかにも奴隷関連の語が、現代語に入れられている事例として、サービス (およびサーバント) がある。これはもともと servus、すなわち、捕虜のうち、「殺さずに取っておかれた者」を意味している。奴隷が主人に対して行う仕事がサービスであり、(奴隷のように、主人に対して奉仕を行う人がサーバント) の原意である。このサーバント階層は、工業化以前のヨーロッパ社会 (『われら失いし世界』) には広範に存在した。すなわち、サーバントは奴隷の「発展形態」であり、奴隷の延長線上に位置している存在である。ある調査では、イギリスのスチュアート時代 (17世紀) に、全国の家族の3分の1から4分の1がサーバントを持っており、サーバント階層は、人口の 13.4％にものぼった (ラスレット 1986：20, 394)。サーバントがかくも普遍的に存在したことは、ヨーロッパ社会の源流には、奴隷制が存在し、社会のあり方、労働の仕方などに、息長くその影響を及ぼしていることが見え隠れしている。

　もう一方の労働奴隷は、エルガステーリオン (奴隷制作業所) に見られる。エルガステーリオンは、一種の奴隷制マニュファクチュア (工場制手工業) であって、アテネでもローマでもその事例が見られた。デモステネス (前384-前322年。アテネの政治家) が、7歳で彼の父親が遺した武器と寝台の製造所を横領されて、成人したのち、弁論によって取り戻した例は有名である。20名ないし30名の奴隷を使役して、武器、陶器、ガラス、家具などを製造する

経営形態は、しばしばみられ、銀・銅などの鉱山業経営の労働力は、購買奴隷によって供給された。アッティカのラウレイオン銀山の鉱山経営の例は、ことに著名であり、アテネの富強の源泉となっていた。古代ローマの奴隷制大農場経営として、ラティフンディウム（大規模農園）の経営形態のもとで、大量の労働奴隷が組織的に投入されたが、都市近郊の荘園（ヴィラ）における農業経営にとどまらず、葡萄酒の醸造、オリーヴの搾油精製など市場向けの商品生産において大量の労働奴隷の集積がいちじるしかった（赤沢 1982：36）。

3．古代ギリシャ・ローマにおける奴隷交易の発展

　すでにメソポタミアでも、古代インドでも、拘束されて無理矢理働かされる奴隷はいた。しかし、人間を拘束して働かせる行為が大規模に発展し、制度として定着したのが、古代文明のギリシャとローマであった。古典古代のギリシャ・ローマ文明は奴隷制度の典型的な体制として知られている。紀元前5世紀のアテネでは、総人口30万人のうち奴隷が10万人、また前1世紀のイタリアでは、総人口750万人のうち奴隷が300万人に達したと推定されている。厳しい監督のもと、農場では400人、大牧場や鉱山では1000人もの奴隷が酷使されることもあった。奴隷の供給源としては、上記のように、まず部族間などの戦いでの捕虜が挙げられる。奴隷は、原則として蛮族（異民族・外国人）であり、上記のように戦争や略奪などによって奴隷を獲得したので、奴隷制を発展させたギリシャ・ローマの中心部が、奴隷の供給を絶えず保障する周辺＝辺境部の存在を不可欠とした。

　戦争の他に、もう一つの大きな奴隷供給源として奴隷交易があった。古代社会の奴隷制においては、奴隷供給を大量かつ恒常的に保証するような奴隷売買システムが形成されて、その維持を可能としていた。例えば、ローマの周辺地域での海賊や、徴税請負人による人さらいや債務によって奴隷となった人たちが商品として市場に供給された。奴隷貿易の中心地の一つがデロス島で、1日に1万人以上の奴隷が取引されたという。しかし、結局は、戦争で捕獲した敵

を奴隷として売り飛ばすことも、また、そもそも売り飛ばすために戦争を仕掛けて捕獲することもあったのだから、購買奴隷の供給源も戦争であったことが多い。

　古代ローマ社会への主要な奴隷供給源は、フランク、ゴート、アングロ・サクソンなどゲルマン系諸部族間の抗争、および、スラヴ系諸民族や、ガリア・ブリタニアなどケルト系諸部族の内部抗争の所産として生まれた戦争捕虜であった。ローマ人の戦勝による捕虜よりも、むしろ、異民族自身から供給される「奴隷商品」の量が、はるかに多かった。古典古代ギリシャ・ローマの奴隷制は、異民族から貨幣を媒介として供給される大量の購買奴隷に依存していたのである。家内奴隷と労働奴隷は、ともに購買奴隷を源泉とするものであった（赤沢 1982：37）。マルク・ブロックによると、中世初期のヨーロッパ人（フランクと呼ばれた）は対外的に売るものがなかったので、近隣地域に対して戦争を仕掛け、ローマの市民権を持たない「蛮族」を捕獲して、中東・小アジアなどの先進地域へと売りさばいていた。古代から奴隷商品は国際貿易において非常に重要な位置を占めていたのである。

4．古代世界では、自由（＝貴族）か、不自由（＝奴隷）か、いずれか。

　古代世界、すなわち、ギリシャの都市国家や共和制期のローマ、あるいは帝政期のローマ帝国では、人間の法的な身分は、自由（＝貴族）か、不自由（＝奴隷）かのいずれかであった（ボーズル 2006：191）。ヨーロッパでも、ゲルマン人の侵入当初は、古代社会を引きずっており、その事例に漏れない。この古代社会における自由とは、人間を売り買いできること、つまり、奴隷を自己の所有物として自由に処分できることを意味していた。つまり、動産奴隷制こそ、ギリシャ市民の自由を保証し、実現した。奴隷の所有者による動産奴隷制こそ、自由の内実であった。

　個人の自由が古代社会において最高潮に達したアテネのような都市国家では、動産奴隷制が発展していた社会であった。それに対して、古代ギリシャ以前の世界（シュメール、バビロニア、エジプト、アッシリアなどの都市国家）

は、自由人が存在しない世界であった。この世界はまた、動産奴隷制が何ら重要な役割を果たしていない世界であった（フランクフォート 1962：89）。動産奴隷制もまたギリシャ人が発見したものであった。要するに古代ギリシャ社会の特徴は、自由と奴隷制とが手を携えて発展したことにある。自由とは、当時のギリシャにおいては、全男子人口の常に一部分、そして、しばしば小部分である共同体の成員に対して局限されていた用語であり、束縛からの絶対的な自由ではなく、ギリシャ人の生活と思考の現実においては、ポリス共同体の権利・義務を遂行する完全市民が最高の自由人であった（フィンレイ 1970：164）。「奴隷制度があろうが、なかろうが、自由は自由だ」ではなく、動産として奴隷を売買できた人が自由人であった。古代ギリシャ人の貢献は、その自由・不自由の問題を哲学として昇華したところにある。

　ギリシャにおける《個人の自由》と《動産奴隷制》の内実は何か。アテネのような都市国家（＝ポリス）は、社会的階層から見ると、《二階建て構造》になっている。下層に属するのは奴隷であり、社会的になすべきだとされている活動、つまり、労働を行う。彼らは「家」（オイコス）に属していて、「家長」に絶対的に服従している。これこそ、動産奴隷制であり、奴隷たちは、個人たる家長の動産になって、家長の個人的自由を経済的に保証している。これが重要である。上層に属するのが自由人であり、それぞれの「家」の「家長」たちである。彼らは奴隷に労働をさせているので、働かずにすむ。労働しないですむので、暇な時間を思索や勉強に充てることができる。奴隷の労働を収奪しているので、経済的に豊かである。そもそも古代ギリシャ語には労働という一般的な概念を表す言葉も、一般的な社会的機能としての労働という観念も存在しなかった。大きな「家」では管理の仕事が生じるが、それも管理奴隷にやらせた。つまり、各「家長」には、それぞれオイコス（「家」）が属していて、「家長」の独立性を経済的に保証していた。これが、「家長」の個人的自由の源泉である。オイコスごとに経済が自立していることが重要である（フィンレイ 1970：87）。

大規模な祭り、土木工事、戦争など、ポリス全体の事柄については、彼らは都市の「広場」(アゴラ)に集まって、議論をしてポリス全体の方針を決定した。家長たちの領域がポリスであり、政治(または、国家)の領域である。これに対して、奴隷たちの領域はオイコス(家)の領域であり、経済の領域である。

　ここには、「個人の自由を謳歌するような自立した個人(＝家長)は、労働などしない。労働する者(＝奴隷たち)には自由など微塵もない」という、鮮やかな対比がある。

5．ギリシャ人による奴隷制正当化への思想的根拠

　ギリシャ人にとって労働は卑しい活動であり、誇り高き自由人はするべきものではなかった。アリストテレス(前384～前322年)の奴隷観が、その『政治学』に端的に語られている(アリストテレス1961：32-46)ので、それを要約すると、大きく二つ(奴隷道具論と奴隷天性論)にまとめることができる。

(1)生まれつき主人は精神で、奴隷は肉体である。
(2)主人と奴隷は一対(＝ワンセット)であり、両者が合わさって初めて家政(オイコノミー)が完成する。
(3)独り立ちできず他人に属する者が奴隷となる。
(4)主人にとって奴隷は道具である。
(5)奴隷は他者(＝主人)の命令を受けて肉体労働をするしかない。
(6)生まれつき劣った者が奴隷となる。
(7)劣った者が奴隷となるのは、自然の摂理であり、有益かつ正しいことである。

　以上の(1)から(5)は奴隷道具論であるが、家政をひとりの人間になぞらえて、頭脳(あるいは、精神)と肉体の機能を分離・独立させて、それぞれを主人と奴隷に当てはめている。さらに、実際に作業をする肉体の機能を下位に落として、その自律性を否定するのが特徴である。一方、(6)と(7)は、奴隷天性論であり、「生まれながらの奴隷」という発想をもとに、奴隷となって主人の支配

下に入るのは双方にとって幸福だと主張している。

　奴隷労働を起源とする労働蔑視が確立したのは、ペルシャ戦争（前492〜前449年）がきっかけであった。ギリシャでも初期の時代には、労働を行うという限りで、奴隷も自由人も本質的な区別は存在しなかったが、前8世紀から前7世紀にかけて、いくつかのポリスにおいて、奴隷労働に対する蔑視が始まり、その蔑視観は前6世紀から広くほかの諸都市へも広まり始めた。この時代においては奴隷労働を起源とする労働蔑視も手工業や商業における労働に限られていたが、特に大量の捕虜を獲得したペルシャ戦争後は、奴隷にしかふさわしくない労働という観念が確立した。そして、次の段階に進むと、奴隷はこのような卑しい労働にしかふさわしくない（＝劣っている）という観念が定着したのである（シュレイファー1970：188-189）。

　紀元前5世紀の時点で、頭脳と手足というメタファー（隠喩法）によって、(1)人間的活動における指示と実行という機能が分離されたこと、しかも、(2)指示は価値が高いが、実行は価値が低いと明確に価値づけがなされたこと、さらに、(3)それぞれヘレネス（＝ギリシャ人）とバルバロイ（＝異邦人、ペルシャ人）という別の種族に分離されて理解されたことが決定的に重要である。かかる労働の理解は、いわば通奏低音として、労働と対外的関係において、後のヨーロッパ文明に大きな影響を与えたと考える。

　21世紀初頭の現代の倫理で、今から2500年ほど前のギリシャ人を批判するつもりはない。当時は技術が今と比べて劣悪で、生産性が低かったのだから、自分たちの生活水準を上げるために、戦争の勝者が奴隷を活用するのは常識だった。ただ、注目したいのは、アリストテレスを始めとするギリシャ人が奴隷使用の正当化のために開発した論理が、その後のヨーロッパによる世界征服において、大いに活用された点である（ハンケ1974）。

　ギリシャ人たちは、「われわれギリシャ人は文明水準が高いから、奴隷を使用するのは当然だ」と考えた。彼らが考える自分たちの優位性は文明水準が高いことにあるが、それは、自分たちが「自由」を享受している点に集約された。

しかし、実際は、奴隷を使用したからこそ、自由人たちは「自由」を享受できたのである。つまり、彼らギリシャ人の文明水準が高いのは奴隷労働のおかげなのであるが、彼らは、「人間には知的に優れていて考えることができる人間と、無能で他人からの命令でのみ仕事ができる人間の２種類ある」と定式化して、原因（奴隷制）と結果（自由）を倒錯させた。自分たちの文明の高さを、結局は人種的・民族的優位性に帰着させた。ここにはその後繰り返されたヨーロッパ文明固有の詐術がある。ほぼ2000年後の15世紀末以降、ヨーロッパ人が世界に打って出たとき、「われわれキリスト教徒は優秀な人間なので、野蛮で無能な異教徒たちを奴隷化するのが当然だ」と自己正当化した。その論理と同じ脈絡である。

おわりに──ヨーロッパにおける二元対立的世界観の起源──

　洗練された高度な奴隷活用文化を実現したのが、古典古代の世界、すなわち、ギリシャ・ローマであった。メソポタミアとは同じ奴隷使用とはいっても、大きく異なっている。奴隷制に関して、メソポタミアと比べると、ギリシャ・ローマの第一の特徴は、すでに見たように、商品経済が発展していたおかげで、奴隷市場が整備され、商品としての奴隷が市場に潤沢にいたために、購入による奴隷入手が容易だったことにある。ギリシャには、海に面した入江が多い。これらの入江につくられた港は、良港となり、交易に適し、交通・運輸が発展した。ガレー船が行き来して、海運業が興隆した。このように商品世界によってギリシャが彩られたが、この盛んな商品世界に奴隷も取り込まれた。奴隷市場が発展し、購買によって奴隷が入手できたので、奴隷をふんだんに利用できた。奴隷の入手が容易だったからこそ奴隷による商品生産が盛んになり、奴隷によって漕がれるガレー船が就航できるようになった。すなわち、発達した商品生産を支えたのが、高度の奴隷制であるし、そのおかげで奴隷自体も商品化されて、制度的に発展したのである。

　しかし、それと同様に、「主人と奴隷は一対である」というような、奴隷制

正当化のための高度な、しかし、身勝手で、独りよがりな論理を構築して、洗練された哲学に拵(こしら)え上げたことも、ギリシャの多大な「貢献」である。古代社会においては、(1)主人も奴隷も、単独では存在しない、(2)奴隷という「実」を持つ自由、(3)自由という「皮」を被った奴隷、(4)主人と奴隷は離れられない関係にある、というようなヒトとヒトとの関係が基本中の基本にあって、古代の社会関係を規定し、やがてヨーロッパ社会での人間関係をも規定していく。

ヨーロッパにおけるその思想的到達点の一つが、ヘーゲルによる「主人と奴隷の弁証法」であろう。ヘーゲルは、彼の主著『精神現象学』の中において、「奴隷は単独では奴隷たりえず、主人がなければ奴隷にならない。主人と奴隷は互いに依存し、主人が主人として完成することで、奴隷は奴隷として完成する」という主旨のことを述べた。ヘーゲルは必ずしも奴隷制を全面的に肯定したわけではないが、奴隷制の依って立つ基盤を、彼独特の思弁によって、きわめてエレガントに解き明かしてみせた。奴隷制は、ヘーゲルにおいて美しき弁証法にまで昇華された。ヘーゲルの「主人と奴隷の弁証法」は、ヨーロッパ人の心の琴線に触れるようで、このテーマはその後も繰り返し論じられている。

「主人と奴隷の弁証法」がヨーロッパ人の心の琴線に触れるのは、それが、「自己とは何か。他者とは何か」という、哲学上の根本命題に関係するからだが、実は、この考え方は、二元対立的世界観を、その論理展開の前提としている。二元対立的世界観とは、極端に単純化すれば、この世の中は対立する二つのものからできているという、見方である。そして、まさに二元対立的世界観こそ、彼らヨーロッパ人の思想の根っこになっているし、社会の構成要素にもなっている。

この点について、オードリクールが、この奴隷によって成り立つ世界の原則こそ、二元対立の世界観であると興味深いことを述べている。彼によると、西洋社会における二元的対立の起源は、牧畜と航海術にこそ存する。ガレー船のようなオール(櫂(かい))による航海術が古代地中海で発展したが、この航海術における船を指揮する者と漕ぎ手たちとの関係は、牧夫とイヌ・ヒツジの関係に類

似している。また、その一方では、航海術の発展によって、商業と商業生産が発展したので、このことは翻って、奴隷制度の発展ももたらした。海上戦闘と海賊行為によって奴隷数が増大するという量的側面と同時に、財の商業的生産という質的側面でも、奴隷制度は発展した。これらすべての要素が折り重なって、西洋世界において、《支配者 gouvernant》のメンタリティを刻印したのである。クセノフォン、コルメラ、プリニウスたちは、主人はいかにして奴隷の仕事を正確に計画し、指揮するべきかを説明していた (HAUDRICOURT 1962：46)。

　牧畜における牧夫‐牝ヒツジの関係、航海術における舵手‐漕ぎ手の関係、戦争・海賊行為の重要性、これらのことから奴隷制が生まれたことこそ、ギリシャ哲学の特徴をつくっている。だからこそ、この世の中を二元的に見る世界観が生じたのであり、この世は、精神‐物質（esprit-matière）、絶対神‐世界（divinité-univers）という対立から成り、人間の精神がアプリオリに服すべき諸法則を演繹する可能性が生じたのである (HAUDRICOURT 1962：47)。

　オードリクールは、ヨーロッパにおける世界観では、この世の中を、二つの対立するものからなると見なして、一方が他方に対して命令する関係にあるが、このような演繹的方法は牧畜とガレー船の経験から生じたのだと述べている。二元的世界観の形成・一方向的な関係の構築は、ヨーロッパ文明理解において、きわめて重要である。戦争捕虜による奴隷という原初的段階を越えて、購買奴隷制度を十全に発展させることで、古代ギリシャ・ローマ社会は奴隷制度を洗練させた。その洗練化の果てに、二元対立的世界観の確立がある。このように、牧畜を起源とし、奴隷制を媒介にすることで、二元対立的世界観は確立したのであるが、この奴隷制度正当化の論理は、その後、16世紀以降、ヨーロッパ人の世界制覇に伴って、世界のスタンダードになった。この牧畜文明的な世界観は、やがて世界で《普遍的理念》になり、人類にとって大きな厄災をもたらすことになる。

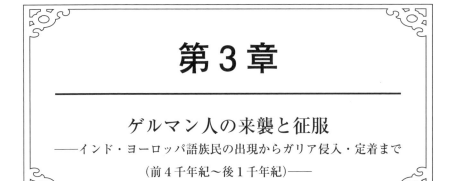

第 3 章

ゲルマン人の来襲と征服
—— インド・ヨーロッパ語族民の出現からガリア侵入・定着まで
（前 4 千年紀～後 1 千年紀）——

はじめに

　本書において、これまでヨーロッパとヨーロッパ人は、ほとんど言及されなかった。古代の都市文明が栄えた地は、遠くメソポタミア、エジプト、インドであって、今のヨーロッパの地は、狩猟採集生活を送る人々が棲息する辺境の過疎地、人も疎らな森林・草原地域でしかなかったからである。この狩猟採集民は現代ヨーロッパ人の祖先の一部にすぎない。彼らは、やがて前 5 千年紀以降、メソポタミアから伝播してきた初歩的な農耕と牧畜を徐々に覚えていく。しかし、彼らの農耕と牧畜は、長い間、原始的な生業にとどまった。ヨーロッパの地で暮らしたのが彼ら狩猟採集民だけであったとしたら、今のような世界は現存しなかったであろう。ヨーロッパの地が開発されて、本格的な農耕・牧畜が営まれるようになるには、それから数千年を経過した紀元 10 世紀頃になるのを待たねばならなかった。しかも、ヨーロッパとして開発される前に、何よりも彼ら初期狩猟採集民だけでなく、その後に何回か押し寄せてきた征服者たち、初めはケルト人、さらにローマ軍、そして、最終的に、ゲルマン人たちをヨーロッパは迎えるのである。

I. ゲルマニアへの移動と定着

1. 原故郷からゲルマニアへの移動

　前4000年頃に牧畜民（あるいは遊牧民）として形成されたインド・ヨーロッパ語族民の一派ゲルマン人たちは、割合に早い時期からゲルマニアへ進出していったと思われる。前2500年には、インド・ヨーロッパ語族民は、種々の民族へと分化していたからである。黒海北方のステップ地帯と比べて、北ヨー

図表3-3-1　インド・ヨーロッパ語族民の原故郷とゲルマン人の移住・侵入

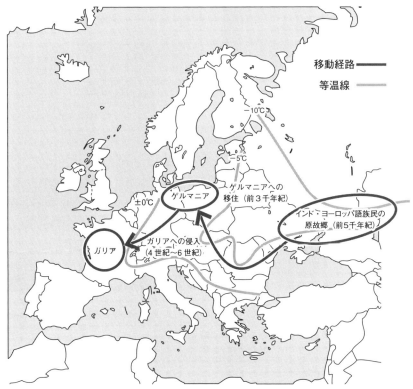

　注）等温線は、それぞれ1月の平均気温で±0℃、－5℃、－10℃を表す。
出所）各種資料より筆者作成。

ロッパの地を含むゲルマニアは極寒の気候に見舞われていたという印象があるかもしれない。しかし、図表3-3-1「インド・ヨーロッパ語族民の原故郷とゲルマン人の移住・侵入」にもあるように、等温線は北西から南東へと走っており、ステップ地帯からゲルマニアへの進出は、温暖な地から寒冷な地への移動というよりは、むしろ、等温線上の移動に近かった。ステップ地帯を出て、彼らの進んだ先に広がっていた植生は、確かに湿潤な森林地帯であったが、気温のうえでは、等温線（1月の平均気温）の0°とマイナス5°の中間地帯を辿っていた。原故郷を出た彼らが北西に進路をとり、ヨーロッパの北部へと進んだのは、むしろ、住み慣れた環境に類似の環境の中での移動という性格が強かったのであり、気候適応という面ではさほどの困難はなかったように思われる。しかも、前3000年から前2000年は、ヒプシサーマル期終了直後であり、ヨーロッパの気温は、現在よりもまだまだ高かったのである（鈴木 2004：72）。インド・ヨーロッパ語族民の誕生後、その一部は割合早い時期にゲルマニアへ移っていったに違いない。

2．ゲルマニアにおけるゲルマン人の生態（前2千年紀～前1千年紀）

ゲルマニアにおけるゲルマン人の生態は、原故郷から到来して2000年あまり経過した前1世紀についてはカエサルの『ガリア戦記』（前58～前51年）によって、紀元後1世紀については、タキトゥスの『ゲルマニア』（後98年）によって、その概要を知ることができる。

(1) 牧畜・略奪を生業(なりわい)とする狩猟採集民

カエサルが見た前1世紀のゲルマニア経済は、狩猟民化していて、森の中での狩猟と掠奪が、その中心であった。農耕は、焼畑や牧草地転換で、従属的に営んでいた。彼によると、ゲルマン人（ここでは、スエビー族）は「穀物を余り取らず、主として乳と家畜で生活し、多く狩猟にたずさわっている。その食物の種類や、日常の訓練や、生活の自由によって、というのも少年時代から義

務にも規律に慣れず、気に食わぬことは一切しないのが体力のある大型の人間を造っている」(カエサル 1942：121)。ゲルマン人は、「その生活は狩猟と武事に励むことである。…農耕に関心がない。食物の大部分は乳と乾酪［チーズやバターなど］と肉である」(202-203)。あるいは、「ウビー族の偵察兵からカエサルはスエビー族が森に退いたことを知ると、前にも述べたように、ゲルマーニー人［ゲルマン人のこと］がみな農業に余り熱心でないから穀物に不足するかもしれないのを恐れて…」(206)などという記述が散見される。同様に、タキトゥスによると、「その土地［ゲルマニア］の住民らは、家畜の数を喜ぶ。そして、家畜こそ、彼らのただ一つのそして最も好んで殖やす富なのである」(タキトゥス 1996：26)。

　特に男子においては、農耕よりも「狩猟と武事」、すなわち、狩猟と略奪が主要な生計の手段であった。「彼ら従者と指導者は、戦争に加わっていないときにはいつでも睡眠と食事に耽り、幾らかの時は狩猟につぶし、いっそう多くの時間を無為にすごす。最も勇敢で戦争をいちばん好む者らはみな何もせずに、住居や家庭や畠の世話を、女や老人など家族の中でもいちばん弱い人たちに任せてしまい、自分らだけはのらのらと暮らしている。同じ人間がこんなにも無精を愛し、あんなにも平穏を憎むとは、驚くほど矛盾した民族気質である」(タキトゥス 1996：44)。つまり、従属的な生業であるうえに、恒常的に手間暇がかかる農耕は女たちに任せ、男たちは普段は大方の時間をぶらぶら無為に過ごし、気が向いたら略奪行に出撃し、戦(いくさ)に出ていないときには、狩猟に向かった。

(2) 年ごとに耕地を変える土地制度

　ゲルマン人において農耕は従属的営みであったことがわかる。その農耕も、焼畑方式の原始的な段階にあり、年々耕地を替えていた。

　「スエービー族の間では個別の私有地がなく、居住の目的で一か所に一年以上とどまることを許されない」(カエサル 1942：121)。あるいは、「農地は耕作

者の数に比例した広さだけ、耕作者全体によって次々に占有されて行き、つい でそれが彼ら相互の間で、地位に応じて区分される。原野が広大であるために 分配に困難の伴うことはない。耕作地は年毎に変えられる。しかも土地は余っ ている。つまり彼らは労働力で土地の肥沃さと広さに取り組み、果樹を植え牧 草地を区画し、庭園を灌漑することがない」(タキトゥス 1996：63-64)。疎らに 人が住む広大な地域に、転々と耕地を変えていった。

農耕民であれば、秋の収穫こそ年間の最大の行事であろう。しかし、彼らは 秋という季節を知らなかった。「土地に彼らが期待するのは、ただ穀物の収穫 だけである。そのため彼らは1年そのものをも、われわれと同じ数の季節に分 けない。冬と春と夏の概念と名前を持っているが、秋の名称もその恵みもとも に知らない」(タキトゥス 1996：64)とある。ドイツ語の秋(ヘルプスト)と英 語の収穫(ハーベスト)は語源が同じであるように、秋は農民にとっては収穫 時期であるが、ゲルマン人が秋を知らなかったのであるとしたら、彼らが農民 ではなかったことになる。

(3) 武器を携えた遊動的な生活

ゲルマン人たちは、土地にしっかりと根ざした定住的な農耕生活を送ってい たのではなく、周辺の野山で獣を追い、果実を収集し、川や湖で魚を捕るとい う狩猟採集を軸に生活していた。原始的な農耕も知っていたので、ライムギ・ カラスムギなどの穀物や野菜なども栽培していたようだが、一か所で連作をせ ず、あちこち畑を替えていた。春・夏・冬の概念だけを知っていたというのは、 何よりも、彼らが牧畜民でもあったことを意味している。夏は辺り一面に夏草 が生い茂った。彼らは家畜に存分に食ませる草地を求めて、移動していた。飼 料作物を栽培して、それを備蓄することができなかったので、冬には彼らは多 くの家畜を屠る必要があったはずである。いずれにしろ、草原を求めて遊動せ ざるをえなかった。周囲には未開の森林・原野が広がっていたので、遊動的な 生活を送ることが可能であったのである。

農業主体の経済であれば、それなりの規模の家族が特定の土地にしっかりと定住・定着し、恒常的に耕作地を管理するために、組織的に労働力を注ぎ込まなければならない。大の男たちが、日がな一日ぶらぶらして無為に過ごすことはありえない。彼らにとって最大の財産が家畜であり、最大の収益源が他部族との戦闘による略奪であった。婚姻の際に、新婚夫婦は互いに武器を贈り合った。タキトゥスによれば、婚姻の際に夫が妻に贈るのは、装飾品などの女が好むようなものではなく、「牛、馬勒(くつわ)をつけた馬、フラメア(手槍)と剣を添えた楯である。こうした贈物を条件として、夫は妻をめとる。また妻の方は、その返しとして、何らかの武器を夫に持参する」。この婚姻時の儀式が告げるのは、彼らは常時戦闘状態にあるのだから、夫婦は共に戦うことで生き抜いていくのだという、「信念をもって自分は生きるべきであり、母となるべきである」(タキトゥス 1996：49) という、ゲルマン人新婦の戦時の覚悟である。

(4)　タキトゥス「ゲルマン人はもともとゲルマニアの生え抜きのはず」

　タキトゥス『ゲルマニア』で描写されているのは、寒冷化が進んだ厳しい気候風土であり、「あの土地の荒涼とした、気候の厳しい、住むにも見るにも陰鬱なゲルマニア」(1996：19) であり、「土地は、…全般的に見れば森林に覆われうす気味の悪い、そうでなければ沼沢に覆われて陰鬱な光景である」(1996：25)。

　このような峻厳な気候風土こそ、類い希なゲルマン人の性格と「がたい」を形成した。かかる厳しい気候風土こそ並外れて頑丈・頑健な体躯をつくるのであり、寒冷地に慣れきっているからこそ、ゲルマン人は「渇きと暑さに堪えることには全く慣れていないが、寒さと餓えには気候と土地柄のせいであろうか、平気で堪えるのである」(1996：25)。

　陽光が降り注ぐ明るいイタリアからやって来たローマ人の目に映った当時(紀元前後)のゲルマニアは、陽の光があまり差さない鬱蒼とした森に覆われた肌寒い気候の寒冷地で、とても人が好んで暮らすような地域には思えなかっ

た。あまりにも過酷な環境であったからこそ、「そこが祖国であるというならばともかく、一体誰がアジアやアフリカを捨てて、あるいはイタリアを捨てて、移り住むとしたろうか」とタキトゥスは自問し、「ゲルマニアの住民そのものは、…[余所から流れてきたのではなく] その土地の生え抜きの民族」であると述懐したのである (1996：19)。もっともタキトゥス自身はゲルマニアには行ったことはなかった。『ゲルマニア』は、伝聞で書かれた書物である。

3．前 1 千年紀におけるヨーロッパの部族配置

　ガリア南部がローマの属州に編入されるのは、紀元前 121 年であり、ガリア全土が属州になったのが、前 52 年である。カエサルとタキトゥスがゲルマニアとゲルマン人の生態を以上のように描いたのは、紀元前後のことであった。

　それから 500 年ほど前のヨーロッパの民族配置（前 5 世紀頃）として、現在のデンマークと北ドイツからライン川沿いの西ドイツにかけてゲルマン人たちが、ドイツ東部にはスキタイ系の人々が、ライン川西岸から西のフランス方面にはケルト系の人々が生息していた。ライン川やドナウ川などの主要河川とその支流が南北あるいは東西に走っていて、運輸・交通には利便な地であった。メソポタミアや地中海東海岸の先進的な文化は、南から北に向けて、主要な河川沿いに伝播していった。青銅・鉄の金属器の製造と利用も、南から北に向けて展開し、併せて、これらの部族間で文化的な交流も、物的な交易も盛んに行われていたのである（三浦 2006：38）。

II．ローマ帝国周辺での生息と帝国内への遠征

1．温暖化期末期におけるゲルマン人のゲルマニア定着

　しかし、もちろん、「ゲルマニアのような寒冷で陰鬱な地に余所からわざわざ移ってくるような酔狂な人間などいない。ゲルマン人はこの峻厳な地の生え抜きだ」という趣旨のタキトゥスの述懐は正しくない。すでに見たように、インド・ヨーロッパ語族民は前 5 千年紀初めに黒海北方の草原地帯で誕生し、そ

第3章　ゲルマン人の来襲と征服　219

の一派であるゲルマン人は前2千年紀にはゲルマニアに移り住んできたからである。移住してきた当初は、ヒプシサーマル期末期にあたり、まだまだ温暖化の余韻が残っていたので、温暖な気候の中、南東から北西へと等温線に沿っての移動であった。

　ヒプシサーマル期終息直後、温暖の余韻がまだ残る時期に暖かさに釣られて北部ヨーロッパへと移住したのは結構なことである。未開拓の地でほとんど人はいない。事実上無人の広大な森と草原が広がり、ゲルマン人を待っていた。温暖な時期には植物が繁茂し、それを食性とする哺乳類も増える。原始的な農耕を知っていたゲルマン人には、それなりにムギやマメなども収穫できるし、付近の森で豊富な果実を採集できるし、獣を狩ることもできる。森林（温帯広葉樹林）や低木地帯では、栗などの木の実や野イチゴなどの果実を採集し、シカ、イノシシ、ウサギなどの小動物を狩っていた。その一方で、原始的な農耕でコムギやオオムギを栽培し、ヒツジ、ヤギ、ブタ、ウシなどの家畜を飼っていた。いわば、狩猟採集民が、農耕も牧畜も行っていたというのが、ゲルマニアにおけるゲルマン人の生態であった。

　温暖な時期には、周辺環境の人口扶養力が増大するので、組織の人数は増大する。数は力だ。周辺環境が許すならば、組織の人員は多いほど望ましい。人間にとって最も重要な安全が確保されるからである。

　比較的暖かだった時期に、狩猟採集民としての牧畜民ゲルマン人が極北にまで進出し、その地で、多くの部族に別れて、その民族的なアイデンティティを形成した。彼らは、単なる狩猟採集民ではなく、農耕と牧畜を知っていた。とりわけ、ウマの家畜化に成功していたので、他の民族にはない強みを獲得していた。資源が乏しく、気候が峻烈な極北の地における民族の鍛錬が続き、彼らは、その戦闘性を強化していった。

2．ゲルマニアを故郷に感じる

　もとを正せば、彼らは遠く黒海北方の草原地帯から家畜を連れてやってきた

余所者だ。ノマド（流れ者）という遊牧民のメンタリティからして、一か所には定住しない生来の根無し草（デラシネ）だ。

しかし、ゲルマニアの地で、千数百年間暮らす内に、この北の海に面する高緯度地域を故郷と思い、原始的とはいえ農耕を開始したうえは、土地への愛着が多少とも生じていたとしても、不思議はない。それに、何よりもありがたいことに、もともとゲルマニアにはヨーロッパ原産の牧草が豊富であり、飼料には事欠かなかった。夏になれば、辺り一面牧草畑に変身し、彼らの家畜に餌を食わせることができた。ヨーロッパは牧畜には適した気候・風土を持っていた。真冬にはびゅうびゅうと寒風吹きすさぶ北海沿岸の地でさえも、自分の故郷と見なすようになり、離れがたく感じるようになったのは、想像に難くない。

3．長期的気温低下の開始

しかし、ゲルマニアへの定着後、ゲルマン人を取り巻く気候は、寒暖の変動を繰り返しつつも、傾向的に長い寒冷化の時期に入った。

図表3-3-2は、「ロスキレ・フィヨルド（デンマーク）における海面変動の推移」である。気温が高くなると海面が高くなり（＝海進）、気温が低くなると海面は後退する（＝海退）。北ヨーロッパにおける前6千年紀から現在まで7500年間の海進・海退がわかるので、気温の高い時期と変動を知ることができる。

これによると、前5500年頃は海面が現在よりも3m近く低かったので、非常に寒かった。その後2000年間は海面がぐんぐん上昇して6mも高くなり、前3500年頃には現在よりも3mほど高くなった。つまり、前5500年頃から温暖化が進み、前3500年頃に温暖化の頂点に達した。

気温が高くなれば、高緯度地方の北ヨーロッパといえども、過ごしやすくなるし、何よりも動植物が繁茂する。上記に見たように、前4000年頃までに黒海北方のステップ地帯で形成されたインド・ヨーロッパ語族民は、この温暖期の末期までに北ヨーロッパのゲルマニアの地に進出し、ゲルマン人となった。

図表3-3-2　ロスキレ・フィヨルド（デンマーク）における海面変動の推移
（前5500年〜現在）

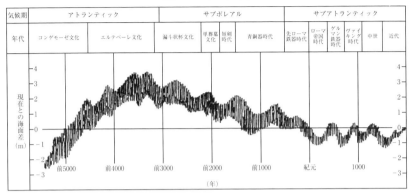

出所）CRUMLIN-PEDERSEN（1987：107）

　この資料によると、デンマークでの気温変化において、前3500年頃の海進ピークが3m、そこから海退ボトムの紀元後125年頃に向けて3500年以上かけて海面は低下しているので、気温がおよそ4000年間にわたって、長期的に下降傾向にあったことが分かる。つまり、ヒプシサーマル期に頂点に達した気温は、その後、4000年をかけて徐々に低下していく。ゲルマン人がゲルマニアに定着した前2000年から前1000年にかけては、いよいよその高温期が終わろうとする時期であり、「人間にとって環境の変化は、そのはじまりが特に重要である。それまでの生活形態が維持できなくなる」（鈴木2004：83）。

　かくてゲルマン人の到来時期頃から、徐々に寒冷化が始まった。徐々に低下する気温の中、周囲の森や草原にはもはや十分な食糧を見いだすことができなくなってくる。何とか食糧を確保しようと必死に工夫するが、この地獄へと墜落するような下降感は、さぞかし不安な心情をゲルマン人の間で醸しだしたことであろう。非常に心細くなったに違いない。

　かくて、温暖化が強まると、あたかも息を吸い込むがごとく、人口が増大したが、一転して寒冷化に向かうと、ゲルマニアは、余剰人口を外へと吐き出す

のである。

　気候悪化に伴って、人口扶養力が低下した。そこで人減らしが不可欠となった。三部族の内、抽選で旅立つ部族を決めたなどという伝説も残っている。彼らは余裕を持って征服に旅立ったのではなかった。食い詰めて、追い詰められて、旅立ったのである。従って、行った先々で、食うためには何でもやる覚悟だったし、現に何でもやった。

　森林に依存した狩猟採集生活を送りながら、周囲の森での狩猟採集、牧畜、焼畑式の農耕を営んでいたが、このゲルマニアの地でも、寒冷化が始まる前1900年頃から青銅器時代に、前700年頃から鉄器時代に入った。周辺の森林に十全に依存した狩猟採集生活を送り、農耕とはいえほとんど初歩的な焼畑農耕だったので、寒冷化という気候悪化の影響を直接的に受けた。シベリアのように、もしゲルマニアがもともと極北の住むに厳しい過酷な地であれば、ほとんどヒトは進出しなかったであろう。しかし、温暖期には哺乳類が食糧資源として潤沢であったので、肉食系の人々にはお気に入りの地域となっていた。

4．長期寒冷期（前3千年紀〜前1千年紀）における反復された南への侵入

　前3500年頃を高原期とする気候温暖期にひとたびゲルマニアに定着したゲルマン人たちも、前3千年紀に入ってからの傾向的に気温が低下する時期に、盛んに南への圧力を強めていった。前3千年紀からゲルマンの侵入（紀元後1世紀）に至るおよそ3000年間、南の人々は恒常的にゲルマン人の圧力と脅威に晒されていたのである。

　この傾向的寒冷期におけるゲルマン人の南方地域への進出が、図表3‐3‐3「ゲルマン人の南下と《大侵入》直前（4世紀半ば）の部族配置」に示されている。

　千数百年にわたるじわりと進む寒冷化こそ、ゲルマン人の性格を形成した。

　スポーツや武道などの鍛錬において、高度な技とそれを支える「がたい」をつくり上げるために、肉体への負荷を徐々に上げていく。環境が徐々に悪化す

図表3-3-3　ゲルマン人の南下と《大侵入》直前（4世紀半ば）の部族配置

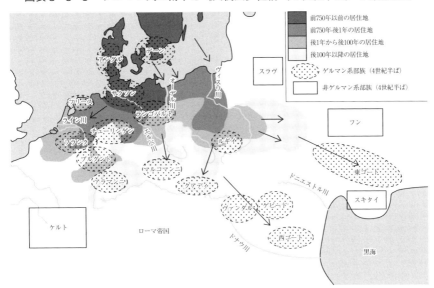

出所）BARDET & DUPÂQUIER（1997: 135）など、各種資料から筆者作成。

る過程で、環境からの負荷が一段と高まり、ゲルマン人の魂と肉体が鍛え上げられ、生来の攻撃的で果敢な遊牧民的性格にさらに一層磨きがかけられたに違いない。徐々に悪化する環境下でこそゲルマン魂が形成されたのである。

　もしゲルマン人が定着農耕民であれば、気候悪化が起きたとしても、やがてその地で先細りして、一族郎党が終末を迎えるだけであっただろう。定着農耕民は動かないからである。しかし、ゲルマニアで数十のキウィタス（部族国家）に別れて集住していたゲルマン人は、牧畜を主な生業とするもともと遊動的な部族であった。環境悪化の渦中で野垂れ死にするよりは、よりよい条件下の生存圏を求めて、南下して、ガリアに活路を見出そうとするのは当然のことであった。しかも、このキウィタスは何よりも武装した戦士からなる強力な戦闘部隊だったのである。

　ガリアの地には、先住民がいた。インド・ヨーロッパ語族民に属するケルト

人である。ケルト系の人々は、すでに前2千年紀初めにはヨーロッパに進出し、前8世紀から9世紀にはヨーロッパ全域においてケルト文化（ハルシュタット文化）を開花させていた。彼らは定住し、農耕を営んでいた。ガリア人（ケルト系の人々）は、優れた農耕技術を持っていたらしい。エンマコムギは前7世紀のフェ洞窟遺跡（ロート県テミヌ近郊）から、ヒトツブコムギはケイラ遺跡（オード県メヤック）から確認されている。重要なのは、ケルト人たちがオオムギの栽培（青銅器時代から開始していた）を熱心に行っていたことで、この時期にその生産を拡大した。オオムギは単に食用だけでなく、ビールづくりにも用いられていた。ケルト人たちは、さらに麻や亜麻を栽培し、その繊維で衣服を造る技術も持っていたし、羊毛を紡ぐことも知っていた。

ラ・テーヌ時代（前6～前1世紀）に、ケルト人の農業発展を支えたのは、高度な耕作技術であった。例えば、この時期に無輪犂利用が広まった。この農具は、すでにハルシュタット期には知られていたが、ラ・テーヌ期には鉄製の犂刃が発明されていた。中世ヨーロッパの農業生産を飛躍的に発展させた有輪重量犂も、発明したのはヨーロッパ中部のケルト人であった。ブドウ収穫用の蛇鎌や大鎌、熊手、さらに回転式石臼が現在のような形を取るようになったのも、やはりラ・テーヌ期であった。

以上のようなケルト人は、前55から50年にわたるカエサルが率いたローマ軍の侵攻によって征服された。プルタルコスによれば、カエサルはガリアで300万人のガリア戦士と戦い、100万人を殺し、100万人を捕虜にして奴隷として売り払ったという（柴田ほか1995）。

このように、ゲルマニアに比べて気温差で2℃暖かいガリア（今のフランスなど）では、紀元前4千年紀から曲がりなりにもムギ栽培を実施していた。その生産性は低く、収穫量は少なかったので、ガリアの地でも食糧獲得において、狩猟採集に大きく依存していたし、その一方では、牧畜業も並行して行っていたので、ガリアの民は必ずしも十全たる農耕民とはいえなかった。しかし、ゲルマニアの地で生息していたゲルマン人たちにとっては、ガリアで産出する穀

物は垂涎の的であった。

5．5世紀、本格的なガリアへの侵入

アルプス北方のヨーロッパでは、紀元前4世紀から紀元後1、2世紀の間は温暖な時期が続いたが、その後寒冷期に入り、3、4世紀から900年頃まで、寒冷化が進んだ。例えば、ボーデン湖（ドイツ・スイス国境地帯）では5世紀初めに花粉量が激減したが、これは低温下、全般的・恒常的な悪天候（長雨による洪水、日照不足、あるいは、少雨と干天など）を示唆している。また、北海沿岸で寒冷な気候に見舞われて海退現象が起こり、集落民が一斉に離村して、二つの集落が廃村になったことが確認されている（森 2007：143）。

かくて、紀元後400年頃から750年にかけて、ゲルマニアからゲルマン人が大挙してガリアに雪崩れ込んできた。

「蛮族」は侵入すると、都市を襲い、包囲して、家畜を収奪し、人々を捕虜にして奴隷として連れ去った。遊牧民の常態として、土地にはさほど興味はない。土地を占拠して、「自分たちが農民として労働する」というイメージではない（だからこそ、彼らが数百年後に領域国家を確立して、ヨーロッパの地に定着して、富を産む源泉として土地を活用し始めたのは画期的であった）。

Ⅲ．征服王朝としてのゲルマン諸国

紀元2世紀頃までには、ローマ帝国に隣接するヨーロッパ東北部にゲルマン人が部族国家を形成していた。ライン川とエルベ川に挟まれた地域（今のドイツ）には、西ゲルマン諸族（フランク、サクソン、アラマンニなど）と東ゲルマン諸族（ブルグント、ランゴバルトなど）、ドナウ川とドニエストル川の周辺地域には東ゲルマン諸族（東・西ゴート、ヴァンダル、ゲピードなど）、そして、ユトランド半島と北ドイツには北ゲルマン諸族（デーン、アングル）が定住して、オオムギなどの栽培を行う農耕に従事するとともに、ウシやウマを飼う牧畜も行っていた。

先に第2部第5章の遊牧民の《爆発》の第二波で見たように、2世紀頃から中央アジアのチュルク系遊牧民であるフン族（漢と対峙した匈奴だという説が有力）が375年に西方に移動を始めると、ゲルマン人の中でもドニエプル川下流から黒海沿岸に居住していた東ゴート族・西ゴート族は恐慌を来たし、難を避けるために移動を始めた。彼らは、ローマ帝国と蛮族との境界線になっていたドナウ川をわたる許可を求め、許されると376年に渡河して帝国領内に侵入し始めた。これが、ゲルマン人の《民族大移動》の発端であり、一般に以下の四つの波に分けて説かれる。

民族大移動の第一波において、西ゴート族は、378年にアドリアノープルでの戦闘で東皇帝ウァレンスを敗死させ、その後、40年間にわたってイタリアとガリアを移動していったが、418年、トゥールーズ（南フランス）に王国をつくった。ローマ帝国領内にゲルマン人が建国した最初の国家である。

第二波は、406年にヴァンダル、スエビ、アランがライン川を渡って、ガリアに雪崩込み、ブルグントがガリア南部を、アラマンニがアルザスを占拠した。

第三波では、スエビ族がガリアを横断してイベリア半島の北西部（ほぼ今のポルトガル）を征服し、ヴァンダル族は、今の北ドイツの地から出発して、フランス、スペインを横断し、さらにジブラルタル海峡を渡って、長駆して439年に北アフリカのカルタゴに至った。

最後の第四波では、まず東ゴート族が、489年にイタリア征服を始めて、493年、族長テオドリックがラヴェンナ（イタリア北部）に東ゴート王国を建国した。一方では、アングル族やサクソン族がブリタニアに侵入し、現地のケルト人を征服した。なかでも、クローヴィス率いるフランク族は486年以降ガリアの征服に乗り出し、フランク王国が成立した。507年に西ゴート族をスペインに追いやったことで、ほぼガリアの北部を制圧した。

376年に始まったいわゆる民族大移動は、4世紀末（395年）にはローマ帝国の分裂を引き起こし、これらの四つの波が治まった6世紀初頭の時点で、東には、ビザンチン帝国が、西には、部族国家が分裂状態でうち立てられるとい

第3章 ゲルマン人の来襲と征服 227

図表3-3-4 ゲルマン部族の大移動

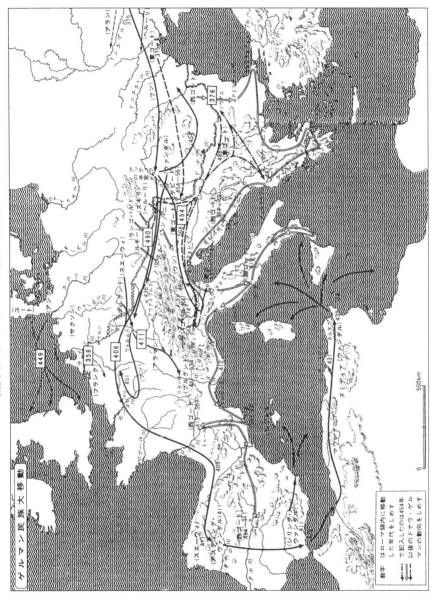

出所)『日本と世界の歴史 第2巻 古代〈西洋〉先史-5世紀』(学習研究社、1969年) pp.362-363。

う結果を生んでいた。中央ユーラシアのステップから侵入したフン族（匈奴ともいわれる）がゲルマン諸族を玉突きで押し出すことによって部族国家がヨーロッパで形成され、その後のヨーロッパにおける諸国家の地理的配置が決まったのである。

おわりに

かくてガリア（現在のフランスとスペインの一部）は、6世紀初頭にはゲルマン諸族によって征服され、分割された。侵入したゲルマン人の人口は、全体で40万から50万人であるのに対して、ガリアにはガロ・ローマ人（主としてケルト系）と呼ばれる人々が約800万人いた。従って、征服者は、全体の5％程度を占めるに過ぎない少数派であった。近隣のゲルマン国家を滅ぼしてガリアを征服したのはフランク族であったが、ガリアへの侵入の時点で人口は10万人、うち戦闘員は2万人ほどであった。

ゲルマン部族がケルト人を襲って、征服して、支配を確立したのだから、征服王朝の構図がここでも成立した。基本的なヨーロッパ社会の構造として、少数者の征服部族が多数者の被征服民衆を支配するという典型的な征服王朝として国家が形成されたのである。19世紀のフランスの社会思想家サン＝シモン（1760-1825）や歴史家オーギュスタン・ティエリ（1795-1856）などが、この関係はフランス革命まで存続した旧体制の基本的構図であると述べている。

もっとも、征服者のフランク人が貴族となって特権や領主権を享受する一方、被征服者のガリア人たちは賦役を強制され、隷属状態に置かれ、支配されてきたのは、フランク人によるガリア征服戦争の結果であるというのは、「単純すぎる解釈」として、現在ではほとんど支持されていない。蛮族（ゲルマン人たちをこう呼んだ）による征服時のフランク族がそのまま貴族としてフランス革命まで君臨したわけではないし、ガリア人を祖先とする者からも多数が貴族や支配層に上昇したからである。それに、大多数のフランス人は、自分たちの祖先が奴隷であったとは認めたくないであろう。

古代ガリア社会で上層階層となっていたのは、セナトール（元老院）貴族と呼ばれた支配者集団であった。ガリアにおいて、彼らは軍官職、属州総督などの高位の職を占めて、大土地所有者として君臨していた。ガリアのセナトール貴族たちは、ローマ帝国におけるキリスト教国教化以降は、世俗の顕職よりも、むしろ教会での高位官職を望んでいた。ゲルマン人が来襲し、その支配が確立されてからも、セナトール貴族たちはキリスト教組織の高位を占めることで、フランク人の政治的覇権の下でも指導的な社会勢力をして影響力を維持することに成功した（柴田ほか 1995：132-133）。

しかし、フランス革命以来、共和制であろうが帝政であろうが、フランス国民としての一体感を強調する政治体制が200年以上も続いて、今日ではフランス人は「フランス国民」としての政治的同質性を当然のこととして意識しているが、まだフランス革命の余燼冷めやらぬ19世紀初めの時点での、この点に関する認識はいささか異なっていた。後世の歴史研究によって否定されてはいても、当時は、いわゆる旧体制を擁護する保守派もそれを否定する急進派も、ともにゲルマン貴族－ガリア庶民という図式を強く意識していた。

しかし、「遊牧民による征服王朝はせいぜい120年しか続かない」とイブン・ハルドゥーンも書いていたように、征服王朝は、本来は不安定で、長続きしないはずであった。確かに、かかるゲルマン部族による諸国家は、ヴァンダルが533年、東ゴートが555年、西ゴートが711年、ランゴバルトが774年に滅ぶというように、比較的短命であった。しかし、一つだけ例外があった。フランク王国である。この征服王朝は、安定した社会をつくることができた。フランク族は、ライン川右岸から左岸へと渡河して漸進的に侵入してきたので、移転というよりは、膨張に近かった。北ガリアに留まって、南ガリアの爛熟したローマ文化に染まることなく、ゲルマン的な文化を色濃く残したことが、彼らの存続を可能にしたのである。

《参考文献》(五十音順)

第1部
第1章　肉食化と狩猟採集生活

秋道智彌・市川光雄・大塚柳太郎編 (1995)『生態人類学を学ぶ人のために』世界思想社、275。
井尻正二編 (1979)『大氷河時代』東海大学出版会、227。
梅原猛・安田喜徳 (1995)『講座文明と環境　第3巻　農耕と文明』朝倉書店、250。
オークリー、ケネス P. (1971)『石器時代の技術』(国分直一・木村伸義訳) ニュー・サイエンス社、152。
片山一道ほか (1996)『人間史をたどる―自然人類学入門―』朝倉書店、218。
河合信和 (2009)『人類進化99の謎』(文春新書) 文藝春秋、227。
木佐木哲朗 (2006)「狩猟採集文化と牧畜文化」『県立新潟女子短期大学研究紀要』43、県立新潟女子短期大学、149-159。
黒田末久・片山一道・市川光雄 (1987)『人類の起源と進化』有斐閣、272。
コールズ、ジョン M. (1985)『古代人はどう暮らしていたか―実験考古学入門―』(河合信和訳) どうぶつ社、420。
サーリンズ、マーシャル (1984)『石器時代の経済学』(山内昶訳) 法政大学出版局、421。
嶋田義仁 (2005)「乾燥地域における人間生活の基本構造」『地球環境』10 (1)、国際環境研究協会、3-16。
スミス、Ph.E.L. (1986)『農耕の起源と人類の歴史―食糧生産経済のもたらしたもの―』(河合信和訳) 有斐閣、221。
スズキ、デヴィッド (2010)『いのちの中にある地球』(辻信一訳) 日本放送出版協会、149。
原俊彦 (2000)『狩猟採集から農耕社会へ―先史時代ワールドモデルの構築―』勉誠出版、140。
ボークン、ブランコ (1988)『堕ちたサル』(香原志勢・佐々木藤雄訳) 思索社、319。
松井健 (1989)『セミ・ドメスティケーション―農耕と遊牧の起源再考―』海鳴社、244。
山口由二 (2006)「人類史にみる環境問題―人類はどのように環境変動に適応してきたか―」『環境創造』9、43-53、大東文化大学。
リーキー、リチャード (1985)『人類の起源』(岩本光雄訳) 講談社、256。
── (1996)『ヒトはいつから人間になったか』(馬場悠男訳) 草思社、262。
渡辺仁 (1985)『ヒトはなぜ立ちあがったか』東京大学出版会、405。

第2章　ムギの栽培化

梅原猛・安田喜徳（1995）『講座文明と環境　第3巻　農耕と文明』朝倉書店、250。
佐藤俊夫（1992）「乾燥地農業の農法論的検討」『鳥取大学農学部研究報告』45、鳥取大学、105-112。
沢田健ほか（2008）『地球と生命の進化学　新自然史科学Ⅰ』北海道大学出版会、272。
鈴木秀夫（1977）『氷河期の気候』古今書院、178。
────（1978）『森林の思考・砂漠の思考』日本放送出版協会、222。
────（2000）『気候変化と人間―1万年の歴史―』大明堂、474。
鈴木秀夫・山本武雄（1978）『気候と文明』朝倉書店、144。
スミス、Ph.E.L.（1986）『農耕の起源と人類の歴史―食糧生産経済のもたらしたもの―』（河合信和訳）有斐閣、221。
チャイルド、G.（1958）『歴史のあけぼの』（今来陸郎・武藤潔訳）岩波書店、333。
ディンブルビー、ジョフリー（1995）『植物と考古学』（小渕忠秋訳）雄山閣出版、193。
原俊彦（2000）『狩猟採集から農耕社会へ―先史時代ワールドモデルの構築―』勉誠出版社、140。
藤井純夫（1999）「『群れ単位の家畜化』説―西アジア考古学との照合―」『民族学研究』64（1）、日本文化人類学会、28-57。
ブレイドウッド、R.J.（1979）『先史時代の人類』（泉靖一ほか訳）新潮社、233。
本郷一美（2002）「狩猟採集から食料生産への緩やかな移行―南東アナトリアにおける家畜化―」佐々木史朗編『国立民族学博物館調査報告33　先史狩猟採集文化研究の新しい視野』国立民族学博物館、109-158。
マクニール、W.H.（2007）『疫病と世界史（上）』（佐々木昭夫訳）（中公文庫）中央公論新社、275。
増井好男（2008）「食料資源問題の経済地理学的考察」『東京農大農学集報』52（4）、東京農業大学、151-160。
松井健（1989）『セミ・ドメスティケーション―農耕と遊牧の起源再考―』海鳴社、244。
三浦弘万（2001）「ヨーロッパ地域における早期農耕・家畜飼育の担い手、帯文土器文化民の歴史的意義（大江晃教授退任記念号）」『創価大学人文論集』13、創価大学、A33-A115。
リーキー、リチャード（1985）『人類の起源』（岩本光雄訳）講談社、256。
NBRP（ナショナルバイオリソースプロジェクト）（2017）「コムギの話」
　http://www.shigen.nig.ac.jp/wheat/story/top.jsp（アクセス日：平成29年8月6日）

第3章　西アジアにおけるヤギ・ヒツジの家畜化（およそ8000年前）

アイザック、E.（1985）『栽培植物と家畜の起源』（山本正三・田林明・桜井明久訳）大明堂、

172。

今西錦司（1993）『草原行・遊牧論そのほか』（今西錦司全集第2巻）講談社、487。
梅棹忠夫（1986）『狩猟と遊牧の世界』講談社、174。
ゾイナー、F.E.（1983）『家畜の歴史』（国分直一・木村伸義訳）法政大学出版局、590。
田名部雄一（1995）「家畜と人間の歴史」河合雅雄・植原和郎編『講座 文明と環境 第8巻 動物と文明』朝倉書店、186-204。
谷泰（1976）「牧畜文化考―牧夫・牧畜家畜関係行動とそのメタファー―」『人文學報』42、京都大学人文科学研究所、1-58。
――（1995）「考古学的意味での家畜化とは何であったのか―人・羊・山羊間のインタラクションの過程として―」『人文學報』76、京都大学人文科学研究所、229-274。
――（1997）『神・人・家畜―牧畜文化と聖書世界―』平凡社、396。
藤井純夫（1999）「『群れ単位の家畜化』説―西アジア考古学との照合―」『民族学研究』64（1）、日本文化人類学会、28-57。
――（2001）『ムギとヒツジの考古学』同成社、344。
福井勝義・谷泰（編著）（1987）『牧畜文化の原像―生態・社会・歴史―』日本放送出版協会、617、XXXVI。
本郷一美（2002）「狩猟採集から食料生産への緩やかな移行―南東アナトリアにおける家畜化―」佐々木史朗編『国立民族学博物館調査報告33 先史狩猟採集文化研究の新しい視野』国立民族学博物館、109-158。
松井健（1989）『セミ・ドメスティケーション―農耕と遊牧の起源再考―』海鳴社、244。
三宅裕（2003）「家畜化をどうとらえるか」『西アジア考古学』4、日本西アジア考古学会、3-12。
和辻哲郎（1979）『風土』（岩波文庫）岩波書店、298。

第4章 経済史上の牧畜の意義

アイザック、E.（1985）『栽培植物と家畜の起源』大明堂、172。
伊東俊太郎（1985）『比較文明』東京大学出版会、258。
エリアーデ、M.（1963）『永遠回帰の神話』（堀一郎訳）未来社、237。
太田至（2002）「家畜の個体性と商品化」『アジア・アフリカ地域研究』2、京都大学大学院アジア・アフリカ地域研究研究科、306-317。
カエサル（1942）『ガリア戦記』（近山金次訳）岩波文庫、320。
重田澄夫（2002）『資本主義を見つけたのは誰か』桜井書店、308。
嶋田義仁（2005）「乾燥地域における人間生活の基本構造」『地球環境』10（1）、国際環境研究協会、3-16。
谷泰（1976）「牧畜文化考」『人文學報』42、京都大学人文科学研究所、1-58。

松井健（1989）『セミ・ドメスティケーション―農耕と遊牧の起源再考―』海鳴社、244。
ヤスパース（1968）「歴史の起原と目標」『世界の大思想40』（重田英世訳）、520。
山内邦男（1991）「乳と乳製品の化学―乳：この天然のコロイド食品とその利用―」『化学と教育』39（1）、日本化学会、16-20。
Frankfort, Henri（1948）*Kingship and the Gods: A Study of Ancient Near Eastern Religion as the Integration of Society & Nature*, Chicago.

第2部
第1章　遊牧《社会》の成立

大沼克彦・西秋良宏編（2010）『紀元前3千年紀の西アジア―ユーフラテス河中流域に部族社会の原点を探る―』六一書房、186。
クレンゲル、ホルスト（1980）『古代バビロニアの歴史―ハンムラピ王とその社会―』（江上波夫・五味亨訳）山川出版社、259＋6。
小泉龍人（2001）『都市誕生の考古学』同成社、244。
サウアー、C.O.（1981）『農業の起原』（竹内常行・斎藤晃吉訳）古今書院、181＋10。
佐藤俊（1995）「遊牧社会と市場経済―東アフリカの事例から―」秋道智彌ほか編『生態人類学を学ぶ人のために』世界思想社、111-130。
柴田大輔（2008）「中期アッシリア―アッシリアの誕生―」『Newsletter セム系部族社会の形成』No.10、国士舘大学、10-16。
谷泰（1976）「牧畜文化考」『人文學報』42、京都大学人文科学研究所、1-58。
――（1995）「考古学的意味での家畜化とは何であったのか」『人文學報』76、京都大学人文科学研究所、229-274。
――（2010）『牧夫の誕生―羊・山羊の家畜化の開始とその展開―』岩波書店、224＋12。
中田一郎（2006）「アムル（アモリ）人のバビロニア移住」『Oriente』33、4-13。
平田昌弘（2013）『ユーラシア乳文化論』岩波書店、576。
藤井純夫（1999）「『群れ単位の家畜化』説」『民族学研究』64（1）、日本文化人類学会、28-57。
――（2001）『ムギとヒツジの考古学』同成社、344。
フランクフォート、H.（1962）『古代オリエント文明の誕生』（三笠宮崇仁監修、曽田淑子・森岡妙子訳）岩波書店、194＋8。
松井健（1989）『セミ・ドメスティケーション―農耕と遊牧の起源再考―』海鳴社、244。
山田重郎（2006）「文書史料におけるセムの系譜、アムル人、ビシュリ山系」『Newsletter セム系部族社会の形成』No.2、8-13。
リベラーニ、M.（1995）「アモリ人」D. J. ワイズマン編『旧約聖書時代の諸民族』（池田裕監

訳）日本基督教団出版局、161-200。

LEONARDI, Michela *et alii*. (2012) The evolution of lactase persistence in Europe. A synthesis of archaeological and genetic evidence, *International Dairy Journal* 22 (2012) 88-97.

第2章 《ヒツジ》化という、牧夫天性の行動様式

伊東俊太郎（2007）『近代科学の源流』（中公新書）中央公論新社、397。
伊東俊太郎・広重徹・村上陽一郎（2002）『［改訂新版］思想史の中の科学』平凡社、366。
太田至（2002）「家畜の個体性と商品化」『アジア・アフリカ地域研究』2、京都大学大学院アジア・アフリカ地域研究研究科、306-317。
加茂儀一（1980）『騎行・車行の歴史』法政大学出版局、268。
クラットン＝ブロック、J.（1997）『図説　馬と人の文化史』東洋書林、285。
佐藤俊（1995）「遊牧社会と市場経済―東アフリカの事例から―」秋道智彌ほか編『生態人類学を学ぶ人のために』世界思想社、111-130。
ジェラール、アニエス（1991）『ヨーロッパ中世社会史事典』（池田健二訳）藤原書店、367。
重田澄夫（2002）『資本主義を見つけたのは誰か』桜井書店、308。
嶋田義仁（2005）「乾燥地域における人間生活の基本構造」『地球環境』10（1）、国際環境研究協会、3-16。
スミス、Ph.E.L.（1986）『農耕の起源と人類の歴史』（河合信和訳）有斐閣、221。
谷泰（1976）「牧畜文化考―牧夫-牧畜家畜関係行動とそのメタファ―」『人文學報』42、京都大学人文科学研究所、1-58。
　　―（1987）「西南ユーラシアにおける放牧羊群の管理」福井勝義・谷泰編著『牧畜文化の現像―生態・社会・歴史―』日本放送出版協会、147-206。
　　―（1992）「家畜と家僕―去勢牡誘導羊の地理的分布とその意味―」『人文學報』71、京都大学人文科学研究所、53-96。
　　―（1995）「家畜去勢と人間去勢―その機能と文化地理的意味―」『大航海』7、17-23。
　　―（1997）『神・人・家畜―牧畜文化と聖書世界―』平凡社、396。
トインビー、アーノルド（1969）『歴史の研究　第4巻』（「歴史の研究」刊行会訳）経済往来社、367。
　　―（1970）『歴史の研究　第5巻』（「歴史の研究」刊行会訳）経済往来社、312。
バターフィールド、H.（1978）『近代科学の誕生（上）（下）』（渡辺正雄訳）（講談社学術文庫）講談社、183、190。
バンヴェニスト、エミール（1969）『インド・ヨーロッパ諸制度語彙集　I』（前田耕作監訳・蔵持不三也ほか訳）言叢社、387。
ヘロドトス（1972）『歴史（中）』（松平千秋訳）岩波書店、337。

ホワイト、リン（1972）『機械と神―生態学的危機の歴史的根源―』（青木靖三訳）みすず書房、186。
山内邦男（1991）「乳と乳製品の化学」『化学と教育』39（1）、日本化学会、16-20。
ロック、ジョン（2010）『(完訳)統治二論』（加藤節訳）（岩波文庫）岩波書店、619+11。
HAUDRICOURT, André-Georges (1962) "Domestication des animaux, culture des plantes et traitement d'autrui", In: *L'Homme*, tome 2, vol.1, 40-50.
MAEKAWA, Kazuya (1979) "Animal and human castration in Sumer, Pt.1. with a supplementary comment by YOSHIKAWA Mamoru: A note on the reading of sipa-amar-SUB-ga", *Zinbun*, 15, 京都大学人文科学研究所, 95-137.
―― (1980) "Animal and human castration in Sumer, Pt.II: Human Castration in the Ur III Period", *Zinbun*, 16, 京都大学人文科学研究所, 1-55.
―― (1982) "Animal and Human Castration in Sumer, Pt.III: More texts of Ur III Lagash on the term amar-KUD", *Zinbun*, 18, 京都大学人文科学研究所, 95-121.

第3章　《仲介者》という、組織編成史上最大の革新

宇田進ほか編（1991）『新キリスト教辞典』いのちのことば社出版部、1259+20。
スミス、Ph.E.L.（1986）『農耕の起源と人類の歴史』（河合信和訳）有斐閣、221。
谷泰（1987）「西南ユーラシアにおける放牧羊群の管理」福井勝義・谷泰編著『牧畜文化の原像―生態・社会・歴史―』日本放送出版協会、147-206。
―― (1992)「家畜と家僕―去勢牡誘導羊の地理的分布とその意味―」『人文學報』71、京都大学人文科学研究所、53-96。
―― (1997)『神・人・家畜―牧畜文化と聖書世界―』平凡社、396。
トインビー、アーノルド（1969）『歴史の研究　第4巻』（「歴史の研究」刊行会訳）、経済往来社、367。
―― (1970)『歴史の研究　第5巻』（「歴史の研究」刊行会訳）、経済往来社、312。
パスモア、ジョン（1998）『自然に対する人間の責任』（間瀬啓允訳）岩波書店、349。
フィンク、オイゲン（1983）『遊―世界の象徴として―』（千田義光訳）せりか書房、332。
リチャードソン、A.&J. ボウデン編（1995）『キリスト教神学事典』教文館、625。

第4章　原インド・ヨーロッパ語族民の生成と《三機能イデオロギー》

川又正智（1994）『ウマ駆ける古代アジア』講談社、262。
ギンブタス、マリア（1989）『古ヨーロッパの神々』（鶴岡真弓訳）言叢社、313。
サウアー、C.O.（1981）『農業の起源』（竹内常行・斎藤晃吉訳）古今書院、184。
藤井純夫（1999）「『群れ単位の家畜化』説―西アジア考古学との照合―」『民族学研究』64（1）、

日本文化人類学会、28-57。

ANTHONY, David W. (2007) *The Horse, the Wheel and Language*, Princeton and Oxford, 553.

第5章　インド・ヨーロッパ語族民のステップからの侵攻

シュラーダー、オットー（1977）『インド・ヨーロッパ語族』（風間喜代三訳）クロノス、162。
橋本萬太郎（2000）『橋本萬太郎著作集第1巻　言語類型地理論・文法』内山書店、528。
ヘロドトス（1972）『歴史（中）』（松平千秋訳）岩波書店、337。
トインビー、アーノルド（1970a）『歴史の研究　第5巻』（「歴史の研究」刊行会訳）、経済往来社、312。
── （1970b）『歴史の研究　第6巻』（「歴史の研究」刊行会訳）、経済往来社、389。

第6章　現代における疑似親族原理と機能本位原理のせめぎ合い

春日剛・岡俊子・山口揚平・比嘉庸一郎・星野薫（2003）「欧米系自動車部品メーカーのタイ進出状況とわが国自動車部品メーカーの対応」『開発金融研究所年報』16、6-38。
中川多喜雄（1984）「タイにおける日系企業の経営構造─現地化期の海外企業経営─」『経済論叢』133（3）、92-113。
中川洋一郎（1994）「分業における attribution の方向逆転（人員配置から職務付与へ）─フランス社会の後進性と日本社会の先進性に関する覚え書き─」『経済学論纂』中央大学、34（5・6）。
── （2014）「なぜ、新卒一括採用は外国人には理解不可能なのか」『中央評論』288。

第3部
第1章　都市国家の形成と崩壊

伊東俊太郎ほか（1974）『人類文化史　第2巻　都市と古代文明の成立』講談社、478。
梅原猛・安田喜憲（1995）『講座　文明と環境　第3巻　農耕と文明』朝倉書店、250。
岡田保良・小泉龍人・藤井純夫・伊東重剛（2002）「都市の生成．ウルク・ディアスポラ」『建築雑誌』117-1488（2002年5月号）、12-18。
金子史朗（1990）『レバノン杉のたどった道』原書房、242。
カーター、V.G. & デール、T.（1975）『土と文明』（山路健訳）家の光協会、336。
クレンゲル、ホルスト（1980）『古代オリエント商人の世界』（江上波夫・五味亨訳）山川出版社、306。

小泉格（2007）「気候変動と文明の盛衰」『地学雑誌』116（1）、62-78。
小泉龍人（2001）『都市誕生の考古学』同成社、244。
サウアー、C.O.（1981）『農業の起源』（竹内常行・齋藤晁吉訳）古今書院、184。
鈴木秀夫（2000）『気候変化と人間―1万年の歴史―』大明堂、474。
鈴木秀夫・山本武雄（1978）『気候と文明』朝倉書店、144。
嶋田義仁（2005）「乾燥地域における人間生活の基本構造」『地球環境』10（1）、国際環境研究協会、3-16。
中島健一（1973）『古オリエント文明の発展と衰退』校倉書房、162。
────（1977）『河川文明の生態史観』校倉書房、242。
日端康男（2008）『都市計画の世界史』（講談社現代新書）講談社、358。
平野秀樹・堺正紘（1995）「古代都市文明と森林化社会に関する考察」『九州大学農学部演習林報告』72、九州大学、169-183。
フランクフォート、H.（1962）『古代オリエント文明』（三笠宮崇仁監修・曽田淑子・森岡妙子訳）岩波書店、194。
ポンティング、クライブ（1994a）『緑の世界史（上）』（石弘之ほか訳）朝日新聞社、360。
────（1994b）『緑の世界史（下）』（石弘之ほか訳）朝日新聞社、287。
前川和也（2005）「シュメールにおける都市国家と領域国家―耕地と水路の管理をめぐって―」前川和也・岡村秀典編『国家形成の比較研究』学生社、160-178。
松本健（1996）「メソポタミアにおける文明の誕生」金関恕・川西宏幸編『講座 文明と環境 第4巻 都市と文明』朝倉書店、30-41。
────（編著）（2000）『NHKスペシャル四大文明 メソポタミア』日本放送協会、254。
三浦弘万（2001）「ヨーロッパ地域における早期農耕・家畜飼育の担い手、帯文土器文化民の歴史的意義（大江晃教授退任記念号）」『創価大学人文論集』13、創価大学、A33-A115。
三笠宮崇仁編（1976）『古代オリエントの生活』河出書房新社、354。

第2章 古典国家の成立

赤井信行（1994）「旧約聖書にみる『奴隷』の諸相」佐藤篤士先生還暦記念論文集刊行委員会編『歴史における法の諸相』敬文堂、43-59。
赤沢計真（1982）「ヨーロッパ史における自由人と奴隷」『歴史評論』392（1982年12月）、31-41。
アリストテレス（1961）『政治学』（山本光雄訳）（岩波文庫）岩波書店、498。
岩片磯雄（1988）『古代ギリシアの農業と経済』大明堂、356。
木村尚三郎（1975）『近代の神話』（中公新書）中央公論社、178。
下野義郎（1977）「『ヨーロッパ社会』形成期の研究序説―カロリング時代の『自由人』と『奴隷』」『愛知県立大学外国語学部紀要、地域研究・関連諸科学編』10、266-241。

シュレイファー、R.（1970）「ホメロスからアリストテレスまでのギリシア人の奴隷制理論」M.I. フィンレイ編著『西洋古代の奴隷制―学説と論争―第二版』（古代奴隷制研究会訳）東京大学出版会、188-189。

周藤芳幸（2007）『ミケーネ社会からポリス社会への構造転換に関する統合的研究』平成16年度-18年度　科学研究費補助金研究成果報告書（名古屋大学大学院文学研究科）65。

ゾイナー、F.E.（1983）『家畜の歴史』（国分直一・木村伸義訳）法政大学出版局、590。

橡川一朗（1955）「西ヨーロッパ古代・中世における奴隷制の連続について」『歴史学研究』182、青木書店。

中井義明（1996）「ギリシア文明の興亡と画期」伊藤俊太郎・安田喜憲編著『講座　文明と環境　第2巻　地球と文明の画期』朝倉書店、104-121。

ハンケ、ルイス（1974）『アリストテレスとアメリカ・インディアン』（佐々木昭夫訳）岩波書店、210。

フィンレイ、M.I.（1970）「ギリシア文化は奴隷労働を土台としていたか？」M.I. フィンレイ編著『西洋古代の奴隷制―学説と論争―第二版』（古代奴隷制研究会訳）東京大学出版会、71-120。

フランクフォート、H.（1962）『古代オリエント文明の誕生』（三笠宮崇仁監修・曽田淑子・森岡妙子訳）岩波書店、194。

ブローデル、フェルナン（1990）『地中海世界―空間と歴史―』（神沢栄三訳）みすず書房、190。

ボーズル、カール（2006）「翻訳と註解　カール・ボーズル　自由と不自由―中世期ドイツとフランスにおける下層民の進展―」『社会情報学研究』（大妻女子大学紀要―社会情報系―）15、175-197。

森田鉄郎編（1976）『イタリア史』山川出版社、513、70。

ラスレット、ピーター（1986）『われら失いし世界―近代イギリス社会史―』（川北稔ほか訳）三嶺書房、430。

HAUDRICOURT, André-Georges (1962) "Domestication des animaux, culture des plantes et traitement d'autrui", In: *L'Homme*, tome 2, vol.1, 40-50.

第3章　ゲルマン人の来襲と征服

カエサル（1942）『ガリア戦記』（近山金次訳）（岩波文庫）岩波書店、320。

クルセル、ピエール（1974）『文学にあらわれたゲルマン大侵入』（尚樹啓太郎訳）東海大学出版会、302＋134。

シュラーダー、オットー（1977）『インド・ヨーロッパ語族』（風間喜代三訳）クロノス、162。

鈴木秀夫（2004）『気候変化と人間―1万年の歴史―』原書房、474。

タキトゥス（1996）『ゲルマニア　アグリコラ』（國原吉之助訳）（ちくま学芸文庫）筑摩書房、

261。

橋本萬太郎（2000）『橋本萬太郎著作集 第一巻 言語類型地理論・文法』内山書店、528。

三浦弘万（2006）「ヨーロッパ基層文化の生成と発達：ケルトの人びととその文化に焦点を合わせて」『創価大学人文論集』18、A1-A72、2006-03。

森義信（2007）「ゲルマン民族大移動と気象変動の因果関係を探る」『大妻女子大学紀要―社会情報系―』16、129-148。

BARDET, Jean-Pierre & Jacques DUPÂQUIER (1997) *Histoire des populations de l'Europe*, tome 1, Paris, 623.

CRUMLIN-PEDERSEN, O. (1987) "Häfen und Schiffahrt in der Römischen Kaiserzeit sowie in der Völkerwanderungs- und Merowingerzeit Dänemarks", *Frühmittelalterliche Studien*, Berlin, 101-123.

索　引

guest-host 関係 ………………… 78
Patron-Client Relationship（主人・従者関係）…………………… 80, 154

【あ　行】

アナトリア ………………………… 18
アニミズム …………………… 14, 16
アムル時代 ……………………… 183
アムル人 …………… 178, 181, 182
アーリア人 ……………………… 145
アリストテレス ……………… 101, 102
イエス・キリスト …………… 120, 121
　　――真の仲介者 …………… 118
イェニチェリ …………………… 113
位階制（ヒエラルキー） ……… 157
イヌ …… 34, 107-109, 115, 116, 121, 122
　　史上初の専門家 …………… 116
今西錦司 …………………… 40, 44
インダス ………………………… 25
インド・アーリア語族民 ……… 145
インド・ヨーロッパ語族民
　　………………… vii, 195, 199, 202
インド・ヨーロッパ祖語 ……… 133
ウール（羊毛）製品 …………… 130
　　――市場創造型商品の出現 … 129
ウシ ……………………………… 37
　　――奴隷との取り扱いの同一視 … 91
ウバイド文化 …… 67, 172, 173, 176, 179
ウマ …………… 51, 125, 128, 130, 131
エーゲ海 ………………………… 194
塩害 ………………… 185, 187, 188
猿人・アウストラロピテクス …… 3
オイコス ………………… 206, 207
オイコノミー …………………… 207
欧米企業と日本企業における職務体系の違い ………………… 157, 158
大型動物の有益性・有用性 …… 51
オオムギ ………………………… 18
オリエント農牧文化 …………… 125

【か　行】

蚊 ………………………………… 30
階級闘争 …………………… 81, 82
外部調達の原則 ………………… 114
カエサル ………………… 48, 50, 214
科学革命 ………………… 100, 103
家畜 ……………………………… 84
　　交通・運輸を促進した―― … 52
　　商品・交換財としての―― … 53
　　大量屠殺によるヒトへのストレス … 60
家畜化 …………………………… 52
　　時期・場所・用途 ………… 36, 37
　　群れごとの―― ………… 41, 44
　　ヤギ・ヒツジの―― …… 36, 40, 41
家畜管理技術
　　人間管理技術への応用
　　………………… 84, 91, 93, 111-113
家畜なければ厩肥なし。厩肥なければ農業なし ……………………… 20
カラスムギ ……………………… 18, 49
ガリア …………………………… iv
灌漑 ………………… 26, 30, 67, 173
感染症 …………………………… 31
管理技術 ………………………… 71
キウィタス（部族国家） ……… 223
疑似親族原理
　　… 66, 80, 114, 122, 166, 178, 179, 180, 183
季節的移牧 ……………………… 174
機能本位原理 … 114, 122, 166, 167, 178, 183
騎馬 ……………………… 131, 132
共産党宣言 ……………………… 81
去勢 ………………………… 88, 89
　　――牡ヒツジ・ヤギ ……… 107
ギリシャ ………………………… 196
キリスト教 ………… iii, 102, 103, 109, 120
ギンブタス, マリア ……………… 125
ククテニ・トリポリエ文化 …… 127
クルガン仮説 ……………… 126, 133

索　引　241

群居性 ……………………… 24, 35, 59
繋駕法 …………………………… 97, 98
経済史のうえで二大画期 …………… ii
ゲスト・ホスト関係 ………… 78, 151
ケルト ……………………………… 224
ゲルマン人 ‥‥ 48, 50, 73, 213, 226, 228, 229
原インド・ヨーロッパ語族民
　………………… vii, 73, 78, 127, 133
原基的資本主義 ………… 48, 54, 55, 57
原故郷 ……… 128, 130, 133, 142, 143, 214
原材料としての家畜 ………………… 50
現代資本主義の起源としての初期遊牧
　………………………………………… 56
ゴードン・チャイルド ……………… 27
互酬性 ……………………………… 13, 103
古代ギリシャの自然観 ……………… 101
古代社会における自由 ……………… 205
古代都市 …………………………… 176
個体レベルでの人付け ……………… 71
コムギ ………………………… 18-20
コメ ………………………………… 18
古ヨーロッパ ………… 125, 128, 129, 143

【さ　行】

サーバント ………………………… 203
再分配システム ………………… 179, 195
搾乳 ………………………… 70, 71, 72
ザグロス …………………………… 36
三機能イデオロギー ……… vii, 135-139
産業革命 …………………………… ii
三種の動物が三層構造 …………… 109
三圃制 ………………… 20, 33, 51, 97
自然
　――環境の破壊 ……………… 7, 188
　――と《人間》を収奪 …………… iii
　――の征服 ………………………… v
　――の《ヒツジ》化 …………… 100
　――への畏れ ………………… 15, 16
　――法 …………………………… 104
資本 ……………………………… 54-58
資本主義 ………………… 55, 57, 58
自由 ……………………………… 208
自由人 ……………………… 206, 209

主権 …………… 76, 87, 88, 109, 135
首長制社会 ………………… 176, 195
出ステップ ………………… 142, 143
狩猟採集
　………………………… 8-16, 21,
　24, 27-32, 40, 58, 59, 128, 134, 142, 212
縄文 ……………………………… 11, 25
初期遊牧民における三階級構造 … 137, 139
職務限定・権限集中・上意下達 …… 157
食糧貯蔵 ………………………… 28
新石器革命 ………………… 27, 46
新卒一括採用 ………… 156, 157, 159, 164
新大陸 …………………………… 99
神殿共同体 ……………… 179, 180, 183
森林の荒廃と土地の流亡 ………… 199
枢軸の時代 ………… 61, 62, 138, 145
スキタイ ……………… 93, 132, 145, 146
ステップ ……… 4, 8, 38, 41, 44, 45, 47, 67
　ユーラシア・―― ……………… 68
スレドニ・ストグ文化 ………… 128, 133
西洋世界における《支配者　gouvernant》
　のメンタリティ ……………… 211
世界三大穀物 ……………………… 17
絶対支配の原則 …………………… 116
前 1200 年の破局 ………………… 195
増殖 ………………………… 54, 56
組織編成原理 ‥ 114, 115, 164, 166, 168, 178
存在の大いなる連鎖 ……………… 101

【た　行】

大開墾時代 ………………………… 98, 99
大河のほとり ……………… 172, 173, 189
耐久消費財 ………………………… i
大地母神 …………………………… 32
第二次製品革命 …………………… 73
タキトゥス ………………… 217, 218
チグリス・ユーフラテス
　……………… 18, 26, 44, 171, 172, 174
乳 ………………… 48, 49, 55, 70, 71, 73
乳保存技法の開発 ………………… 72
地中海式農業生産方式 …………… 193
地中海性気候 ……………… 192, 193
チャタル・フユック ………… 24, 172

仲介者
　　　……………37, 70, 75-77, 79,
　　106, 107, 110, 111, 112, 117-119, 121-123
中世農業革命 …………………………… v
長期寒冷期（前3千年紀〜前1千年紀）
　　………………………………………… 222
長寿企業 ………………………………… 167
定住 ……………………… 27, 28, 30, 31
デカルト, ルネ ………………………… 103
デュメジル, ジョルジュ ……… vii, 135, 137
デレイフカ村 …………………………… 128
トインビー, アーノルド
　　…… 93, 106, 111, 112, 123, 143, 147, 150
道具の製作 ……………………………… 5
動産奴隷制 …………………… 94, 205, 206
同輩中の第一人者 ……………………… 108
ドーリア人 ……………………………… 195
都市 …………………………… 176, 179, 184
都市国家 ……………………… 176, 182, 189
　　メソポタミアの―― ……… 175, 180
トヨタ生産方式 ………………………… 163
奴隷 … 51, 90, 92, 95, 96, 197, 200-205, 209
　　――制作業所（エルガステーリオン）
　　………………………………… 200, 203
　　――道具論と――天性論 ………… 207
トロイア文化 …………………………… 194

【な　行】

ナトゥーフ文化 …………………… 21, 24
二階層構造 ……………………………… 108
肉食 ……………………………………… 4, 59
二元対立的世界観 ……………… 210, 211
二足歩行 ………………………………… 5
日本人の使命 …………………………… 16
乳糖耐性 ………………………………… 72, 73
乳糖不耐症 ……………………………… 49
　　日本人は――者の割合が高い …… 73
人間家畜 ………………………………… 93, 123
人間中心主義的 ………………………… 120
人間番犬 ……………………… 112, 113, 123
ネアンデルタール人 …………………… 7
農牧結合経済 …………………………… 178

【は　行】

繁殖 ……………………………………… 55
半神半獣 ……………………… 110, 111, 121
半神半人 ……………………………… 111, 121
蛮族 ……………………………………… 225
バンド ‥ 10, 11, 15, 65, 74, 81, 115, 116, 156
ハンムラピ ……………………… 182, 183
《ヒツジ》化 …… 81, 85, 86, 90, 95, 100, 104
ヒッタイト人 …………………………… 145
ヒト化 …………………………………… 4
「ヒトとサプライヤーを入れ替えて機能
　　させる」という、欧米系企業 …… 159
「ヒトとサプライヤーを育てる」という、
　　日系企業 ………………………… 162
火の使用 ………………………………… 7
ヒプシサーマル ………………… 24-26, 171
病気 ……………………………………… 30, 31
平等 …………………………………… 12, 29
　　分配の―― ………………………… 12
　　結果としての―― ………………… 13
　　狩猟採集民における男女の―― …… 29
肥沃な三日月地帯
　　……… 18-22, 36, 39, 47, 67, 171, 178
ファムロス ……………………………… 203
フェニキア ……………………… 186, 187
ブレイドウッド ………………………… 27
文明の崩壊 ……………………………… 186
ヘーゲルによる「主人と奴隷の弁証法」
　　………………………………………… 210
ベーコン, フランシス ………………… 103
ヘロドトス ……………………………… 145
放牧
　　ヒツジ・ヤギの―― ……… 188, 195
ポエニ …………………………………… 199
ポエニ戦役 ……………………………… 200
牧畜 ……………………………………… 54, 56
牧畜文化 …………… 34, 38, 53, 84, 87, 105, 123
　　――日本とヨーロッパとの間にある相
　　違点 ……………………………… viii
牧農結合システム ……………………… v
牧夫 ……………………… 74, 75, 77, 87, 109
ホスト・ゲスト関係 …………………… 90

ホッブズ, トーマス ･････････ 103, 104
ポランニー, カール ････････････ 179
ポリス ･･･････････ 196, 197, 206-208

【ま　行】

マラリア ･･･････････････ 30, 31, 193
ミケーネ ････････････････ 194, 195
三つの異種の動物からなる初期遊牧組織
　　･･････････････････････････ 74
ミノア文化 ･･････････････････ 194
ムギ ･･････････････ 17, 18, 42, 45
ムギ栽培・牧畜
　自然環境に対する破壊的影響 ････ 188
群れレベルでの人付け ･･････････ 71
緬羊 ････････････････ 129, 130, 142

【や　行】

ヤギ・ヒツジ ･･･ 33, 34, 40, 43, 46, 187, 198
野生のムギ類 ･･････････････････ 21
野生ヤギ、ヒツジ、ウシ、イノシシの分布
　　･･････････････････････････ 39
ヤムナ文化 ･･･････････････ 128, 133
ヤンガードリアス期 ･････ 20, 23, 24, 171
誘導羊 ･･･････････････････････ 112
遊牧 ･････････････････････････ 44
　──の開始 ･････････････････ 45, 67
遊牧三階級構造の成立 ･･････････ 77
遊牧三階級構造のキリスト教化 ･･･ 119
遊牧民 ･････ 45, 46, 62, 66, 67, 129, 142, 147
　──の《爆発》 ･･････････ 147, 150

遊牧民起源 ･･････････････････ 49, 50
遊牧民的内生活が成り立ち始めた ････ 45
遊牧民の天才 ･･････････････ 111, 112
遊牧を成立させた技術革新 ･･････ 68
有輪重量犂 ･･････････････････ 97-99
ユダヤ・イスラム教型 ･･････････ 108
ユダヤ教 ････････････････････ 117
ユダヤ人 ･･･････････････ 59, 60, 105
ヨーロッパ
　──人の祖先 ･････････････････ 14
　──的世界秩序構築のための原型的パ
　　ターン ････････････････････ 121
　──には雑草がない ･･････････ 34
余剰生産物 ･････････････････ 176
よそ者 ････････････ 75, 80, 181, 182

【ら　行】

ライムギ ･････････････････････ 18
《楽園》追放 ･････････････････ 60, 61
輪廻転生観 ･･････････････ 58, 59, 62
レバノン杉 ･･････････････ 184, 186
労働 ･･････････････････ 207, 208
ロック, ジョン ･･･････ 99, 100, 104
ロバ ･････････････････････････ 52

【わ　行】

ワゴン（スポーク式車輪付きの荷車）
　　････････････････････････ 130
割り振り ･･････････････････ 164, 165

著者紹介

中川洋一郎(なかがわよういちろう)

昭和 25 年東京生まれ
東京大学大学院社会学研究科国際関係論専攻博士課程満期退学
経済史学博士(パリ《Ⅰ》大学第三期課程)
現在 中央大学経済学部教授(西洋経済史)

(著書)
(1993)『フランス金融史研究―成長金融の欠如―』中央大学出版部
(2003)『ヨーロッパ《普遍》文明の世界制覇 ―鉄砲と十字架―』学文社
(2004)『暴力なき社会主義?―フランス第二帝政下のクレディ・モビリエ―』学文社
(2005)『環境激変に立ち向かう日本自動車産業―グローバリゼーションさなかのカスタマー・サプライヤー関係―』中央大学出版部(池田正孝と共編著)ほか
(2011)『ヨーロッパ経済史Ⅰ―ムギ・ヒツジ・奴隷―』学文社
(2012)『ヨーロッパ経済史Ⅱ―資本・市場・石炭―』学文社 ほか

新ヨーロッパ経済史Ⅰ ― 牧夫・イヌ・ヒツジ ―

2017 年 9 月 30 日 第 1 版第 1 刷発行

著 者 中川 洋一郎
発行所 ㈱学 文 社
発行者 田中 千津子

東京都目黒区下目黒 3-6-1 〒153-0064
電話 03(3715)1501 振替 00130-9-98842
http://www.gakubunsha.com

ISBN978-4-7620-2741-3　　　検印省略　　印刷／倉敷印刷株式会社
落丁、乱丁本は、本社にてお取替え致します。
定価は売上カード、カバーに表示してあります。